TESTING PROGRAM

PANORAMA
Introducción a la lengua española

SECOND EDITION

Blanco • Donley

Testing Program

Mercedes Valle
Smith College

Mariam Pérez Roch

VISTA
HIGHER LEARNING

Boston, Massachusetts

Printed in the United States of America.

ISBN: 1-59334-556-9

1 2 3 4 5 6 7 8 9 10 BB 09 08 07 06 05 04

Table of Contents

The Semester and Quarter Exams

The semester and quarter exams follow the same general organization as **Pruebas A** and **B**. Each **examen** begins with a listening comprehension section, continues with achievement and proficiency-oriented vocabulary and grammar checks, and ends with a reading and a personalized writing task. The exams are cumulative and comprehensive, encompassing the main vocabulary fields, key grammar points, and the principal language functions covered in the corresponding textbook lessons. The scripts for the listening passages are located in the same separate section of this Testing Program as the scripts for the **pruebas**.

Like **Pruebas A** and **B**, each **examen** is based on a 100-point scale; point values for each activity are provided in parentheses at the end of each activity's direction lines. The exams are six pages each and are designed to take 40–50 minutes.

The Optional Test Sections

For those instructors who wish to evaluate students in areas that fall outside the scope of the **pruebas** and **exámenes**, four optional sections are provided for each set of tests and exams. Three brief activities separately review the **Fotonovela** video, the **Panorama** textbook section, and the **Panorama cultural** video. In addition, should instructors wish to have their students answer personalized questions, rather than listen to a narration and complete a comprehension exercise, an alternate listening section is provided for **Pruebas A** and **B** and **Exámenes A** and **B**. Each activity should take 5–7 minutes.

The Testing Program Audio CD and Test Files CD-ROM

The Testing Program Audio CD contains all of the recordings for the listening sections of the tests and exams. The scripts for these recordings are provided in this Testing Program. The Test Files CD-ROM contains Microsoft Word® files of all tests, exams, scripts, optional sections, and answer keys of the Testing Program. This CD-ROM is particularly useful for editing the test materials and adapting them to the needs of your own classroom.

The Test Generator

Developed in conjunction with Brownstone Research Group, the Test Generator is new to **Panorama, Second Edition**. It provides a test bank of the entire **Panorama 2/e** Testing Program on CD-ROM and includes a robust online testing component. You can modify existing tests, create your own tests, and randomly generate new tests. Test items with discrete answers are automatically scored, and all grades are easily exported to WebCT™ and Blackboard®.

Some Suggestions for Use

While the materials in the tests and exams reflect the content of the corresponding lessons in the **PANORAMA, Second Edition**, student text, you may have emphasized certain vocabulary topics, grammatical points, or textbook sections more or less than others. Because of this possibility, it is strongly recommended that you look over each test or exam before you administer it to ensure that it reflects the vocabulary, grammar, and language skills you have stressed in your class. Additionally, you should feel free to modify any test or exam by adding an optional test section or adapting an existing activity so that the testing material meets the guidelines of "testing what you teach." The Test Files CD-ROM is a useful tool for this purpose.

You can alleviate many students' test anxieties by telling them in advance how many points are assigned to each section and what sorts of activities they will see. You may even provide them with a few sample test items. If, for example, you are going to be administering **Prueba A** for **Lección 1,** you may want to show them a few items from **Prueba B.**

When administering the listening section of the tests or exams, it is a good idea to begin by going over the direction lines with students so that they are comfortable with the instructions and the content of what they are going to hear. You might also want to give them a moment to look over any listening-based items they will have to complete and let them know if they will hear the narration or questions once or twice. If you read from the scripts yourself instead of playing the Testing Program Audio CD, it is recommended that you read each selection twice at a normal speed, without emphasizing or pausing to isolate specific words or expressions.

Like many instructors nationwide, you may also want to evaluate your students' oral communication skills at the end of each semester or quarter. For ideas and information, see the Oral Testing Suggestions section in this Testing Program.

The PANORAMA 2/e Authors and the Vista Higher Learning Editorial Staff

Oral Testing Suggestions

The following suggestions for oral tests are offered for every three lessons to meet your needs whether you course is organized by semesters or by quarters. The suggestions consist of two parts: questions and situations. As often done with proficiency-oriented assessments, the situations are in English in order not to reveal to students the Spanish vocabulary fields and structures they are intended to elicit. The questions, on the other hand, are provided in Spanish to allow you to use them readily without time-consuming advance preparation.

As you begin each oral test, remind students that you are testing their ability to understand and produce acceptable Spanish, so they must give you as complete an answer as possible. It is strongly recommended that you establish a tone in which the test takes on, as much as possible, the ambience of natural communication, rather than that of an interrogation or artificial exchange in which the instructor asks all the questions and students answer them. It is important to start by putting students at ease with small talk in Spanish, using familiar questions such as **¿Cómo estás?** and commenting on the weather or time of day. During the test, it is also a good idea to give students verbal or gestural feedback about the messages they convey, including reactions, comments, signs of agreement or disagreement, and/or transitions in the form of conversational fillers. Finally, as you end the test, it is recommended that you bring students to closure and put them at ease by asking them simple, personalized questions.

If the oral test revolves around a situation, you can have two students interact or you can play the role of one of the characters. To build students' confidence and comfort levels, you might want to begin the interaction so students have some language to react to.

Many evaluation tools or rubrics exist for the grading of oral tests. Following is a simplified rubric, which you should feel free to adjust to reflect the type of task that students are asked to perform, the elements that you have stressed in your classes, and your own beliefs about language learning.

Oral Testing Rubric							
Fluency	1	2	3	4	5	24–25	Excellent (A)
Pronunciation	1	2	3	4	5	21–23	Very Good (B)
Vocabulary	1	2	3	4	5	18–20	Average (C)
Structure	1	2	3	4	5	15–17	Below Average (D)
Comprehensibility	1	2	3	4	5	Below 15	Unacceptable (F)

Oral Testing Suggestions for *Lecciones 1–3*

Preguntas

- ¿Cómo te llamas?
- ¿Cómo estás?
- ¿De dónde eres?
- ¿Cuántos años tienes?
- ¿Dónde vive tu familia?
- ¿Dónde vives tú?
- ¿Cuál es tu (número de) teléfono?
- ¿Tienes una familia grande?
- ¿Tienes hermanos? ¿Cuántos?
- ¿Tienes novio/a (esposo/a)? ¿Cómo es?
- ¿Cómo son tus padres? ¿Cómo se llaman?
- ¿Qué tienes que hacer hoy?
- ¿Qué tienes ganas de hacer esta noche?
- ¿Qué clases tomas?
- ¿Qué hay en tu mochila?
- ¿Trabajas? ¿Dónde?

Situación

You run into a Spanish-speaking friend at your university or college. Greet each other, talk about the classes you are taking (what they are, the days of the week and/or time of day they take place) and what the professors are like. Then say good-bye.

Oral Testing Suggestions for *Lecciones 4–6*

Preguntas

- ¿Cómo pasaste tu tiempo libre el fin de semana pasado?
- ¿Qué hiciste anoche?
- ¿Qué vas a hacer el fin de semana que viene?
- ¿Qué quieres hacer esta noche?
- ¿Adónde vas esta tarde después de la clase?
- Cuando estás de vacaciones, ¿qué haces?
- ¿Piensas ir de vacaciones este verano? ¿Adónde? ¿Por qué?
- ¿Sales mucho? ¿Cuándo sales? ¿Con quién(es)?
- ¿Qué estación de radio prefieres y por qué?
- ¿Dónde te gusta ir cuando hace buen tiempo? ¿Por qué?
- ¿Qué te gusta hacer cuando llueve/nieva?
- ¿Qué están haciendo tus compañeros de clase ahora mismo?
- ¿Qué están haciendo tus amigos/as en este momento?
- ¿Cuáles son tus colores favoritos?
- ¿Qué ropa llevas en el invierno? ¿En el verano?

Situación

You are in a store looking for some new clothes to wear to a party. Interact with the sales clerk. Find out how much at least three articles of clothing cost and buy at least one item.

Oral Testing Suggestions for *Lecciones 7–9*

Preguntas

- ¿Cómo es tu rutina diaria? Por ejemplo, ¿a qué hora te levantas?
- ¿A qué hora te acostaste anoche? ¿Dormiste bien?
- ¿Cómo te sientes cuando tomas un examen? ¿Cuando hablas en español?
- ¿Te interesan más las ciencias o las humanidades? ¿Por qué?
- ¿Quién fue tu profesor(a) favorito/a el semestre/trimestre pasado? ¿Por qué?
- ¿Qué te molesta más de esta universidad? ¿Qué cosas te encantan?
- ¿Cuáles son tus comidas y bebidas favoritas? ¿Por qué?
- ¿Sabes preparar comidas ricas? ¿Qué platos preparas?
- ¿Qué restaurantes buenos conoces? ¿Vas mucho a comer a estos restaurantes?
- ¿Fuiste a una fiesta el fin de semana pasado? ¿Adónde? ¿Con quién(es)?
- ¿Tuviste que trabajar el sábado pasado? ¿Dónde? ¿Qué hiciste?
- ¿Les das regalos a tus amigos/as (hijos/as) (padres)? ¿Cuándo y por qué?
- ¿Cuándo es tu cumpleaños? ¿Qué te regalaron tus amigos y tu familia el año pasado?

Situación

You are in a café or a restaurant. Interact with the server to order something to eat and drink.

Oral Testing Suggestions for *Lecciones 10–12*

Preguntas

- De niño/a, ¿practicabas algún deporte? ¿Cuál?
- Hace cinco/diez años, ¿qué hacías con tus amigos/as (hijos/as)?
- ¿Dónde vivías de niño/a? ¿Cómo era tu casa? ¿Cómo era tu cuarto?
- Cuando eras niño/a, ¿te enfermabas con frecuencia? ¿Qué síntomas tenías?
- ¿Alguna vez se te rompió un hueso? ¿Qué ocurrió?
- ¿Tienes carro? ¿Con qué frecuencia lo usas? ¿Adónde vas en él?
- ¿Qué le aconsejas a alguien que quiere aprender a navegar en Internet?
- En tu opinión, ¿es importante que haya una computadora en todas las salas de clase? ¿Por qué?
- ¿Se escriben tú y tus amigo/as (parientes) por correo electrónico? ¿Se llaman por teléfono? ¿De qué se escriben y/o hablan?
- ¿Qué es lo que más/menos te gusta del barrio donde vives y por qué?
- ¿Cuál es el quehacer doméstico que más odias?

Situación

You telephone a friend to tell him or her about a movie you just saw or a book you just read. Recount the main actions and describe emotions, conditions, or other important background information. Answer any questions your friend may have.

Oral Testing Suggestions for *Lecciones 13–15*

Preguntas

- ¿Estás preocupado/a por el medio ambiente? ¿Qué problemas ves en tu ciudad?
- ¿Qué haces para proteger el medio ambiente?
- ¿Crees que es mejor vivir en un pueblo o en una ciudad? ¿Por qué?
- ¿Vivirías en otro país? ¿En cuál?
- ¿Qué tipo de casa/apartamento esperas tener algún día? ¿Por qué?
- ¿Cómo llegas de este edificio a tu residencia estudiantil/apartamento/casa?
- ¿Qué diligencias tuviste que hacer el sábado pasado? ¿Qué diligencias harás el sábado que viene?
- ¿Has sufrido muchas presiones este semestre? ¿Cuáles?
- ¿Es importante llevar una vida sana? ¿Por qué y cómo se puede hacer?
- ¿Qué le aconsejas a alguien que fuma mucho? ¿Y a alguien que tiene que adelgazar?
- ¿Eres vegetariano/a? ¿Conoces a alguien que sea vegetariano/a?
- ¿Qué le recomiendas a la gente que quiere mantenerse en forma?

Situación

You and your significant other are planning your dream house. Talk to each other about what it will be like, explaining your preferences about the neighborhood it will be in and the rooms and furnishings it will have.

prueba A   Lección 1

1 **Escuchar** Read these statements. Then listen to the message that Jaime left on his colleague Marisa's answering machine and indicate whether each statement is **cierto** or **falso**. (5 × 2 pts. each = 10 pts.)

	Cierto	Falso
1. Jaime está regular.	○	○
2. Hay cuatro maletas en el autobús.	○	○
3. La grabadora es de los profesores.	○	○
4. Son las nueve de la noche.	○	○
5. El número de teléfono es el 24-30-12.	○	○

2 **¡Hola!** Look at the illustration and write a conversation based on what one of the groups would say. (6 pts. for vocabulary + 6 pts. for grammar + 3 pts. for style and creativity = 15 pts.)

_____
_____
_____
_____
_____
_____
_____
_____
_____
_____
_____

3 **Reyes y Soledad** Two classmates, Reyes and Soledad, are talking about the people and objects in a photograph they are looking at. Soledad is very absent-minded and Reyes corrects her. Complete these sentences with the singular or the plural form of the corresponding noun. (5 × 2 pts. each = 10 pts.)

1. —Hay un lápiz.   —No. Hay dos _____.

2. —Hay dos mujeres.   —No. Hay una _____.

3. —Hay un pasajero.   —No. Hay cuatro _____.

4. —Hay una chica.   —No. Hay dos _____.

5. —Hay un estudiante.   —No. Hay tres _____.

4 **La hora** Later on, Reyes and Soledad run into each other on campus. Soledad doesn't have a watch, and Reyes helps her again. Write these times in complete Spanish sentences. Write out the words for the numerals. (5 × 2 pts. each = 10 pts.)

1. —Hola, Reyes. ¿Qué hora es?

   —Hola. (*It's 9:30 a.m.*) _____

2. —Gracias. ¿A qué hora es la clase de español?

   —La clase (*is at 10:15 a.m.*) _____

3. —¿Y la clase de matemáticas?

   —La clase (*is at 2:25 p.m.*) _____

4. —¿Y el partido (*game*) de tenis?

   —El partido (*is at 4:45 p.m.*) _____

5. —Gracias. ¿Y a qué hora es la fiesta (*party*)?

   —(*It's at 8:00 p.m.*) _____

5 **¿Qué tal?** Two students meet each other in the science building on the first day of class. Fill in each blank with an appropriate Spanish word. When a verb is needed, provide the correct form. (10 × 1 pt. each = 10 pts.)

DIANA Hola, (1)_____ tardes. ¿Cómo (2)_____ llamas?

TONI Hola, me (3)_____ Toni, ¿y tú?

DIANA Diana. ¿De (4)_____ eres?

TONI (5)_____ de México. ¿Y tú?

DIANA De los Estados Unidos. Oye, ¿(6)_____ hora es?

TONI Es (7)_____ una de la tarde.

DIANA Gracias.

TONI De (8)_____. (9)_____ vemos en clase.

DIANA Sí. Hasta (10)_____.

6 **Preguntas** Answer these questions in complete sentences. (5 × 3 pts. each = 15 pts.)

1. ¿Cómo estás? _____

2. ¿Cómo te llamas? _____

   _____

3. ¿Qué hora es? _____

4. ¿Cuántos estudiantes hay en la clase de español? _____

   _____

5. ¿Qué hay en tu mochila (*backpack*)? _____

   _____

7 **Lectura** Read these newspaper notices and answer the questions in complete sentences. When answering with numbers, write out the words for the numerals. (4 × 2 pts. each = 8 pts.)

Cuaderno

Hola, soy Mariana. Encontré¹ en la cafetería un cuaderno con números de teléfono. Teléfono: 22-07-17

¹*I found*

Tenis

Me llamo Julio y soy de España. Busco² chico o chica para practicar tenis. Teléfono: 25-14-23

²*I'm looking for*

1. ¿Cuál (*what*) es el nombre de la chica? _____

2. ¿Qué hay en el cuaderno? _____

3. ¿De qué país es el chico? _____

4. Escribe (*Write down*) el número de teléfono del chico. _____

   _____

8 **Saludos** Write a conversation in which two students do the following: introduce themselves, ask each other how they are doing, ask each other where they are from, mention what time it is, and say goodbye. Use vocabulary and grammar you learned in this lesson. (8 pts. for vocabulary + 8 pts. for grammar + 6 pts. for style = 22 pts.)

_____

_____

_____

_____

_____

_____

_____

prueba B

Lección 1

1 **Escuchar** Read these statements. Then listen to the message that Don Francisco left on his colleague Carmen's answering machine and indicate whether each statement is **cierto** or **falso**.
(5 × 2 pts. each = 10 pts.)

	Cierto	Falso
1. Don Francisco está regular.	○	○
2. Hay tres maletas y una grabadora en el autobús.	○	○
3. Las maletas son de los estudiantes.	○	○
4. Son las diez de la mañana.	○	○
5. El número de teléfono es el 25-13-07.	○	○

2 **¡Hola!** Look at the illustration and write a conversation based on what one of the groups would say.
(6 pts. for vocabulary + 6 pts. for grammar + 3 pts. for style and creativity = 15 pts.)

_____

_____

_____

_____

_____

_____

_____

_____

_____

_____

_____

_____

3 **María y Jorge** Two classmates, María and Jorge, are talking about what there is in their classroom. María is very forgetful and Jorge corrects her. Complete these sentences with the singular or the plural form of the corresponding noun. (5 × 2 pts. each = 10 pts.)

1. —Hay un autobús.   —No. Hay dos _____.

2. —Hay tres profesores.   —No. Hay un _____.

3. —Hay un diccionario.   —No. Hay cuatro _____.

4. —Hay tres computadoras.   —No. Hay una _____.

5. —Hay un cuaderno.   —No. Hay veintitrés _____.

4 **La hora** Later on, María and Jorge run into each other on campus. María doesn't have a watch, and Jorge helps her again. Write these times in complete Spanish sentences. Write out the words for the numerals. (5 × 2 pts. each = 10 pts.)

1. —Hola, Jorge. ¿Qué hora es?

   —Hola. (*It's 9:20 p.m.*) _____

2. —Gracias. ¿A qué hora es la clase de español?

   —La clase *(is at 11:00 a.m.)* _____

3. —¿Y la clase de matemáticas?

   —La clase *(is at 2:45 p.m.)* _____

4. —¿Y la clase de geografía?

   —La clase *(is at 4:30 p.m.)* _____

5. —Gracias. ¿Y a qué hora es la fiesta *(party)*?

   —*(It's at 10:00 p.m.)* _____

5 **¿Qué tal?** Two students meet each other in the science building on the first day of class. Fill in each blank with an appropriate Spanish word. When a verb is needed, provide the correct form. (10 × 1 pt. each = 10 pts.)

SARA Hola, buenos (1)_____. ¿Cómo te (2)_____?

DIEGO Hola, (3)_____ llamo Diego, ¿y (4)_____?

SARA Sara. (5)_____ gusto.

DIEGO El (6)_____ es mío. ¿(7)_____ estudiante?

SARA Sí, (8)_____ estudiante.

DIEGO Yo también *(too)*. ¿(9)_____ qué hora es la clase de biología?

SARA La clase es a las cuatro.

DIEGO Gracias. Nos (10)_____ en clase.

SARA Adiós.

6 **Preguntas** Answer these questions in complete sentences. (5 × 3 pts. each = 15 pts.)

1. ¿Cómo te llamas? _____

2. ¿De dónde eres? _____

3. ¿A qué hora es la clase de español? _____

4. ¿Cuántos profesores hay en la clase de español? _____

5. ¿Hay cuadernos en la clase? _____

7 **Lectura** Read these newspaper notices and answer the questions in complete sentences. When answering with numbers, write out the words for the numerals. (4 × 2 pts. each = 8 pts.)

Maleta

Hola, soy Javier y soy del Ecuador.
Soy estudiante.
Encontré¹ una maleta con un diccionario,
un mapa, una grabadora y dos cuadernos.

¹I found

Chica estudiante

Busca² chico de México para practicar
español. Me llamo Sarah y soy estudiante.
Teléfono: 34-29-06.

²looks for

1. ¿Cuál (*what*) es el nombre del chico? _____

2. ¿De qué país es el chico? _____

3. ¿Qué hay en la maleta? _____

4. Escribe (*Write down*) el número de teléfono de Sarah. _____

_____

8 **Saludos** Write a conversation in which a professor and a student introduce themselves, ask each other how they are doing, ask each other where they are from, mention what time it is, and say goodbye. Use vocabulary and grammar you learned in this lesson. (8 pts. for vocabulary + 8 pts. for grammar + 6 pts. for style = 22 pts.)

_____

_____

_____

_____

_____

_____

_____

_____

_____

_____

prueba C   Lección 1

1 **Escuchar** You will hear five personal questions. Answer each one in Spanish using complete sentences. (5 × 2 pts. each = 10 pts.)

1. _____
2. _____
3. _____
4. _____
5. _____

2 **El día de Lourdes** Look at Lourdes' course load and use it to answer the questions about her schedule in complete sentences. Write out the words for the numerals. (5 × 2 pts. each = 10 pts.)

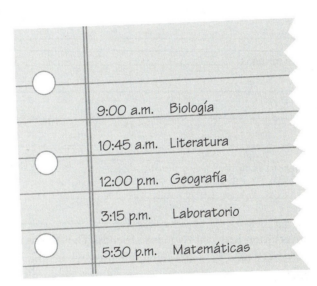

9:00 a.m.   Biología

10:45 a.m.   Literatura

12:00 p.m.   Geografía

3:15 p.m.   Laboratorio

5:30 p.m.   Matemáticas

1. ¿A qué hora es la clase de biología? _____

_____

2. ¿A qué hora es la clase de literatura? _____

_____

3. ¿A qué hora es la clase de geografía? _____

_____

4. ¿A qué hora es el laboratorio? _____

_____

5. ¿A qué hora es la clase de matemáticas? _____

_____

3   **Lectura** Read the message that an Ecuatur travel agency driver left for his colleague and answer the questions in complete sentences. When answering with numbers, write out the words for the numerals. (5 × 3 pts. each = 15 pts.)

> Hola, Cristina. Soy Armando, un conductor de autobús de la agencia Ecuatur. ¿Cómo estás? Yo, bien. Oye, hay un problema. Hay cinco maletas y una grabadora en el autobús. Las maletas son de los estudiantes de los Estados Unidos. Pero, ¿de quién es la grabadora? Por favor, necesito¹ la información hoy². Es la una de la tarde y el número de teléfono es el 24-30-12. Perdón y hasta luego.

¹I need   ²today

1. ¿Cuál (*what*) es el nombre del conductor? _____

_____

2. ¿Cuántas maletas hay en el autobús? _____

_____

3. ¿De quién son las maletas? _____

_____

4. ¿Qué hora es? _____

_____

5. Escribe (*Write down*) el número de teléfono. _____

_____

4   **¡Hola!** Write a conversation between two close friends. The friends should say hello, introduce a third person, ask each other how they are doing, mention what time it is, and say goodbye. Use the vocabulary and grammar you learned in this lesson. (6 pts. for vocabulary + 6 pts. for grammar + 3 pts. for style = 15 pts.)

_____

_____

_____

_____

_____

_____

_____

_____

_____

_____

prueba D   Lección 1

1 **Escuchar** You will hear five personal questions. Answer each one in Spanish using complete sentences. (5 × 2 pts. each = 10 pts.)

1. _____

2. _____

3. _____

4. _____

5. _____

2 **El día de Iván** Look at Iván's course load and use it to answer the questions about his schedule in complete sentences. Write out the words for the numerals. (5 × 2 pts. each = 10 pts.)

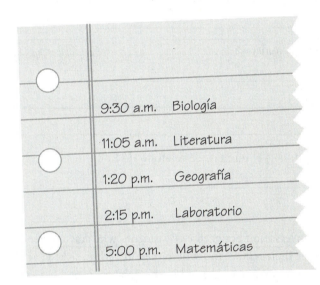

9:30 a.m.	Biología
11:05 a.m.	Literatura
1:20 p.m.	Geografía
2:15 p.m.	Laboratorio
5:00 p.m.	Matemáticas

1. ¿A qué hora es la clase de biología? _____

_____

2. ¿A qué hora es la clase de literatura? _____

_____

3. ¿A qué hora es la clase de geografía? _____

_____

4. ¿A qué hora es el laboratorio? _____

_____

5. ¿A qué hora es la clase de matemáticas? _____

_____

3 **Lectura** Read the message that an Ecuatur travel agent left one of the agency's drivers, and answer the questions in complete sentences. When answering with numbers, write out the words for the numerals. (5 × 3 pts. each = 15 pts.)

> Hola, Pedro. Soy Eduardo. ¿Qué tal? Yo, regular. Hay un problema y necesito[1] información. Hay dos maletas y cuatro grabadoras en el autobús. Las maletas son de los turistas de México. Pero, ¿de quién son las grabadoras? Por favor, necesito la información hoy[2]. Son las seis de la tarde. Mi número de teléfono es el 23-06-15. Muchas gracias.

[1] *I need* [2] *today*

1. ¿Cuántas maletas hay en el autobús? _____

_____

2. ¿Cuántas grabadoras hay en el autobús? _____

_____

3. ¿De quién son las maletas? _____

_____

4. ¿Qué hora es? _____

_____

5. Escribe (*Write down*) el número de teléfono de Eduardo. _____

_____

4 **¡Hola!** Write a conversation between two students who have never met. The students should say hello, ask each other their names and where they are from, ask what time it is, and say goodbye. Use the vocabulary and grammar you learned in this lesson. (6 pts. for vocabulary + 6 pts. for grammar + 3 pts. for style = 15 pts.)

_____

_____

_____

_____

_____

_____

_____

_____

_____

prueba A   Lección 2

1 **Escuchar** Read these statements. Then listen as Professor Sánchez addresses his students on the first day of classes and indicate whether each statement is **cierto** or **falso**. (5 × 2 pts. each = 10 pts.)

		Cierto	Falso
1.	El profesor Sánchez enseña español.	○	○
2.	La clase es los lunes, martes y viernes.	○	○
3.	La clase es de diez a once de la mañana.	○	○
4.	Necesitan practicar los lunes en el laboratorio.	○	○
5.	El laboratorio está lejos de la biblioteca.	○	○

2 **Este semestre** Óscar and Deana are discussing this semester. Write a conversation between them using at least eight items from the list. (6 pts. for vocabulary + 6 pts. for grammar + 3 pts. for style and creativity = 15 pts.)

biblioteca	hablar	residencia estudiantil
compañero/a	lengua	tarea
desear	mirar	trabajar
gustar	porque	viernes

_____

_____

_____

_____

_____

_____

_____

_____

3 **Una conversación** Maite and Álex are talking about their classes. Complete their conversation with the appropriate questions. (5 × 2 pts. each = 10 pts.)

MAITE Álex, ¿(1) _____?

ÁLEX El libro de periodismo está encima de la mesa.

MAITE Gracias. Necesito preparar la tarea para la clase.

ÁLEX ¿(2) _____?

MAITE Sí, me gusta mucho estudiar periodismo.

ÁLEX ¿(3) _____?

MAITE Porque la materia es muy interesante.

ÁLEX ¿(4) _____?

MAITE La profesora Diana Burgos enseña la clase de periodismo.

ÁLEX ¿(5) _____?

MAITE En la clase hay sesenta chicas.

ÁLEX ¡Qué bien! El próximo (*next*) semestre tomo la clase yo también.

4 **Números** Look at the report and answer the questions accordingly in complete sentences. Write out the words for the numerals. (5 × 2 pts. each = 10 pts.)

	Clases del profesor García	Lenguas extranjeras
1	número total de estudiantes en las clases: 78	número de estudiantes que[2] hablan español: 46
2	número de estudiantes fuera[1] del *campus*: 35	número de estudiantes que hablan otras[3] lenguas (no español): 32
3	número de estudiantes en residencias estudiantiles: 43	número de estudiantes que estudian español: 57

[1]*outside* [2]*that* [3]*other*

1. ¿Cuántos estudiantes hay en las clases del profesor García? _____

   _____

2. ¿Cuántos estudiantes hay en residencias estudiantiles? _____

   _____

3. ¿Cuántos estudiantes hablan español? _____

   _____

4. ¿Cuántos estudiantes hablan otras lenguas? _____

   _____

5. ¿Cuántos estudiantes estudian español? _____

   _____

5 **En España** Fill in each blank with the present tense of the appropriate Spanish verb. (10 × 2 pts. each = 20 pts.)

Querida (*dear*) Jessica,

¿Cómo estás? Yo (1)_____ (*to be*) muy bien. Me (2)_____ (*to like*)

mucho estudiar español en Sevilla. (3)_____ (*to study*) mucho todos los días.

Las clases (4)_____ (*to finish*) a las 2 de la tarde. A las 2:30, yo

(5)_____ (*to return*) al apartamento. Mi compañero de cuarto, Germán,

(6)_____ (*to work*) en la universidad. Él (7)_____ (*to teach*)

literatura en la Facultad de Filosofía y Letras. Por las tardes, Germán y yo (8)_____

(*to talk*) mucho porque yo necesito practicar español. Por las noches, nosotros

(9)_____ (*to watch*) la televisión. Bueno, ¿y tú? ¿Qué tal? ¿Qué día

(10)_____ (*to arrive*) a España?

Hasta luego,
Jorge

6 **Preguntas** Answer these questions in complete sentences. (5 × 2 pts. each = 10 pts.)

1. ¿Qué día es hoy? _____

2. ¿Trabajas este semestre? _____

3. ¿Escuchas música todos los días? _____

4. ¿Te gusta escuchar la radio? _____

5. ¿A qué hora termina la clase de español? _____

7 **Lectura** Read Mercedes' e-mail to her brother and answer the questions in complete sentences. (5 × 2 pts. each = 10 pts.)

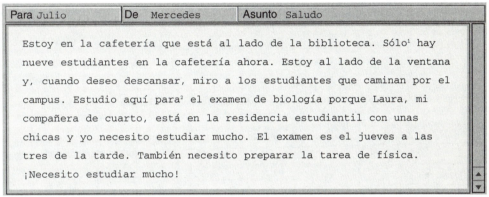

Para Julio	De Mercedes	Asunto Saludo

Estoy en la cafetería que está al lado de la biblioteca. Sólo[1] hay nueve estudiantes en la cafetería ahora. Estoy al lado de la ventana y, cuando deseo descansar, miro a los estudiantes que caminan por el campus. Estudio aquí para[2] el examen de biología porque Laura, mi compañera de cuarto, está en la residencia estudiantil con unas chicas y yo necesito estudiar mucho. El examen es el jueves a las tres de la tarde. También necesito preparar la tarea de física. ¡Necesito estudiar mucho!

[1]only [2]for

1. ¿Dónde está la cafetería? _____

2. ¿Cuántos estudiantes hay en la cafetería? _____

3. ¿Cómo descansa Mercedes? _____

4. ¿Por qué estudia en la cafetería? _____
_____

5. ¿Cuándo es el examen? _____

8 **Tú** Write a paragraph of at least five sentences in which you state your name and where you are from, where you go to school, the courses you are taking, if you work (and, if so, where), and some of your likes and/or dislikes. Use vocabulary and grammar you learned in this lesson. (6 pts. for vocabulary + 6 pts. for grammar + 3 pts. for style and creativity = 15 pts.)

_____

_____

_____

_____

_____

_____

_____

prueba B   Lección 2

1 **Escuchar** Read these statements. Then listen as Professor Molina addresses her students on the first day of classes and indicate whether each statement is **cierto** or **falso**. (5 × 2 pts. each = 10 pts.)

	Cierto	Falso
1. La profesora Molina enseña psicología.	○	○
2. La clase es los martes y los viernes.	○	○
3. La clase es de una a dos de la tarde.	○	○
4. Necesitan practicar los lunes en el laboratorio.	○	○
5. El laboratorio está cerca de la librería.	○	○

2 **Este semestre** Dora and Julia are discussing this semester. Write a conversation between them using at least eight items from the list. (6 pts. for vocabulary + 6 pts. for grammar + 3 pts. for style and creativity = 15 pts.)

biblioteca	comprar	horario	materia
cafetería	descansar	lejos de	necesitar
clase	enseñar	llevar	regresar

_____

_____

_____

_____

_____

_____

_____

3 **Una conversación** Javi and Raúl are talking about their classes. Complete their conversation with the appropriate questions. (5 × 2 pts. each = 10 pts.)

JAVI Raúl, ¿(1) _____?

RAÚL El diccionario está encima de mi escritorio.

JAVI Gracias. Necesito estudiar para la prueba de español.

RAÚL ¿(2) _____?

JAVI Sí, me gusta mucho estudiar español.

RAÚL ¿(3) _____?

JAVI Porque deseo viajar a Latinoamérica.

RAÚL ¿(4) _____?

JAVI El profesor Vicente Flores enseña la clase de español.

RAÚL ¿(5) _____?

JAVI En la clase hay quince estudiantes.

RAÚL ¡Qué bien! El próximo (*next*) semestre tomo la clase yo también.

4 **Números** Look at the report and answer the questions accordingly in complete sentences. Write out the words for the numerals. (5 × 2 pts. each = 10 pts.)

Clases de la profesora Ríos	Lenguas extranjeras
1 número total de estudiantes en las clases: 96	número de estudiantes que[2] hablan español: 35
2 número de estudiantes fuera[1] del *campus*: 63	número de estudiantes que hablan otras[3] lenguas (no español): 61
3 número de estudiantes en residencias estudiantiles: 33	número de estudiantes que estudian español: 31

[1]*outside* [2]*that* [3]*other*

1. ¿Cuántos estudiantes hay en las clases de la profesora Ríos? _____

_____

2. ¿Cuántos estudiantes hay en residencias estudiantiles? _____

_____

3. ¿Cuántos estudiantes hablan español? _____

_____

4. ¿Cuántos estudiantes hablan otras lenguas? _____

_____

5. ¿Cuántos estudiantes estudian español? _____

_____

5 **Mi semestre** Fill in each blank with the present tense of the appropriate Spanish verb. (10 × 2 pts. each = 20 pts.)

Querido (*dear*) Santiago,

¿Cómo estás? Yo (1)_____ (*to be*) muy bien. Me (2)_____ _____ (*to like*)

mucho estudiar español en Sevilla. Mi apartamento (3)_____ _____ (*to be*) muy cerca de la

universidad. (4)_____ (*to study*) todos los días, pero los martes y viernes

(5)_____ (*to work*) en el laboratorio y (6)_____ (*to teach*) inglés.

Por las noches, mi compañera de cuarto, Claire, y yo (7)_____ (*to prepare*) la tarea y

(8)_____ (*to listen*) música. Las dos necesitamos (9)_____ (*to

practice*) español y hablamos mucho. Bueno, ¿y tú? ¿Qué tal? ¿Qué día (10)_____ (*to

arrive*) a España?

Hasta pronto,
Irene

6 **Preguntas** Answer these questions in complete sentences. (5 × 2 pts. each = 10 pts.)

1. ¿Qué día es mañana? _____

2. ¿Dónde preparas la tarea? _____

3. ¿Escuchas la radio por las noches? _____

4. ¿Te gusta viajar? _____

5. ¿A qué hora llegas a casa o a la residencia hoy? _____

_____

7 **Lectura** Read Juan Antonio's e-mail to his sister and answer the questions in complete sentences. (5 × 2 pts. each = 10 pts.)

Para Tania	De Juan Antonio	Asunto Saludo

Estoy en la biblioteca que está al lado de la residencia estudiantil. Me gusta la biblioteca porque sólo[1] hay once estudiantes ahora. Cuando deseo descansar, camino a la cafetería porque está muy cerca de la biblioteca y tomo un café[2]. Estudio aquí porque Dan, mi compañero de cuarto, está en la residencia con unos chicos y yo necesito preparar el examen de historia. El examen es el viernes a las 10 de la mañana. También necesito preparar la tarea de biología. Necesito estudiar mucho.

[1]only   [2]coffee

1. ¿Dónde está la biblioteca? _____

2. ¿Cuántos estudiantes están en la biblioteca? _____

3. ¿Cómo descansa Juan Antonio? _____

4. ¿Por qué estudia en la biblioteca? _____

_____

5. ¿Cuándo es el examen? _____

8 **Tú** Write a paragraph of at least five sentences in which you mention the courses you are taking, when they are (days and time), if you like the classes, if you work, and the things you like to do when you are not studying. Use vocabulary and grammar you learned in this lesson. (6 pts. for vocabulary + 6 pts. for grammar + 3 pts. for style and creativity= 15 pts.)

_____

_____

_____

_____

_____

_____

_____

prueba C   Lección 2

1 **Escuchar** You will hear five personal questions. Answer each one in Spanish using complete sentences. (5 × 2 pts. each = 10 pts.)

1. _____
2. _____
3. _____
4. _____
5. _____

2 **¿Qué tal?** Look at the photo of Jessica and Sebastián and write a conversation between them using at least eight items from the list. (4 pts. for vocabulary + 4 pts. for grammar + 2 pts. for style and creativity = 10 pts.)

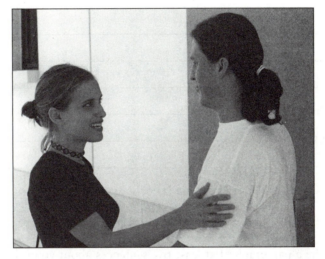

bailar	desear	hablar	tarea
cafetería	escuchar	materia	trabajar
clase	gustar	porque	viernes

_____
_____
_____
_____
_____
_____
_____
_____
_____

3 **Lectura** Read José's e-mail to his sister and answer the questions in complete sentences. (5 × 3 pts. each = 15 pts.)

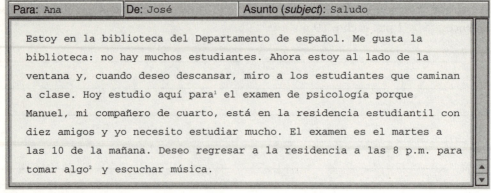

Para: Ana	De: José	Asunto (*subject*): Saludo

Estoy en la biblioteca del Departamento de español. Me gusta la biblioteca: no hay muchos estudiantes. Ahora estoy al lado de la ventana y, cuando deseo descansar, miro a los estudiantes que caminan a clase. Hoy estudio aquí para[1] el examen de psicología porque Manuel, mi compañero de cuarto, está en la residencia estudiantil con diez amigos y yo necesito estudiar mucho. El examen es el martes a las 10 de la mañana. Deseo regresar a la residencia a las 8 p.m. para tomar algo[2] y escuchar música.

[1]*for*   [2]*something*

1. ¿Dónde estudia José? _____

_____

2. ¿Por qué está en la biblioteca? _____

_____

3. ¿Cómo descansa? _____

_____

4. ¿Cuándo es el examen? _____

_____

5. ¿Por qué desea llegar a la residencia a las ocho? _____

_____

4 **Tus clases** Write a paragraph of at least five sentences about yourself in which you state your name and where you are from, your major, the courses you are taking and some of your likes or dislikes. Use vocabulary and grammar you learned in this lesson. (6 pts. for vocabulary + 6 pts. for grammar + 3 pts. for style and creativity = 15 pts.)

_____

_____

_____

_____

_____

_____

_____

_____

_____

_____

prueba D

Lección 2

1 **Escuchar** You will hear five personal questions. Answer each one in Spanish using complete sentences. (5 × 2 pts. each = 10 pts.)

1. _____

2. _____

3. _____

4. _____

5. _____

2 **¿Qué tal?** Look at the photo of Marina and José and write a conversation between them using at least eight items from the word bank. (4 pts. for vocabulary + 4 pts. for grammar + 2 pts. for style and creativity = 10 pts.)

biblioteca	cantar	horario	porque
buscar	curso	laboratorio	tarea
caminar	esperar	mirar	terminar

_____

_____

_____

_____

_____

_____

_____

_____

_____

3 **Lectura** Read Mónica's e-mail to her brother and answer the questions in complete sentences.
(5 × 3 pts. each = 15 pts.)

Para: Pablo	De: Mónica	Asunto (*subject*): Saludo

Estoy en mi cuarto de la residencia estudiantil. Hoy estudio aquí porque Sandra, mi compañera de cuarto, no está en la residencia. Ella trabaja hoy. Me gusta estudiar en mi cuarto y escuchar música. No me gusta estudiar en la biblioteca porque siempre[1] hay muchos estudiantes. Necesito estudiar para[2] el examen de historia; es mañana, lunes, a las cuatro de la tarde. Cuando deseo descansar, camino a la cafetería que está muy cerca y tomo un café[3]. Necesito estudiar mucho porque Sandra regresa a la residencia a las siete de la tarde.

[1]*always*   [2]*for*   [3]*coffee*

1. ¿Dónde estudia Mónica? _____

_____

2. ¿Por qué estudia? _____

_____

3. ¿Desea Mónica estudiar en la biblioteca? _____

_____

4. ¿Cuándo es el examen? _____

_____

5. ¿Cómo descansa? _____

_____

4 **Tus clases** Write a paragraph of at least five sentences about yourself in which you state your name and where you are from, what you study, if you work (and, if so, when and where you work) and some of your likes and/or dislikes. Use vocabulary and grammar you learned in this lesson. (6 pts. for vocabulary + 6 pts. for grammar + 3 pts. for style and creativity = 15 pts.)

_____

_____

_____

_____

_____

_____

_____

_____

_____

prueba A

Lección 3

1 **Escuchar** Read these statements. Then listen to a description of Esteban's life and indicate whether each statement is **cierto** or **falso**. (5 × 2 pts. each = 10 pts.)

		Cierto	Falso
1.	Esteban es del Ecuador.	○	○
2.	Esteban estudia biología.	○	○
3.	Trabaja mucho.	○	○
4.	Su novia tiene veintitrés años.	○	○
5.	Su novia no trabaja mucho.	○	○

2 **La familia de Graciela** Look at the family tree and write how each of the remaining people indicated is related to Graciela. Beatriz has been done for you. Then describe them, using at least six words from the word bank. Use your imagination. (6 pts. for vocabulary + 6 pts. for grammar + 3 pts. for style and creativity = 15 pts.)

modelo
Beatriz es la abuela de Graciela.

antipático/a	guapo/a	moreno/a
bajo/a	joven	rubio/a
delgado/a	malo/a	simpático/a

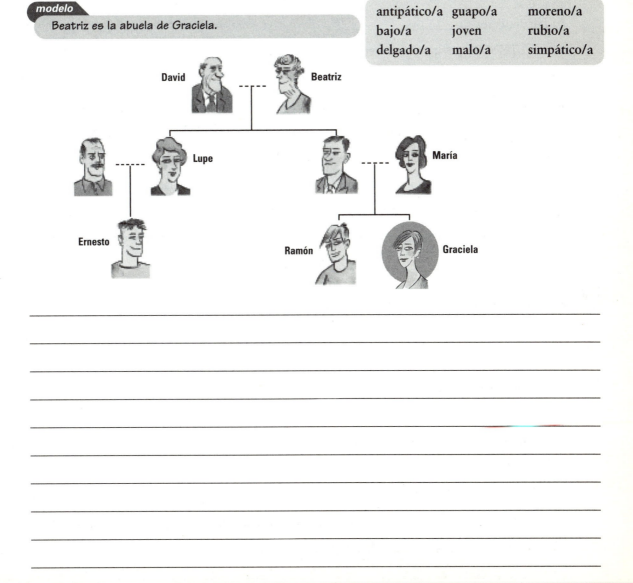

_____
_____
_____
_____
_____
_____
_____
_____
_____
_____

3 **Julia** Julia is leaving a note for her roommate Inés. Complete each sentence with one of the possessive adjectives provided in parentheses. Pay attention to the meaning of the whole sentence when choosing your answer. (5 × 2 pts. each = 10 pts.)

(1)_____ (Mis, Sus, Su) padres vienen mañana a

(2)_____ (mis, sus, nuestro) apartamento. Debo

terminar (3)_____ (mi, sus, mis) tarea de

español hoy. ¿Tienes que asistir a (4)_____ (mi,

mis, tus) clases? Necesitas hablar con Alicia. Ella tiene

(5)_____ (sus, mi, tus) libro de español.

Gracias.

4 **La familia Pérez** Fill in each blank with the present tense of the appropriate Spanish verb. (10 × 2 pts. each = 20 pts.)

La familia Pérez (1)_____ (to live) en Guayaquil. El padre se llama Joaquín y enseña

español. La madre, Irene, trabaja en una biblioteca. Ella (2)_____ (to open) la

biblioteca todos los días a las 7:30 de la mañana. Los dos (3)_____ (to be) muy

simpáticos y trabajadores. Ellos (4)_____ (to have) dos hijas. La mayor, María, tiene

veinte años y (5)_____ (to attend) a la Universidad Central de Quito. La menor,

Marlene, tiene doce años. Las hermanas son muy buenas amigas y ellas (6)_____ (to

share) todas las cosas. Cuando María no está en casa de sus padres, ella (7)_____ (to

write) mucho a su familia. Marlene (8)_____ (to receive) muchas cartas de ella.

Marlene no estudia mucho. Sus padres no (9)_____ (to understand) a Marlene. Ellos

creen que ella (10)_____ (should) preparar más sus clases.

5 **Preguntas** Answer these questions in complete sentences. (5 × 3 pts. each = 15 pts.)

1. ¿Cuántos años tienes? _____

_____

2. ¿Dónde vive tu familia? _____

_____

3. ¿Tienes hermanos o hermanas? ¿Cuántos? _____

_____

4. ¿Te gusta correr? _____

_____

5. ¿A qué hora vienes a la clase de español? _____

_____

6 **Lectura** Read Adrián's opening screen to his web page and answer the questions in complete sentences. (5 × 3 pts. each = 15 pts.)

---

http://www.adrianorozco.com

Tengo veintitrés años y estudio en la universidad. Trabajo por las tardes en la cafetería. Cuando trabajo, vienen mis amigos y tomamos café. Hablamos todo el tiempo. A las diez de la noche, regreso a casa y estudio. Yo debo estudiar mucho. Necesito buenas notas[1] en química porque deseo ser médico. Mis padres son médicos y me gusta la profesión.

Este año comparto mi apartamento con Vicente, un estudiante colombiano. Somos buenos amigos. Nosotros hablamos en inglés y en español. El español no es difícil pero necesito practicar más, porque deseo estudiar un semestre en México.

---

[1]*grades*

1. ¿Cuántos años tiene Adrián? _____
   _____

2. ¿Qué hace *(does he do)* por las tardes? _____
   _____

3. ¿Qué materia necesita estudiar y por qué? _____
   _____

4. ¿Cuál es la profesión de su madre? _____
   _____

5. ¿Con quién vive Adrián? _____
   _____

7 **Tu familia** Write a paragraph of at least five sentences in which you describe at least one member of your family. What is he or she like physically? How is he or she in terms of personality? What does he or she do in a typical day? What does he or she do for fun? Use vocabulary you learned in this lesson. (6 pts. for vocabulary + 6 pts. for grammar + 3 pts. for style and creativity = 15 pts.)

_____
_____
_____
_____
_____
_____
_____
_____

prueba B

Lección 3

1 **Escuchar** Read these statements. Then listen to a description of Manuela's life and indicate whether each statement is **cierto** or **falso**. (5 × 2 pts. each = 10 pts.)

	Cierto	Falso
1. Manuela es colombiana.	○	○
2. Manuela trabaja por las mañanas.	○	○
3. Vive con su prima Tina.	○	○
4. Tina es estudiante de matemáticas.	○	○
5. Ellas corren los sábados.	○	○

2 **La familia de Luis Miguel** Look at the family tree and write how each of the remaining peo[ple] indicated is related to Luis Miguel. Ana María has been done for you. Then describe them, using a[t] least six words from the word bank. Use your imagination. (6 pts. for vocabulary + 6 pts. for grammar + 3 pts. for style and creativity = 15 pts.)

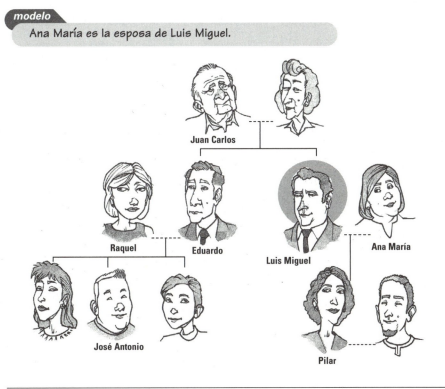

modelo
Ana María es la esposa de Luis Miguel.

antipático/a
bajo/a
delgado/a
guapo/a
interesante
joven
moreno/a
trabajador(a)
viejo/a

Juan Carlos

Raquel   Eduardo   Luis Miguel   Ana María

José Antonio   Pilar

_____
_____
_____
_____
_____
_____
_____
_____
_____

3 **Manuela** Manuela is leaving a note for her roommate Tina. Complete each sentence with one of the possessive adjectives provided in parentheses. Pay attention to the meaning of each sentence as a whole when choosing your answer. (5 × 2 pts. each = 10 pts.)

Necesito terminar esta tarde (1)_____ (mi, tu,

su) tarea de cálculo para mañana y no tengo

(2)_____ (mi, tu, tus) calculadora. Tú tienes una,

¿no? ¿Necesitas (3)_____ (mi, tu, su)

calculadora hoy? Gracias. Otra cosa (*another thing*), tienes un

mensaje telefónico (*phone message*) de (4)_____

(nuestros, tus, sus) padres. Es (5)_____ (mi, tu,

su) aniversario (*anniversary*) este sábado y preparan una fiesta.

4 **Mi familia** Fill in each blank with the present tense of the appropriate Spanish verb. (10 × 2 pts. each = 20 pts.)

Mi esposo Esteban y yo (1)_____ (*to live*) en Barcelona. Él es periodista y

(2)_____ (*to write*) para (*for*) un periódico (*newspaper*) español. También

(3)_____ (*to read*) mucho. Yo (4)_____ (*to attend*) a la universidad.

Todas las mañanas a las 6:30, nosotros (5)_____ (*to run*) una hora. Después,

nosotros (6)_____ (*to drink*) café y (7)_____ (*to eat*). Por las

tardes, yo (8)_____ (*should*) estudiar mucho, pero a veces (*sometimes*) miro un poco

la televisión. Esteban siempre (9)_____ (*to come*) a casa tarde (*late*), pero yo

(10)_____ (*to understand*) que los periodistas trabajan mucho.

5 **Preguntas** Answer these questions in complete sentences. (5 × 3 pts. each = 15 pts.)

1. ¿De qué tienes miedo? _____

_____

2. ¿Con quién vives este semestre? _____

_____

3. ¿Cómo es tu familia? _____

_____

4. ¿Cuántos primos/as tienes? _____

_____

5. ¿Qué tienes que estudiar hoy? _____

_____

prueba C

1 **Escuchar** You will hear five personal questions. Answer each one in Spanish using complete sentences. (5 × 2 pts. each = 10 pts.)

1. _____

2. _____

3. _____

4. _____

5. _____

2 **La familia de Manuela** Look at the family tree and write how each of the remaining people indicated is related to Manuela. José Antonio has been done for you. Then describe them using at least six words from the word bank. Use your imagination. (6 pts. for vocabulary + 6 pts. for grammar + 3 pts. for style and creativity = 15 pts.)

modelo

José Antonio es el hermano de Manuela.

alto/a
feo/a
gordo/a
guapo/a
interesante
simpático/a
tonto/a
trabajador(a)

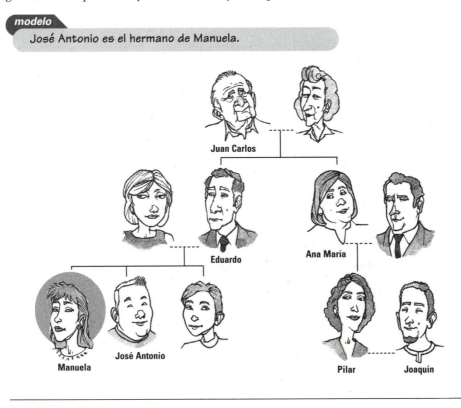

Juan Carlos

Eduardo   Ana María

Manuela   José Antonio   Pilar   Joaquín

_____

_____

_____

_____

_____

_____

_____

_____

3 **Lectura** Read Rosa's opening screen to her web page and answer the questions in complete sentences. (5 × 2 pts. each = 10 pts.)

http://www.rosarodriguez.com

Tengo veinte años y estudio en la universidad. Vivo en la residencia estudiantil. Trabajo por las tardes en la biblioteca. Me gusta trabajar allí[1] porque cuando no vienen estudiantes tengo tiempo para leer y estudiar. A veces,[2] vienen mis amigas y tomamos café y hablamos. A las diez de la noche regreso a casa y estudio. Yo debo estudiar mucho. Debo tener buenas notas[3] en inglés porque deseo ser periodista. Mis padres son periodistas. Tienen que viajar y trabajar en muchos países diferentes. Mi compañera de cuarto se llama Mónica y somos buenas amigas. Ella es del Ecuador, y nosotras hablamos en inglés y en español. El español no es difícil pero necesito practicar más, porque deseo estudiar un semestre en Perú.

[1]*there*   [2]*sometimes*   [3]*grades*

1. ¿Cuántos años tiene Rosa? _____

_____

2. ¿Por qué trabaja en la biblioteca? _____

_____

3. ¿Qué materia necesita estudiar? ¿Por que? _____

_____

4. ¿Cuál es la profesión de su madre? _____

_____

5. ¿Con quién comparte el cuarto de la residencia? _____

_____

4 **¿Cómo eres?** Write a paragraph of at least five sentences in which you describe yourself. What are you like physically? How are you in terms of personality? What do you do in a typical day? What do you do for fun? Use vocabulary you learned in this lesson. (6 pts. for vocabulary + 6 pts. for grammar + 3 pts. for style and creativity = 15 pts.)

_____

_____

_____

_____

_____

_____

_____

_____

_____

_____

prueba D   Lección 3

1 **Escuchar** You will hear five personal questions. Answer each one in Spanish using complete sentences. (5 × 2 pts. each = 10 pts.)

1. _____

2. _____

3. _____

4. _____

5. _____

2 **La familia de Eduardo** Look at the family tree and write how each of the remaining people indicated is related to Eduardo. Ana María has been done for you. Then describe them, using at least six words from the word bank. Use your imagination. (6 pts. for vocabulary + 6 pts. for grammar + 3 pts. for style and creativity = 15 pts.)

> **modelo**
> Ana María es la hermana de Eduardo.

bajo/a
delgado/a
guapo/a
inteligente
malo/a
moreno/a
pelirrojo/a
viejo/a

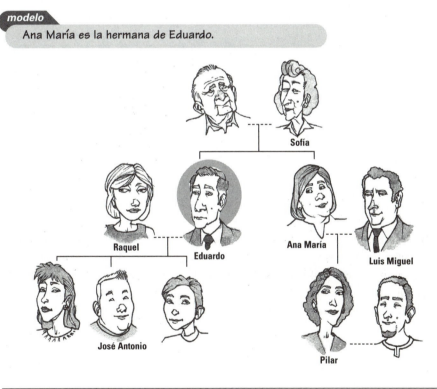

_____

_____

_____

_____

_____

_____

_____

3 **Lectura** Read Raúl's opening screen to his web page and answer the questions in complete sentences. (5 × 2 pts. each = 10 pts.)

http://www.raulmatute.com

Hola. Soy Raúl. Tengo diecinueve años, soy mexicano y estudio en la Universidad de Vermont. Deseo ser programador porque me gusta diseñar páginas web[1]. También me gusta hablar con mis amigos y conocer[2] personas nuevas. Este semestre debo estudiar mucho porque también trabajo por las tardes en el centro de computadoras. Este año estoy en el club de arte porque no deseo estar todo el día con computadoras. Mis padres son artistas. Ahora vivo en un apartamento con un viejo amigo. Se llama Peter y es de Maine. Nosotros hablamos inglés y español porque él desea estudiar un año en España y necesita practicar español.

[1] *design websites*   [2] *meet*

1. ¿De dónde es Raúl? _____

_____

2. ¿Por qué debe estudiar mucho este semestre? _____

_____

3. ¿Cuál es la profesión de su padre? _____

_____

4. ¿Con quién vive Raúl? _____

_____

5. ¿Por qué habla Raúl con Peter en español? _____

_____

4 **Una persona importante** Write a paragraph of at least five sentences in which you describe an important person in your life. Why is this person important in your life? What is this person like physically? How is he or she in terms of personality? What does he or she do in a typical day? What does he or she do for fun? Use vocabulary you learned in this lesson. (6 pts. for vocabulary + 6 pts. for grammar + 3 pts. for style and creativity = 15 pts.)

_____

_____

_____

_____

_____

_____

_____

_____

_____

_____

prueba A   Lección 4

1 **Escuchar** Read these questions. Then listen to the advertisement for **Club Cosmos** and answer the questions with the correct information. (5 × 2 pts. each = 10 pts.)

1. El Club Cosmos está en...
   a. las montañas.   b. el pueblo.   c. la ciudad.
2. Las actividades son para...
   a. la familia.   b. los aficionados a[l] [de]porte.   c. los niños.
3. En el Club Cosmos hay...
   a. dos gimnasios.   b. dos cafeterías.   c. dos piscinas.
4. Usted puede pasar en la cafetería...
   a. sus ratos libres.   b. todos los días.   c. sus vacaciones.
5. No cierran...
   a. por las noches.   b. los ratos libres.   c. los sábados.

2 **En el campus** Look at the illustration and descri[be] [w]hat the people are doing. Write at least five sentences. (6 pts. for vocabulary + 6 pts. for gramma[r +] 3 pts. for style and creativity = 15 pts.)

_____

_____

_____

_____

_____

_____

_____

_____

3 **¿Qué hacemos?** Inés and Maite have a couple of hours free and are making plans for their evening. Fill in each blank with the present tense of the appropriate stem-changing verb, irregular verb, or verb with an irregular **yo** form. (10 × 2 pts. each = 20 pts.)

INÉS ¿(1)_____ (*to see*) el partido en la televisión?

MAITE No, hoy (2)_____ (*to prefer*) ir al cine. Yo (3)_____ (*to want*) ver una película francesa.

INÉS No me gustan las películas francesas. (4)_____ (*to think*) que son aburridas (*boring*).

MAITE Tú no (5)_____ (*to understand*) nada de películas extranjeras (*foreign*). Por favor, si hoy nosotras (6)_____ (*to go*) al cine, mañana (7)_____ (*can*) jugar al tenis.

INÉS Bueno, vamos al cine. ¿A qué hora (8)_____ (*to begin*) la película?

MAITE A las seis, (9)_____ (*to suppose*). Voy a ver en el periódico... sí, es a las seis.

INÉS Vamos, pero ¿(10)_____ (*to return*) pronto? Mañana tenemos que hacer muchas cosas.

4 **Preguntas** Answer these questions in complete sentences. (6 × 3 pts. each 18 pts.)

1. ¿Qué te gusta hacer en tu tiempo libre? _____

_____

2. ¿Qué vas a hacer este fin de semana? _____

_____

3. ¿Qué cosas traes a la clase de español? _____

_____

4. ¿Sales mucho? ¿Cuándo sales? _____

_____

5. ¿Eres aficionado/a a los deportes? ¿Cuales? _____

_____

6. ¿Qué prefieres: ir a la playa o ver películas? _____

_____

5 **Lectura** Maite is writing a postcard to her friend Rubén. Read her postcard and answer the questions. (6 × 2 pts. each = 12 pts.)

> Hola Rubén:
> Por fin consigo un poco de tiempo para escribir una postal. Te escribo desde un parque de la ciudad. Hoy tengo ganas de descansar. Álex y yo pensamos ir al museo y yo después quiero almorzar en un pequeño café que hay en la plaza Mayor. Inés y Javier van a pasear por el centro. Todos tenemos que volver a las cuatro al autobús porque vamos de excursión a las montañas. Vamos a dormir en unas cabañas. Don Francisco dice que son muy bonitas.
> Y tú, ¿cómo estás? Supongo que bien. Por ahora te digo adiós pero hablamos pronto.
> Un beso,
> Maite

1. ¿Por qué puede escribir la postal? _____

_____

2. ¿Dónde está Maite? _____

3. ¿Qué quiere hacer ella? _____

4. ¿Qué van a hacer Maite y Álex? _____

5. ¿Dónde va a comer? _____

6. ¿Qué piensa don Francisco de las cabañas? _____

_____

6 **Tu tiempo libre** Write a paragraph of at least five sentences in which you talk about how you usually spend your free time and how you are going to spend it tomorrow. Use vocabulary and grammar you have learned in this lesson. (10 pts. for vocabulary + 10 pts. for grammar + 5 pts. for style and creativity = 25 pts.)

_____

_____

_____

_____

_____

_____

_____

_____

prueba B   Lección 4

1 **Escuchar** Read these statements and multiple choice options. Then listen to the advertisement for **Club Excursionista** and circle the option that best completes each sentence. (5 × 2 pts. each = 10 pts.)

1. El Club Excursionista está en...
   a. la ciudad.   b. el pueblo.   c. las montañas.
2. Pueden pasar...
   a. un fin de semana.   b. el tiempo libre.   c. dos semanas.
3. En el Club Excursionista hay...
   a. tres gimnasios.   b. dos cafeterías.   c. dos piscinas.
4. Cerca del club hay...
   a. una piscina.   b. un restaurante.   c. un parque.
5. Si desean más información, las personas pueden...
   a. leer el periódico. b. escribir un mensaje electrónico.   c. escribir una carta.

2 **En el parque** Look at the illustration and describe what the people are doing. Write at least five sentences. (6 pts. for vocabulary + 6 pts. for grammar + 3 pts. for style and creativity = 15 pts.)

_____

_____

_____

_____

_____

_____

_____

_____

3 **¿Fútbol?** Fill in each blank with the present tense of the appropriate Spanish stem-changing verb, irregular verb, or verb with an irregular **yo** form. (10 × 2 pts. each = 20 pts.)

JAVIER ¿(1)_____ (*to want*) ir al cine?

ÁLEX No, hoy (2)_____ (*to prefer*) estar en el hotel. Nosotros (3)_____ (*can*) mirar la televisión. Hoy hay un partido de fútbol. (4)_____ (*to think*) que hoy (5)_____ (*to play*) mi equipo favorito.

JAVIER Yo no (6)_____ (*to understand*) nada de fútbol. Yo (7)_____ (*to suppose*) que hoy vamos a ver el fútbol pero mañana nosotros (8)_____ (*to go*) al cine.

ÁLEX Bueno, mañana al cine.

JAVIER ¿A qué hora (9)_____ (*to begin*) el partido?

ÁLEX A ver... a las tres.

JAVIER Pues, voy a ir a pasear un poco.

ÁLEX Bueno, pero ¿(10)_____ (*to return*) pronto, ¿no? No quiero ver el partido solo (*alone*).

4 **Preguntas** Answer these questions in complete sentences. (6 × 3 pts. each = 18 pts.)

1. ¿Qué clase prefieres este (*this*) semestre? _____

_____

2. ¿Eres aficionado/a al cine? _____

_____

3. ¿Sales mucho los fines de semana? ¿Adónde vas? _____

_____

4. ¿Juegas al fútbol? ¿Y al béisbol? _____

_____

5. ¿Qué vas a hacer este fin de semana? _____

_____

6. ¿Te gusta leer el periódico? _____

5 **Lectura** Maite has received a postcard from her friend Rubén. Read the postcard and answer the questions. (6 × 2 pts. each = 12 pts.)

Hola Maite:

Gracias por la postal. Te escribo desde la cafetería de la universidad. Luisa, Marta y yo queremos salir esta tarde. Marta quiere ver una película mexicana, pero yo no soy aficionado a las películas y no tengo ganas de ir al cine. Hoy prefiero pasar tiempo en el gimnasio y después leer una revista.

Este fin de semana, vamos a ir al museo y después a comer en un bonito restaurante del centro. Ahora tengo que ir a la biblioteca, porque tengo que estudiar para un examen de historia. ¡Necesito descansar!

Espero recibir otra postal pronto.

Un beso y saludos a tus amigos,

Rubén

1. ¿Dónde está Rubén? _____

2. ¿Qué piensan hacer por la tarde? _____

   _____

3. ¿Qué quiere hacer Rubén? _____

4. ¿Qué van a hacer este fin de semana? _____

   _____

5. ¿Adónde va a estudiar? _____

6. ¿Por qué tiene que estudiar Rubén? _____

   _____

6 **Tu tiempo libre** Write a paragraph of at least five sentences in which you talk about how you usually spend your free time and how you are going to spend it tomorrow. Use vocabulary and grammar you have learned in this lesson. (10 pts. for vocabulary + 10 pts. for grammar + 5 pts. for style and creativity = 25 pts.)

_____

_____

_____

_____

_____

_____

_____

_____

prueba C   Lección 4

1 **Escuchar** You will hear five personal questions. Answer each one in Spanish using complete sentences. (5 × 2 pts. each = 10 pts.)

1. _____

2. _____

3. _____

4. _____

5. _____

2 **En la ciudad** Look at the illustration and imagine that some friends are going to spend the day in the city. Describe what they are going to do, using vocabulary from this lesson, based on what you see in the image. Write at least five sentences. (6 pts. for vocabulary + 6 pts. for grammar + 3 pts. for style and creativity = 15 pts.)

_____

_____

_____

_____

_____

_____

_____

_____

Pruebas

3 **Lectura** Read this advertisement for the **Club Deportivo Mérida** and answer the questions in complete sentences. (5 × 2 pts. each = 10 pts.)

> ¿Es usted una persona activa? ¿Le gusta practicar deportes? Entonces visite el Club Deportivo Mérida, en el parque del centro de la ciudad. Tenemos actividades para los aficionados a todos los deportes. Puede practicar la natación y el ciclismo o jugar al tenis. También tenemos equipos de béisbol, vóleibol y baloncesto; hay partidos cada fin de semana. Nuestro club tiene una piscina, dos gimnasios y un café donde usted puede descansar y leer su correo electrónico. Si quiere más información, puede venir al club. Cerramos a las doce de la noche.

1. ¿Dónde está el Club Deportivo Mérida? _____
    _____

2. ¿Cuándo son los partidos de vóleibol en el Club Deportivo Mérida? _____

3. ¿Dónde puedes leer tu correo electrónico? _____
    _____

4. ¿Qué deportes puedes practicar en el Club Deportivo Mérida? _____
    _____

5. ¿Te gustan las actividades mencionadas aquí? ¿Cuáles? _____
    _____

4 **El fin de semana** Describe what you are going to do this weekend, using all of the verbs from the word bank. (6 pts. for vocabulary + 6 pts. for grammar + 3 pts. for style and creativity = 15 pts.)

dormir	ir	pensar	poder	querer	ver

_____

_____

_____

_____

_____

_____

_____

_____

_____

_____

prueba D   Lección 4

1   Escuchar You will hear five personal questions. Answer each one in Spanish using complete sentences. (5 × 2 pts. each = 10 pts.)

1. _____
2. _____
3. _____
4. _____
5. _____

2   Tiempo libre Look at the illustration and imagine that some friends are going to spend the day in the park. Describe what they are going to do, using vocabulary from this lesson, based on what you see in the image. Write at least five sentences. (6 pts. for vocabulary + 6 pts. for grammar + 3 pts. for style and creativity = 15 pts.)

_____
_____
_____
_____
_____
_____
_____
_____

3 **Lectura** Read this advertisement for the **Club Ciudad Azul** and answer the questions in complete sentences. When answering with numbers, write out the words for the numerals. (5 × 2 pts. each = 10 pts.)

> El Club Ciudad Azul abre el próximo sábado en el centro de la ciudad, al lado del Museo de Arte. Es un lugar familiar donde va a encontrar actividades deportivas y sociales. Durante la primera semana, puede visitarnos y ver nuestras instalaciones.[1] El club tiene dos piscinas, dos gimnasios, un café, un restaurante y una biblioteca donde puede pasar sus ratos libres, leer el periódico o reunirse[2] con los amigos. Los fines de semana, tenemos actividades para todos: puede practicar la natación y el baloncesto o jugar al tenis. Si quiere más información, puede llamar al teléfono 24–98–50. Cerramos a las once de la noche.

[1]*facilities*   [2]*meet*

1. ¿Dónde está el Club Ciudad Azul? _____

_____

2. ¿Qué deportes puedes practicar en el Club Ciudad Azul? _____

_____

3. ¿Dónde puedes leer el periódico? _____

_____

4. ¿Cuál es el número de teléfono? _____

_____

5. Te gustan las actividades mencionadas aquí? ¿Cuáles? _____

_____

4 **Vacaciones** Describe what you are going to do on your next vacation, using all of the verbs from the word bank. (6 pts. for vocabulary + 6 pts. for grammar + 3 pts. for style and creativity = 15 pts.)

jugar	poder	preferir	querer	visitar	volver

_____

_____

_____

_____

_____

_____

_____

_____

prueba A   Lección 5

1 **Escuchar** Read these statements and multiple choice options. Then listen to the advertisement for a travel agency and circle the option that best completes each sentence. (5 × 2 pts. each = 10 pts.)

1. La agencia de viajes se llama _____ .
   a. Agencia Puerto Rico   b. Agencia Sol y Mar   c. Agencia Sol y Playa
2. La agencia ofrece (*offers*) _____ en San Juan.
   a. un fin de semana   b. una semana   c. una vuelta
3. Si tienes un mes de vacaciones puedes _____ .
   a. tomar un barco   b. tomar el sol   c. montar a caballo
4. Boquerón es _____ .
   a. una agencia   b. una playa   c. un hotel
5. En Boquerón puedes _____ .
   a. acampar   b. pescar   c. ir de compras

2 **Vacaciones** Two friends are on vacation at the beach. Describe their vacation (if they enjoy the weather, what activities they do, etc.) using at least eight words from the list. Use the present progressive at least twice. (6 pts. for vocabulary + 6 pts. for grammar + 4 pts. for style and creativity = 16 pts.)

| aburrido/a | agosto | estación | hacer calor | llave | mar |
| acampar | caballo | estar | jugar a las cartas | maletas | pescar |

_____

_____

_____

_____

_____

_____

_____

3 **Hotel Colón** Use this hotel directory to answer the questions. Answer with ordinal numbers (e.g., *first*, *second*, etc.) in Spanish. Use complete sentences. (5 × 1 pt. each = 5 pts.)

Hotel Colón	Piso 5	Restaurante Vistas	Habitaciones 58–72
	Piso 4	Habitaciones 40–57	
	Piso 3	Gimnasio	Habitaciones 31–39
	Piso 2	Cafetería Ecuador	Habitaciones 21–29
	Piso 1	Biblioteca	Habitaciones 1–20

1. ¿En qué piso está la biblioteca? _____

2. ¿En qué piso está la habitación cuarenta y nueve? _____

3. ¿En qué piso está el restaurante Vistas? _____

4. ¿En qué piso está el gimnasio? _____

5. ¿En qué piso está la cafetería? _____

4 **De viaje** The Gómez family is taking a trip to San Juan, Puerto Rico. Rewrite the sentences, changing the underlined direct object nouns to direct object pronouns. (8 × 1 pt. each = 8 pts.)

1. Toda la familia hace las maletas. _____

2. Juan pone el equipaje y la cámara de fotos en el automóvil. _____

   _____

3. Mariselis lleva los pasaportes. _____

4. Su hijo, Emilio, pide las cartas. _____

5. La abuela, Rosa, busca el periódico. _____

6. Juan tiene los pasajes de avión. _____

7. Mariselis va a comprar mapas de Puerto Rico. _____

8. La abuela y Mariselis quieren visitar los monumentos de San Juan. _____

   _____

5 **Amigos** Fill in the blanks with the appropriate forms of **ser** or **estar**. (10 × 1.5 pts. each = 15 pts.)

DIANA ¡(1) _____ lloviendo!

MIGUEL Claro, (2) _____ otoño, ¿no?

DIANA Mmm... no me gusta la lluvia y tengo que ir al hospital y (3) _____ lejos.

MIGUEL ¿Al hospital? ¿(4) _____ preocupada por algo (*anything*)?

DIANA No, mi amigo Noé (5) _____ médico y (6) _____ trabajando allí (*there*).

MIGUEL ¿Ustedes (7) _____ novios?

DIANA No, él (8) _____ muy enamorado de otra chica. Nosotros (9) _____ amigos.

MIGUEL Oye, yo (10) _____ aburrido, ¿quieres ir a tomar un café?

DIANA No, gracias, tengo que ir al hospital. Quizás el fin de semana...

6 **Preguntas** Answer these questions in Spanish. Use complete sentences. (6 × 3 pts. each = 18 pts.)

1. En verano, ¿prefieres ir de vacaciones al campo o a la playa? _____

   _____

2. En invierno, ¿adónde vas de vacaciones? _____

   _____

3. ¿Qué tiempo hace hoy en tu ciudad? _____

   _____

4. ¿En qué piso tomas la clase de español? _____

   _____

5. ¿Te gusta viajar en tren? ¿Por qué? _____

   _____

6. ¿Cuáles son tres cosas que haces cuando vas de vacaciones a la playa? _____

   _____

7 **Lectura** Read this travel agency advertisement and answer the questions in complete sentences.
(5 × 2 pts. each = 10 pts.)

Agencia Turistar

PUERTO RICO TE ESTÁ ESPERANDO.

Ahora puedes pasar unos días fantásticos por muy pocos dólares. ¿Te gusta viajar en barco? ¿Te gusta el Caribe[1]? Puedes pasar unas magníficas vacaciones visitando las bonitas playas puertorriqueñas.

Pero si prefieres las ciudades, puedes visitar San Juan. ¿Dónde dormir? El hotel El Gran Sol está abierto todo el año. Tenemos habitaciones dobles al lado del mar. Puedes tomar el sol en la playa durante[2] el día y pasear por la interesante ciudad por la noche.

Actividades del hotel: pescar, excursiones, montar a caballo, nadar
Puedes hacer una reservación en el teléfono 684-250-4399.

---

[1]*Caribbean*   [2]*during*

1. ¿Cómo puedes pasar unas buenas vacaciones en Puerto Rico? _____

_____

2. ¿Quiénes deben ir a San Juan? _____

_____

3. ¿Cuándo cierra el hotel El Gran Sol? _____

_____

4. ¿Qué pueden hacer los huéspedes del hotel por la noche? _____

_____

5. ¿Qué diversiones hay en el hotel? _____

_____

8 **¿Cómo soy? ¿Cómo estoy?** Write a paragraph of at least five sentences describing yourself.
Describe what you are like in general, how you are feeling today, and what you are doing right now.
Use at least five different adjectives and the vocabulary and grammar you learned in this lesson.
(7 pts. for vocabulary + 7 pts. for grammar + 4 pts. for style and creativity = 18 pts.)

_____

_____

_____

_____

_____

_____

_____

_____

_____

prueba B   Lección 5

1 **Escuchar** Read these statements and multiple choice options. Then listen to the advertisement for a travel agency and circle the option that best completes each sentence. (5 × 2 pts. each = 10 pts.)

1. La agencia de viajes se llama _____.
   a. Agencia Sol y Playa   b. Agencia El Gran Sol   c. Agencia Puerto Rico
2. La agencia ofrece (*offers*) _____ en San Juan.
   a. un fin de semana   b. una semana   c. una vuelta
3. Si tienes dos semanas de vacaciones puedes _____.
   a. tomar un barco   b. montar a caballo   c. hacer excursiones
4. Boquerón es _____.
   a. una agencia   b. una playa   c. un hotel
5. En Boquerón puedes _____.
   a. pescar   b. acampar   c. ir de compras

2 **Vacaciones** Two friends are on vacation in the mountains. Describe their vacation (if they enjoy the weather, what activities they do, etc.) using at least eight words from the list. Use the present progressive at least twice. (6 pts. for vocabulary + 6 pts. for grammar + 4 pts. for style and creativity = 16 pts.)

aeropuerto	cama	equipaje	habitación	limpio/a	nevar
cabaña	enojado/a	excursión	hacer frío	llover	pescar

_____

_____

_____

_____

_____

_____

_____

3 **Hotel Sol** Use this hotel directory to answer the questions. Answer with the appropriate ordinal numbers (e.g., *first, second,* etc.) in Spanish. Use complete sentences. (5 × 1 pt. each = 5 pts.)

Hotel Sol	Piso 5		Habitaciones 58–72
	Piso 4	Restaurante Vistas	Habitaciones 40–57
	Piso 3	Agencia de viajes Sol	Habitaciones 31–39
	Piso 2	Biblioteca	Cafetería Luz del Mar
	Piso 1	Gimnasio	Habitaciones 1–30

1. ¿En qué piso está la biblioteca? _____

2. ¿En qué piso está la habitación sesenta y dos? _____

3. ¿En qué piso está el restaurante Vistas? _____

4. ¿En qué piso está el gimnasio? _____

5. ¿En qué piso está la agencia de viajes Sol? _____

4 **De viaje** The Fernández family is taking a trip to San Juan, Puerto Rico. Rewrite the sentences, changing the underlined direct object nouns to direct object pronouns. (8 × 1 pt. each = 8 pts.)

1. Vicente pone las maletas en el automóvil. _____

2. Isabel lleva los documentos. _____

3. Su hijo, José Manuel, tiene la cámara de fotos. _____

4. Su hija, Anabel, busca un mapa de la isla. _____

5. Vicente tiene los pasajes de avión. _____

6. La abuela e Isabel quieren visitar los museos de San Juan. _____

_____

7. Vicente e Isabel quieren escribir cartas a sus amigos. _____

_____

8. Todos quieren tomar café puertorriqueño. _____

5 **Amigos** Fill in the blanks with the appropriate forms of **ser** or **estar**. (10 × 1.5 pts. each = 15 pts.)

NANCY ¡(1) _____ nevando!

ANDRÉS Claro, (2) _____ febrero, ¿no?

NANCY Tengo que ir a visitar a un amigo y su casa (3) _____ lejos.

ANDRÉS ¿(4) _____ cansada? ¿Dónde (5) _____ su casa?

NANCY En el centro. Él (6) _____ triste y necesita hablar conmigo.

ANDRÉS ¿Ustedes (7) _____ novios?

NANCY Nosotros sólo (8) _____ amigos. Él (9) _____ enamorado de otra chica.

ANDRÉS Bueno, últimamente *(lately)* yo (10) _____ trabajando mucho y necesito hablar. Vamos a tomar un café.

6 **Preguntas** Answer these questions in Spanish. Use complete sentences. (6 × 3 pts. each = 18 pts.)

1. Cuando haces un viaje, ¿prefieres acampar o ir a un hotel? _____

_____

2. ¿Cuáles son tres cosas que haces cuando vas de vacaciones al campo? _____

_____

3. ¿Te gusta viajar en avión? ¿Por qué? _____

_____

4. ¿Cuántos pisos tiene la biblioteca de tu universidad? _____

_____

5. ¿Cuál es la fecha de hoy? _____

_____

6. ¿Qué tiempo hace esta *(this)* semana en tu ciudad? _____

_____

7   **Lectura** Read this travel agency advertisement and answer the questions in complete sentences. (5 × 2 pts. each = 10 pts.)

Agencia de viajes Sol

PUERTO RICO TE ESTÁ ESPERANDO.

¿Te gusta explorar paisajes exóticos? Puedes explorar las bonitas playas puertorriqueñas y pasar horas nadando y buceando. También puedes hacer excursiones por el interior y montar a caballo. Pero si prefieres descansar, las playas de Puerto Rico son ideales para tomar el sol y pescar.

El hotel Mar Azul es el lugar perfecto para las personas que buscan aventura y para las personas que quieren descansar. Puedes hacer muchas actividades durante el día y por la tarde puedes visitar la ciudad. Por la noche puedes cenar en fantásticos restaurantes y bailar en las discotecas.

Actividades del hotel: excursiones en barco, excursiones a caballo, clases de salsa. Puedes hacer una reservación en el teléfono 684-250-4399. El hotel Mar Azul está abierto todo el año.

---

1. ¿Qué pueden hacer las personas activas en Puerto Rico? _____
   _____

2. ¿Qué puedes hacer en Puerto Rico si estás cansado/a? _____
   _____

3. ¿Qué puedes hacer por la tarde? ¿Y por la noche? _____
   _____

4. ¿En qué meses puedes visitar el hotel Mar Azul? _____
   _____

5. ¿Qué diversiones hay en el hotel? _____
   _____

8   **¿Cómo es? ¿Cómo está?** Write at least five sentences describing a friend of yours. Describe what your friend is like in general, how he or she is feeling today, and what he or she is doing right now (use your imagination). Use at least five different adjectives and vocabulary and grammar from this lesson. (7 pts. for vocabulary + 7 pts. for grammar + 4 pts. for style and creativity = 18 pts.)

_____

_____

_____

_____

_____

_____

_____

_____

prueba C   Lección 5

1 **Escuchar** You will hear five personal questions. Answer each one in Spanish using complete sentences. (5 × 2 pts. each = 10 pts.)

1. _____

2. _____

3. _____

4. _____

5. _____

2 **Vacaciones** Two friends are on vacation at the beach. Describe their vacation (if they enjoy the weather, what activities they do to have fun, if they run into any problems, etc.) using at least six words from the list. Use the present progressive and direct object pronouns at least twice. (4 pts. for vocabulary + 4 pts. for grammar + 2 pts. for style and creativity = 10 pts.)

alegre	equipaje	jugar	nervioso/a	primer	triste
amable	hacer	llave	preocupado/a	quinto/a	verano

_____

_____

_____

_____

_____

_____

_____

_____

_____

_____

3 **Hotel Colón** Use this hotel directory to answer the questions. Answer with the appropriate ordinal numbers (e.g., *first, second,* etc.) in Spanish. Use complete sentences. (5 × 1 pt. each = 5 pts.)

	Piso 5	Biblioteca	Habitaciones 59–72
	Piso 4	Restaurante Latino	Habitaciones 40–58
Hotel Colón	Piso 3	Gimnasio	Habitaciones 31–39
	Piso 2	Agencia de viajes Turistar	Habitaciones 21–30
	Piso 1	Cafetería Quito	Habitaciones 1–20

1. ¿En qué piso está el restaurante Latino? _____

2. ¿En qué piso está la habitación veintidós? _____

3. ¿En qué piso está la biblioteca? _____

4. ¿En qué piso está la cafetería? _____

5. ¿En qué piso está el gimnasio? _____

4 Lectura Read the travel advertisement and answer the questions in complete sentences.
(5 × 2 pts. each = 10 pts.)

Agencia Marina

San Juan, Puerto Rico te está esperando.
Ahora puedes pasar unos días fantásticos por muy pocos dólares.

¿Dónde dormir? El hotel Casals está en el Viejo San Juan. Cerca del
hotel hay cafés, monumentos y restaurantes. Tenemos un autobús
que lleva a nuestros huéspedes a la playa.

El hotel Morro está abierto todo el año. Tenemos habitaciones dobles al lado del mar. Puedes
tomar el sol en la playa durante[1] el día y pasear por la bonita ciudad por la noche.

Actividades organizadas por el hotel: pescar, excursiones, montar a caballo, nadar
Puedes hacer una reservación en el teléfono 346-825-9490.

---

[1]*during*

1. ¿Cómo pueden ir a la playa los huéspedes del hotel Casals? _____

_____

2. ¿Qué hay en el Viejo San Juan? _____

_____

3. ¿Qué mes cierra el hotel Morro? _____

_____

4. ¿Qué pueden hacer los huéspedes del hotel Morro por la mañana? _____

_____

5. ¿Qué diversiones hay en el hotel Morro? _____

_____

5 ¿Cómo es? ¿Cómo está? Write a paragraph of at least five sentences describing a friend or a
family member. Say what he or she is like in general, how he or she is feeling today, and what he or she
is doing right now. Use at least five different adjectives and the vocabulary and grammar you learned in
this lesson. (6 pts. for vocabulary + 6 pts. for grammar + 3 pts. for style and creativity = 15 pts.)

_____

_____

_____

_____

_____

_____

_____

_____

prueba D   Lección 5

1 **Escuchar** You will here five personal questions. Answer each one in Spanish using complete sentences. (5 × 2 pts. each = 10 pts.)

1. _____
2. _____
3. _____
4. _____
5. _____

2 **Vacaciones** Two friends are on vacation in the mountains. Describe their vacation (if they enjoy the weather, what activities they do, if they run into any problems, etc.) using at least six words from the list. Use the present progressive and direct object pronouns at least twice. (4 pts. for vocabulary + 4 pts. for grammar + 2 pts. for style = 10 pts.)

amable	cansado/a	empleado/a	habitación	invierno	llegada
avergonzado/a	cómodo/a	estación	hacer sol	listo/a	sacar

_____
_____
_____
_____
_____
_____
_____

3 **Hotel Viejo San Juan** Use the hotel directory to answer the questions. Answer with the appropriate ordinal numbers (e.g., *first*, *second*, etc.) in Spanish. Use complete sentences. (5 × . pt. each = 5 pts.)

	Piso 6	Restaurante Tostones	Habitaciones 73–90
	Piso 5	Gimnasio	Habitaciones 58–72
Hotel	Piso 4	Habitaciones 40–57	
Viejo San	Piso 3	Agencia de viajes Sol	Habitaciones 31–39
Juan	Piso 2	Biblioteca	Habitaciones 21–30
	Piso 1	Cafetería Luz del Mar	Habitaciones 1–20

1. ¿En qué piso está el restaurante Tostones? _____
2. ¿En qué piso está la habitación cuarenta y tres? _____
3. ¿En qué piso está la biblioteca? _____
4. ¿En qué piso está la cafetería? _____
5. ¿En qué piso está la agencia de viajes Sol? _____

4   **Lectura** Read the travel advertisement and answer the questions in complete sentences.
(5 × 2 pts. each = 10 pts.)

Agencia Marina

San Juan, Puerto Rico te está esperando.
Ahora puedes pasar unos días fantásticos y económicos.

El hotel Conquistador está en el Viejo San Juan. Cerca del hotel hay
museos, monumentos y muy buenos restaurantes. El hotel ofrece[1]
viajes todos los días a la playa en autobús.

El hotel Coquí está abierto todo el año. Tenemos para usted espectaculares habitaciones al lado del
mar. Puede tomar el sol, nadar y bucear en la playa y bailar salsa en las discotecas de la ciudad.
Actividades organizadas en el hotel: clases de salsa, excursiones en bicicleta, excursiones a caballo
Puedes hacer una reservación en el teléfono 346-825-9490.

---

[1]*offers*

1. ¿Cómo pueden ir a la playa los huéspedes del hotel Conquistador? _____

   _____

2. ¿Qué hay en el Viejo San Juan? _____

   _____

3. ¿En qué meses puedes visitar el hotel Coquí? _____

   _____

4. ¿Qué actividades acuáticas (*aquatic*) pueden hacer los huéspedes del hotel Coquí? _____

   _____

5. ¿Qué diversiones hay en el hotel Coquí? _____

   _____

5   **¿Cómo eres? ¿Cómo estás?** Write a paragraph of at least five sentences describing yourself. Say
what you are like in general, how you are feeling today, and what you are doing right now. Use at
least five different adjectives and the vocabulary and grammar you learned in this lesson. (6 pts. for
vocabulary + 6 pts. for grammar + 3 pts. for style and creativity = 15 pts.)

_____

_____

_____

_____

_____

_____

_____

_____

_____

prueba A   Lección 6

1 **Escuchar** You are going to hear a public address system announcing seasonal sales. Listen carefully and then indicate the option that best complete each sentence. (5 × 2 pts. each = 10 pts.)

1. El Caribe es...
   a. una tienda de computadoras.   b. un mercado.   c. un almacén.

2. Los clientes no tienen que gastar mucho dinero porque...
   a. no tienen mucho dinero.   b. van a conseguir las mejores   c. tienen tarjeta de crédito.
                                     rebajas.

3. En la tienda para niños venden...
   a. pantalones de todos los colores.   b. sombreros.   c. faldas.

4. En la tienda para hombres tienen...
   a. camisetas y pantalones.   b. chaquetas y pantalones.   c. camisas y pantalones.

5. En la tienda las señoras pueden comprar...
   a. vestidos.   b. setecientos pesos.   c. cinturones que hacen juego
                                                           con la ropa.

2 **De compras** Write a dialogue between the customer and the sales clerk based on the illustration. Use indirect object pronouns and at least six words from the list. (7 pts. for vocabulary + 7 pts. for grammar + 2 pts. for style and creativity = 16 pts.)

barato/a	dar	pantalones	suéter
caja	efectivo	rebajas	talla
corbata	gris	regalo	tarjeta de crédito

_____

_____

_____

_____

_____

_____

_____

_____

_____

_____

_____

_____

_____

3 **¿Qué desea?** Complete this dialogue with the appropriate demonstrative pronouns. (7 × 2 pts. each = 14 pts.)

VENDEDOR ¿Quiere ver aquellas faldas?

DORA Prefiero ver (1) _____ (these ones). ¿Y esa camiseta?

VENDEDOR ¿(2) _____ (that one) o (3) _____ (that one over there)?

DORA (4) _____ (that one over there). Y, ¿puede mostrarme esos vestidos?

VENDEDOR ¿(5) _____ (these ones) o (6) _____ (those ones)?

DORA Éstos. Me gustaría (I would like) comprar guantes. ¿Cuánto cuestan (7) _____ (those ones over there)?

VENDEDOR Cuestan cincuenta y ocho dólares.

DORA Los compro.

4 **En el centro comercial** Read the paragraph and write the appropriate preterite forms in the spaces provided. (10 × 2 pts. each = 20 pts.)

El sábado pasado, Eugenia y yo fuimos (went) al centro comercial a comprar ropa. El centro (1) _____ (abrir) a las 9:00 y nosotras (2) _____ (llegar) a las 9:30 de la mañana. Primero, (3) _____ (tomar) café en la cafetería del centro comercial. Después, (4) _____ (visitar) las tiendas. Luego, a las dos de la tarde, (5) _____ (volver) a la cafetería para comer algo (something). Yo no (6) _____ (comprar) nada, pero Eugenia compró muchas cosas porque (7) _____ (recibir) mucho dinero de sus padres la semana pasada. Yo (8) _____ (ver) una falda muy bonita, pero muy corta para mí. Eugenia (9) _____ (gastar) todo su dinero: compró dos vestidos, unos zapatos, una blusa y una falda. A las 9:00 de la noche, nosotras (10) _____ (salir) del centro.

5 **Preguntas** Answer these questions in Spanish. Use complete sentences. When answering with numbers, write out the words for the numerals. (5 × 3 pts. each = 15 pts.)

1. ¿Qué ropa llevas cuando vas a clase? _____

2. ¿Te prestan dinero tus amigos? _____

3. ¿Cuándo compraste la ropa que llevas ahora? _____

4. ¿A qué hora volviste ayer a casa? _____

5. ¿Cuándo empezaste a estudiar español? _____

6 **Lectura** Read this advertisement and answer the questions below in complete sentences. When answering with numbers, write out the words for the prices. (5 × 2 pts. each = 10 pts.)

COLECCIÓN PRIMAVERA-VERANO

Acaba de salir la moda de primavera-verano. Viene en muchos colores y es muy cómoda. Ya no tenemos que decidir entre estar cómodos e ir elegantes.

Mujeres a la moda:
Esta primavera pueden comprar diferentes estilos[1] de botas, de minifaldas y de camisetas de colores. Este verano pueden llevar vestidos con variedad de estilos y colores para dar una imagen chic.

Vestido verde y amarillo: 250 pesos   Zapatos rojos: 137 pesos   Zapatos marrón: 146 pesos

Hombres a la moda:
Cómodos pantalones marrones: 175 pesos   Elegante chaqueta negra: 362 pesos

---

[1]*styles*

1. ¿Cómo es la ropa que viene para la temporada (*season*) de primavera-verano? _____
   _____

2. ¿Cómo son los vestidos que dan una imagen chic? _____
   _____

3. ¿Cuánto cuesta el vestido verde y amarillo? _____
   _____

4. ¿De qué color son los zapatos que cuestan ciento cuarenta y seis pesos? _____
   _____

5. ¿Cuánto cuesta la chaqueta? _____
   _____

7 **El fin de semana** Write a paragraph of at least six sentences describing what you did last weekend. Use at least four different verbs in the preterite. (6 pts. for vocabulary + 6 pts. for grammar + 3 pts. for style and creativity = 15 pts.)

_____

_____

_____

_____

_____

_____

_____

_____

prueba B   Lección 6

1 **Escuchar** You are going to hear a public address system announcing seasonal sales. Listen carefully and then circle the letter that best complete each sentence. (5 × 2 pts. each = 10 pts.)

1. El Prado es...
   a. un mercado al aire libre. b. un centro comercial.   c. un supermercado.
2. El/La cliente/a puede llevar ropa de moda...
   a. a precios de ganga.   b. pagando con tarjeta de crédito.   c. y de muy buena calidad.
3. En la tienda para niños venden... para los días de frío.
   a. abrigos   b. impermeables   c. camisetas
4. En la tienda de señoras pueden comprar... que hacen juego con todo.
   a. cinturones y corbatas   b. vestidos   c. medias, sombreros y guantes
5. En la tienda para hombres hay una excelente rebaja en...
   a. chaquetas y pantalones. b. cinturones y corbatas.   c. camisas y pantalones.

2 **De compras** Write a dialogue between the customer and the sales clerk based on the illustration. Use indirect object pronouns and at least six words from the list. (7 pts. for vocabulary + 7 pts. for grammar + 2 pts. for style and creativity = 16 pts.)

azul	chaqueta	efectivo	regalo
camisa	corbata	precio	regatear
caro/a	costar	rebajas	tarjeta de crédito

_____

_____

_____

_____

_____

_____

_____

_____

_____

_____

_____

_____

_____

_____

3 **¿Qué desea?** Complete this dialogue with the appropriate demonstrative pronouns. (7 × 2 pts. each = 14 pts.)

VENDEDOR Tenemos muchos pantalones en rebaja. ¿Quiere ver (1) _____ (*those ones over there*)?

PABLO No, gracias. Prefiero ver (2) _____ (*these ones*). Y necesito una camisa. ¿Puedo ver (3) _____ (*that one*)?

VENDEDOR ¿(4) _____ (*that one*) o (5) _____ (*that one over there*)?

PABLO (6) _____ (*that one over there*). Me gustaría (*I would like*) comprar un cinturón también. ¿Cuánto cuesta (7) _____ (*this one*)?

VENDEDOR Cuesta setenta y ocho dólares.

PABLO Lo compro.

4 **En el centro comercial** Read the paragraph and write the appropriate preterite forms in the spaces provided. (10 × 2 pts. each = 20 pts.)

El domingo pasado, mi novia, Marcela, y yo fuimos (*went*) al centro comercial a comprar ropa.

Nosotros (1)_____ (llegar) a las 9:30 de la mañana, pero ese día el centro no

(2)_____ (abrir) hasta las 10:00. Entonces, nosotros (3)_____

(esperar) en una cafetería cerca del centro. A las 10:00 en punto, nosotros (4)_____

(empezar) a vistitar las tiendas. Primero, Marcela (5)_____ (comprar) un traje muy

bonito. Después, un dependiente me (6)_____ (mostrar) una chaqueta muy elegante,

pero corta para mí. Al fin, yo (7)_____ (encontrar) una tienda con ropa en tallas

para personas altas. Yo (8)_____ (ver) unos pantalones perfectos y otras cosas que

necesitaba (*I needed*). Nosotros no (9)_____ (salir) de la tienda hasta que los

dependientes la (10)_____ (cerrar).

5 **Preguntas** Answer the questions in Spanish. Use complete sentences and, when answering with numbers, write out the words for the numerals. (5 × 3 pts. each = 15 pts.)

1. ¿Qué ropa llevas a una fiesta (*party*)? _____

_____

2. ¿Con quién te gusta ir de compras? _____

_____

3. ¿Cuál es tu ropa favorita? _____

_____

4. ¿Cuánto dinero gastaste la última vez (*the last time*) que visitaste otra ciudad? _____

_____

5. ¿A qué hora saliste de tu casa esta mañana? _____

_____

6 **Lectura** Read this advertisement and then answer the questions in complete sentences. When answering with numbers, write out the words for the prices. (5 × 2 pts. each = 10 pts.)

COLECCIÓN OTOÑO-INVIERNO

Acaba de salir la moda de otoño-invierno. Este año la moda viene con muchos colores en la ropa para darle color y alegría a los días fríos.

Mujeres a la moda:
Este otoño pueden comprar muchos estilos¹ de faldas y pantalones en rojo, amarillo y anaranjado. Y lo más nuevo: impermeables de color verde y rosado con botas y bolsas que hacen juego.

Impermeable rosado: 165 pesos	Chaqueta: 112 pesos
Impermeable verde: 176 pesos	Abrigo largo: 314 pesos

Hombres a la moda:
Cómodos pantalones y suéteres: 65 pesos   Elegante chaqueta negra: 252 pesos

---

¹styles

1. ¿Cómo es la nueva moda para la temporada (*season*) de otoño-invierno? _____

   _____

2. ¿De qué colores son las nuevas botas? _____

   _____

3. ¿Cuánto cuesta el abrigo largo? _____

   _____

4. ¿De qué color es el impermeable que cuesta ciento setenta y seis pesos? _____

   _____

5. ¿Cuánto cuesta la chaqueta de hombre? _____

   _____

7 **El fin de semana** Write a paragraph of at least six sentences describing what you did during your last long weekend. Use at least four different verbs in the preterite. (6 pts. for vocabulary + 6 pts. for grammar + 3 pts. for style and creativity = 15 pts.)

_____

_____

_____

_____

_____

_____

_____

_____

_____

_____

prueba C   **Lección 6**

1 **Escuchar** You will hear five personal questions. Answer each one in Spanish using complete sentences. (5 × 2 pts. each = 10 pts.)

1. _____

2. _____

3. _____

4. _____

5. _____

2 **De compras** Write a dialogue between the customer and the sales clerk based on the illustration. Use indirect object pronouns and at least six words from the list. (6 pts. for vocabulary + 6 pts. for grammar + 3 pts. for style and creativity = 15 pts.)

aquéllos	caro	esta	precio	tarjeta de crédito
barato/a	dar	estos	regalo	traje

_____

_____

_____

_____

_____

_____

_____

_____

_____

_____

_____

_____

_____

_____

_____

_____

_____

_____

3 **Lectura** Read this advertisement and answer the questions in complete sentences. When answering with numbers, write out the words for the prices. (5 × 2 pts. each = 10 pts.)

COLECCIÓN OTOÑO-INVIERNO

Acaba de salir la moda de Otoño-Invierno. Viene en colores marrón y negro y, como es muy cómoda, ya no tenemos que decidir entre estar cómodos e ir elegantes.

Mujeres a la moda:

Este otoño pueden comprar diferentes estilos¹ de botas, de faldas largas y de vestidos de hermosos colores. En invierno van a ver elegantes abrigos que hacen juego con trajes de pantalón y chaqueta.

Abrigo de color rojo: 437 pesos   Falda larga de muchos colores: 250 pesos

Abrigo de color marrón: 375 pesos   Botas de color negro: 135 pesos

Hombres a la moda:

Elegante impermeable negro: 216 pesos   Pantalones marrones para ir al trabajo: 120 pesos

¹styles

1. ¿Cómo es la ropa que viene para la temporada (*season*) de otoño-invierno? _____

   _____

2. ¿Qué ropa pueden llevar con los abrigos? _____

   _____

3. ¿Cuánto cuesta el impermeable negro? _____

   _____

4. ¿De qué color es el abrigo que cuesta cuatrocientos treinta y siete pesos? _____

   _____

5. ¿Cuándo pueden llevar los pantalones marrones? _____

   _____

4 **Sábado** Write a paragraph of at least six sentences describing what you did last Saturday. Use at least four different verbs in the preterite. (6 pts. for vocabulary + 6 pts. for grammar + 3 pts. for style and creativity = 15 pts.)

   _____

   _____

   _____

   _____

   _____

   _____

   _____

   _____

   _____

prueba D   **Lección 6**

1 **Escuchar** You will hear five personal questions. Answer each one in Spanish using complete sentences. (5 × 2 pts. each = 10 pts.)

1. _____

2. _____

3. _____

4. _____

5. _____

2 **De compras** Write a dialogue between the customer and the sales clerk based on the illustration. Use indirect object pronouns and at least six words from the list. (6 pts. for vocabulary + 6 pts. for grammar + 3 pts. for style and creativity = 15 pts.)

abrigo	barato/a	dar	éstos	regalo
aquel	caro/a	esos	regatear	talla

_____

_____

_____

_____

_____

_____

_____

_____

_____

_____

_____

_____

_____

_____

_____

_____

_____

3   **Lectura** Read this advertisement and answer the questions in complete sentences. When answering with numbers, write out the words for the prices. (5 × 2 pts. each = 10 pts.)

COLECCIÓN PRIMAVERA-VERANO

Acaba de salir la moda de primavera-verano. Este año mucha ropa viene en colores morado y azul, y en estilos[1] muy cómodos pero elegantes.

Mujeres a la moda:
Esta primavera pueden comprar diferentes estilos de faldas largas y trajes de pantalón y chaqueta para ir al trabajo con los nuevos colores de este año. En verano van a ver en las tiendas elegantes vestidos que hacen juego con zapatos y bolsas de muchos estilos. Y para ir a la playa, pantalones cortos y sandalias de todos los colores.
Vestido morado: 239 pesos   Falda larga: 150 pesos   Sandalias de color rojo: 135 pesos

Hombres a la moda:
Trajes elegantes en colores claros[2]: 311 pesos   Cómodas camisetas para las vacaciones: 129 pesos

---

[1]*styles*   [2]*light*

1. ¿Cómo es la moda de primavera-verano? _____

_____

2. ¿Qué pueden llevar con los vestidos? _____

_____

3. ¿Cuánto cuesta el vestido morado? _____

_____

4. ¿Qué cuesta ciento treinta y cinco pesos? _____

_____

5. ¿Cuánto cuestan las camisetas para hombres? _____

_____

4   **Domingo** Write a paragraph of at least six sentences describing what you did last Sunday. Use at least four different verbs in the preterite. (6 pts. for vocabulary + 6 pts. for grammar + 3 pts. for style and creativity = 15 pts.)

_____

_____

_____

_____

_____

_____

_____

_____

_____

prueba A   **Lección 7**

1 **Escuchar** Read these statements and listen as Vicente talks about his plans for tomorrow. Then indicate whether each statement is **cierto** or **falso**. (5 × 2 pts. each = 10 pts.)

	Cierto	Falso
1. Va a estar siete días en Perú.	○	○
2. Le molesta viajar.	○	○
3. Se preocupa por llevar las cosas que necesita.	○	○
4. Se despierta a las ocho.	○	○
5. Nunca come antes de un viaje.	○	○

2 **Buenos días** Describe what Ángel is doing, using at least five reflexive verbs. (5 × 3 pts. each = 15 pts.)

_____

_____

_____

_____

_____

_____

_____

3 **¿Qué le gusta?** Write a paragraph about someone you know well. Using at least four words or expressions from each list, describe that person's habits, likes, and dislikes. (6 pts. for vocabulary + 6 pts. for grammar + 3 pts. for style and creativity = 15 pts.)

aburrir importar molestar preocuparse	algunos días en casa nervioso/a por la noche
fascinar interesar ponerse sentirse	contento/a mucho nunca siempre

_____

_____

_____

_____

_____

_____

_____

_____

4 **Te espero** Inés and her friend Andy are going to an important meeting. While Andy is getting ready, Inés is waiting for him. Read their conversation and choose the correct option from the words provided. (5 × 2 pts. each = 10 pts.)

INÉS Tengo hambre.

ANDY Mmm. Lo siento. No hay (1) _____ (nada, ningún) para comer. Luego podemos comer (2) _____ (nunca, algo) en el restaurante al lado del Museo de Arte Contemporáneo.

INÉS Está bien. Oye, tengo que llamar a mi compañero de clase para preguntarle cuándo es el próximo examen. ¿Puedo usar el teléfono?

ANDY Lo siento. Mi compañero de cuarto (3) _____ (siempre, nunca) está hablando por teléfono con su novia. Acaba de llamarla y todavía están hablando. Puedes usarlo más tarde. ¿Puedes esperar aquí? Voy a quitarme esta camisa. Voy a ver si me puedo poner (4) _____ (alguna, ninguna) más elegante.

INÉS Bueno, puedo esperar. ¿Tienes algún libro divertido?

ANDY No, lo siento, no tengo (5) _____ (nadie, ninguno). Pero estoy listo en cinco minutos.

INÉS Bueno, aquí te espero.

5 **Preguntas** Answer these questions in complete sentences. Use the preterite of **ser** and **ir** in your answers. (5 × 3 pts. each = 15 pts.)

1. ¿Fuiste al cine el mes pasado? ¿Con quién fuiste? _____

_____

2. ¿Cuál fue tu clase favorita el semestre pasado? _____

_____

3. ¿Cómo fueron tus vacaciones de invierno? _____

_____

4. ¿Adónde fuiste ayer después de las clases? _____

_____

5. ¿Fuiste de compras la semana pasada? ¿Qué compraste? _____

_____

6 **Lectura** Read this excerpt of an interview with actor Fernando León. Then, answer the questions in complete sentences. (5 × 3 pts. each = 15 pts.)

PERIODISTA Bienvenido.

FERNANDO LEÓN Muchas gracias por invitarme. Me encanta su columna de los domingos.

PERIODISTA Gracias. A todos nos interesa aprender un poco más de usted. ¿Le gusta su estilo de vida¹?

FERNANDO LEÓN No siempre. Muchas veces me molesta tener que viajar. Bueno, y también tengo que levantarme muchas veces a las cuatro o a las cinco de la mañana para llegar al plató². Ahora estoy trabajando en una nueva película: *Las bodas³ de Drácula*. Me visto en unos diez

minutos, y luego tienen que maquillarme y peinarme. Trabajamos dieciocho horas seis días a la semana. Cuando llego a casa, no tengo ganas de nada. Sólo quiero quitarme la ropa, ponerme el pijama⁴ y acostarme.

PERIODISTA Y su novia, ¿qué piensa de su rutina?

FERNANDO LEÓN A mi novia tampoco le gusta mucho. Mi rutina no le gusta a nadie. Ni a mi familia, ni a mis amigos, ni a mi novia. Ella trabaja en la universidad y tiene un horario muy bueno. Pienso que en el futuro voy a tener que trabajar en otra profesión.

¹lifestyle ²set ³weddings ⁴pajamas

1. ¿Le interesa el trabajo del/de la periodista a Fernando León? _____

_____

2. ¿Le gusta levantarse temprano? _____

_____

3. ¿Cuánto tiempo necesita para ponerse la ropa? _____

_____

4. ¿Qué hace después de llegar a casa? _____

_____

5. ¿A quién le gusta la rutina de Fernando León? _____

_____

7 **Tu rutina** Write a paragraph about your daily routine. Use sequencing expressions. (8 pts. for vocabulary + 8 pts. for grammar + 4 pts. for style and creativity = 20 pts.)

_____

_____

_____

_____

_____

_____

_____

_____

_____

_____

prueba B

Lección 7

1   **Escuchar**   Read these statements and listen as Iván talks about his plans for tomorrow. Then indicate whether each statement is **cierto** or **falso**. (5 × 2 pts. each = 10 pts.)

	Cierto	Falso
1. Iván va a estar tres semanas en Panamá.	○	○
2. A Iván le encantan los viajes largos.	○	○
3. Jamás se duerme en el avión.	○	○
4. Todavía necesita comprar regalos para sus amigos.	○	○
5. Le preocupa tener tiempo para preparar todo.	○	○

2   **¡Buenos días! ¡Buenas noches!**   Look at the illustrations and write what Alicia and Jennifer do every morning and every night. Use your imagination and at least five reflexive verbs. (5 × 3 pts. each = 15 pts.)

_____

_____

_____

_____

_____

_____

3   **¿Qué le gusta?**   Write a paragraph about your best friend. Using at least four words or expressions from each list, describe that person's habits, likes, and dislikes. (6 pts. for vocabulary + 6 pts. for grammar + 3 pts. for style and creativity = 15 pts.)

bañarse	encantar	faltar	lavarse	algunas mañanas	en clase	por la noche	siempre
despertarse	enojar	fascinar	quedar	dormido/a	jamás	preocupado/a	tampoco

_____

_____

_____

_____

_____

4 **Carla y Ángel** Carla and her friend Ángel are studying in Ángel's apartment. Ángel's roommate is home. Read their conversation and choose the correct option from the words provided. (5 × 2 pts. each = 10 pts.)

CARLA Tengo sed.

ÁNGEL Mmm. Lo siento. No hay (1) _____ (nada, ningún) para beber. Necesito ir al supermercado. Luego podemos comprar (2) _____ (nunca, algo) en la tienda.

CARLA Está bien. ¿Puedo usar el baño?

ÁNGEL Creo (*I believe*) que mi compañero de cuarto está bañándose. (3) _____ (siempre, nunca) se baña por las tardes y (4) _____ (algunos, ningunos) días está una hora en el cuarto de baño.

CARLA Bueno, puedo esperar.

ÁNGEL Mi compañero de cuarto no tiene (5) _____ (algún, ningún) respeto. Me molesta mucho.

CARLA No te preocupes. No hay ningún problema. Seguimos estudiando. ¡Tenemos mucho que hacer!

5 **Preguntas** Answer these questions in complete sentences. Use the preterite of **ser** and **ir** in your answers. (5 × 3 pts. each = 15 pts.)

1. ¿Cuál fue tu película favorita del año pasado? _____
   _____

2. De niño/a, ¿quién fue tu superhéroe (*superhero*) favorito? _____
   _____

3. ¿Fuiste a algún museo el mes pasado? ¿A qué museo, y con quién? _____
   _____

4. ¿Adónde fuiste el fin de semana pasado? _____
   _____

5. ¿Cómo fueron tus vacaciones de verano? _____
   _____

6   **Lectura**   Read this excerpt of an interview with Arturo Brito Ríos, a famous journalist, and then answer the questions in complete sentences. (5 × 3 pts. each = 15 pts.)

PRESENTADORA Bienvenido.
ARTURO Muchas gracias por invitarme a esta entrevista[1].
PRESENTADORA De nada. A todos nos interesa aprender un poco más sobre usted. ¿Le gusta su estilo de vida[2]?
ARTURO No siempre me gusta. Muchas veces me molesta tener que viajar. Bueno, y también tengo que levantarme muchas veces a las tres o las cuatro de la mañana para llegar al aeropuerto. Algunos días me ducho en dos minutos, me visto, y muchas veces no tengo tiempo de afeitarme. Muchos días trabajo dieciocho horas y cuando llego a casa, no tengo ganas

de nada. Sólo quiero quitarme la ropa, ponerme el pijama[3] y acostarme.
PRESENTADORA Y su esposa, ¿qué piensa de su rutina?
ARTURO A mi esposa tampoco le gusta mucho. La verdad es que mi rutina no le gusta a nadie. Ni a mis amigos, ni a mis hijos, ni a mi esposa. Ella es profesora y tiene un horario muy bueno. Ahora estoy trabajando también en mi primera novela[4], pero me falta tiempo para escribir. Pienso que en el futuro voy a tener que trabajar en otra área. Me fascina escribir novelas y puedo trabajar en casa y estar cerca de mi familia.

---

[1]*interview*   [2]*lifestyle*   [3]*pajamas*   [4]*novel*

1. ¿Qué piensa Arturo Brito Ríos de su estilo de vida? _____

_____

2. ¿Qué hace al llegar a casa después de un día largo? _____

_____

3. ¿Les gusta a los hijos de Arturo Brito Ríos la rutina de su padre? _____

_____

4. ¿Qué es lo que le gusta a Arturo Brito Ríos? _____

_____

5. ¿Por qué quiere cambiar de (*change*) trabajo? _____

_____

7   **La rutina de tu amigo/a**   Write a paragraph about your best friend's daily routine. Use sequencing expressions. (8 pts. for vocabulary + 8 pts. for grammar + 4 pts. for style and creativity = 20 pts.)

_____

_____

_____

_____

_____

_____

_____

_____

_____

_____

prueba C

Lección 7

1 **Escuchar** You will hear five personal questions. Answer each one in Spanish using complete sentences. (5 × 1 pt. each = 5 pts.)

1. _____
2. _____
3. _____
4. _____
5. _____

2 **Buenos días** Describe what Lupe is doing, using at least five reflexive verbs. (5 × 2 pts. each = 10 pts.)

_____
_____
_____
_____
_____
_____

3 **¿Qué te gusta?** Using at least four words or expressions from each list, describe your own habits, likes, and dislikes. (4 pts. for vocabulary + 4 pts. for grammar + 2 pts. for style and creativity = 10 pts.)

| acordarse encantar interesar ponerse | contento/a jamás nervioso/a siempre |
| acostarse enojarse llamarse sentirse | en clase mucho por la mañana también |

_____
_____
_____
_____
_____

4 **Lectura** Read this excerpt of a conversation between two friends, Pamela and Maru. Then, answer the questions in complete sentences. (5 × 2 pts. each = 10 pts.)

MARU Pame, ¡hola! Hace mucho¹ que no te veo.
PAMELA ¡Hola! Sí, es que mi hermana y yo hicimos un viaje maravilloso de dos meses por Latinoamérica.
MARU ¡Qué interesante! Y, ¿a qué países fueron?
PAMELA Pues mira, empezamos en Ecuador; allí visitamos Quito, Ibarra y, por supuesto² fuimos a las islas Galápagos y a los Andes. Después fuimos a México. Allí, primero paseamos juntas³ por la Ciudad de México, luego yo fui a Acapulco, Mérida y Cancún y mi hermana fue a Monterrey, Guadalajara y Puebla.
MARU ¿Fueron a otros países?
PAMELA Sí, por último fuimos a Puerto Rico y a Cuba con sus playas espectaculares y tantos sitios⁴ históricos increíbles.
MARU ¿Qué lugar les gustó más?
PAMELA Mmmm, bueno, a mí me encantó La Habana, Cuba. Y a mi hermana... le fascinaron las islas Galápagos en Ecuador.

¹*It's been a while*   ²*of course*   ³*together*   ⁴*so many sites*

1. ¿Adónde fueron Pamela y su hermana de vacaciones? _____

   _____

2. ¿Adónde fueron primero? _____

3. En México, ¿a qué ciudades fue sola (*by herself*) Pamela? ¿Y su hermana? _____

   _____

4. ¿A qué países fueron antes de terminar su viaje? _____

   _____

5. ¿Cuál fue el lugar favorito de Pamela? ¿Y el de su hermana? _____

   _____

5 **Su rutina** Write a paragraph about the daily routine of someone you know. Use sequencing expressions. (6 pts. for vocabulary + 6 pts. for grammar + 3 pts. for style and creativity = 15 pts.)

_____

_____

_____

_____

_____

_____

_____

_____

_____

_____

_____

prueba D   Lección 7

1 **Escuchar** You will hear five personal questions. Answer each one in Spanish using complete sentences. (5 × 1 pt. each = 5 pts.)

1. _____

2. _____

3. _____

4. _____

5. _____

2 **¡Buenos días! ¡Buenas noches!** Look at the illustrations and describe what Tomás and Enrique do every morning and every night. Use at least five reflexive verbs. (5 × 2 pts. each = 10 pts.)

_____

_____

_____

_____

_____

_____

3 **¿Cómo es?** Using at least four words or expressions from each list, describe your best friend's habits, likes, and dislikes. (4 pts. for vocabulary + 4 pts. for grammar + 2 pts. for style and creativity = 10 pts.)

aburrir	encantar	levantarse		antes	los fines de semana	siempre
acostarse	faltar	preocuparse		dormido/a	ni... ni	tranquilo/a
despedirse	fascinar			en casa	por la noche	

_____

_____

_____

_____

_____

4 Lectura Read this excerpt of a conversation between two friends, Joselo and Enrique. Then, answer the questions below. (5 × 2 pts. each = 10 pts.)

JOSELO Enrique, ¡hola! Hace mucho[1] que no te veo.
ENRIQUE ¡Hola! Sí, es que mi hermano y yo hicimos un viaje maravilloso de dos meses por España y Latinoamérica.
JOSELO ¡Qué interesante! Y, ¿a qué países fueron?
ENRIQUE Pues mira, primero fuimos a España. Allí, primero paseamos juntos[2] por Madrid, luego yo fui a Salamanca, Zaragoza y Barcelona y mi hermano fue a Ibiza, Mallorca y Menorca. Después fuimos a Puerto Rico, donde visitamos San Juan, Ponce, Arecibo y la isla de Vieques.

JOSELO ¿Fueron a otros países?
ENRIQUE Sí, por último fuimos a Perú con sus ciudades incas espectaculares en los Andes y tantas[3] historias increíbles.
JOSELO ¿Y qué lugar les gustó más?
ENRIQUE Mmmm, bueno, a mí me encantó Machu Picchu en los Andes del Perú. Y a mi hermano... le fascinó San Juan en Puerto Rico.

[1]*It's been a while* [2]*together* [3]*so many*

1. ¿Adónde fueron Enrique y su hermano de vacaciones? _____
   _____

2. En España, ¿a qué ciudades fue solo (*by himself*) Enrique? ¿Y su hermano? _____
   _____

3. ¿Adónde fueron en Puerto Rico? _____
   _____

4. ¿A qué país fueron antes de terminar su viaje? _____
   _____

5. ¿Cuál fue el lugar favorito de Enrique? ¿Y el de su hermano? _____
   _____

5 Su rutina Write a paragraph about how you imagine the daily routine of your favorite actor or actress to be. Use your imagination and sequencing expressions. (6 pts. for vocabulary + 6 pts. for grammar + 3 pts. for style and creativity = 15 pts.)

_____

_____

_____

_____

_____

_____

_____

_____

_____

prueba A   Lección 8

1 **Escuchar** Read these questions and listen to what the waiter is saying about the menu. Then, choose the correct option. (5 × 2 pts. each = 10 pts.)

1. ¿A qué hora puede ser la comida?
   a. 9:00 am   b. 1:00 pm   c. 10:00 pm
2. ¿Qué sopas sirve el restaurante?
   a. salmón, espárragos y   b. salmón, espárragos y   c. pollo, espárragos y
      champiñones   camarones   champiñones
3. ¿Qué recomienda el camarero?
   a. carne de res   b. chuleta de cerdo   c. arroz con pollo
4. ¿Cuál es el plato del día?
   a. pollo asado   b. pavo asado   c. marisco asado
5. ¿Qué bebida es la especialidad del restaurante?
   a. té helado   b. jugos naturales   c. vinos

2 **Mi comida favorita** Combine words from the word bank to write a paragraph about the foods you like and don't like, when and where you eat them, if you frequently order those foods, etc. (6 pts. for vocabulary + 6 pts. for grammar + 3 pts. for style and creativity = 15 pts.)

buenísimo	más	el mejor	menos	que	riquísima	tan	tanto

_____

_____

_____

_____

_____

_____

_____

_____

3 **Pues yo...** Describe what you know about each of the items using the verbs **saber** or **conocer**. Write a complete sentence for each item. (5 × 2 pts. each = 10 pts.)

1. Europa _____

2. inglés _____

3. nadar _____

4. Jay Leno _____

5. un restaurante chino _____

4 **¿Qué desea?** Complete this conversation with the correct double object pronouns.
(5 × 2 pts. each = 10 pts.)

CAMARERO Buenos días.

CLIENTE Buenos días. ¿Puede decirme el menú del día?

CAMARERO (1) _____ digo ahora mismo. Para empezar, tenemos unos entremeses deliciosos.

CLIENTE ¿(2) _____ recomienda?

CAMARERO (3) _____ recomiendo especialmente. También le recomiendo las chuletas de cerdo. Son buenísimas. Si quiere, (4) _____ sirvo después de los entremeses.

CLIENTE Sí, gracias. Ah, y, por favor, ¿me puede traer pan?

CAMARERO (5) _____ traigo ahora mismo.

5 **Una cita (date)** Fill in the blanks in this paragraph with the appropriate preterite forms of the stem-changing verbs in parentheses. (8 × 1 pt. each = 8 pts.)

Paula (1)_____ (vestirse) con prisa. Nerviosa por su cita con Federico, salió de su casa puntualmente. Ellos fueron a un restaurante muy romántico. Federico (2)_____ (pedir) sopa y bistec, pero Paula (3)_____ (preferir) comer una ensalada y atún. La camarera les (4)_____ (servir) la comida muy tarde. Pero ellos no se enojaron, porque estuvieron hablando todo el tiempo. Después, fueron a pasear y (5)_____ (seguir) hablando de muchas cosas. Los dos (6)_____ (sentirse) muy bien. Ellos (7)_____ (despedirse) a las doce de la noche, pero (8)_____ (volver) a verse pronto.

6 **Preguntas** Answer these questions in complete sentences. (5 × 3 pts. each = 15 pts.)

1. ¿Sabes conducir bien? _____

2. Cuando lo necesitas, ¿a quién le pides dinero? _____

3. ¿Qué cenaste ayer? _____

4. ¿A qué hora te dormiste ayer? _____

5. ¿Quién duerme más horas que tú? _____

7 **Lectura** Read this article and then answer the questions. (5 × 2 pts. each = 10 pts.)

Hábitos de los estudiantes

A muchos jóvenes les interesa mucho estar bien, practicar deportes y estar delgados. Sin embargo[1], ellos normalmente no se preocupan mucho por la comida que se les ofrece en las cafeterías de la universidad. Veinte universidades del país hicieron una encuesta[2] para conocer los hábitos de los estudiantes universitarios.

En el almuerzo muchos estudiantes comen un sándwich y toman un refresco. También comen mucho entre las diferentes comidas. El consumo de verduras es bajo, y el de carnes y refrescos es muy alto. Ellos saben que comer verduras y pescados es bueno, pero no los comen.

En la encuesta, seis de cada diez estudiantes piensan que la comida en el campus universitario es muy buena, y un 77% dijo que en las cafeterías encuentran todos los tipos de comida que les gustan. Este estudio, sin embargo, muestra que las universidades tienen que enseñar a sus estudiantes a darle más importancia a los alimentos[3] buenos y necesarios para el almuerzo.

---

[1]*However* [2]*did a survey* [3]*food*

1. ¿Para qué se hizo este estudio? _____

_____

2. ¿Qué les interesa a los estudiantes? _____

_____

3. ¿Les gusta a los estudiantes el tipo de comida que les dan en las universidades? _____

_____

4. ¿Qué comen al mediodía? _____

_____

5. ¿Son buenos los hábitos de los estudiantes? _____

_____

8 **La cena** Describe what happened at this dinner. Use the preterite and direct and indirect object pronouns. (9 pts. for vocabulary + 9 pts. for grammar + 4 pts. for style and creativity = 22 pts.)

_____

_____

_____

_____

_____

_____

_____

_____

_____

prueba B   Lección 8

1 **Escuchar** Read these questions and listen to what the waiter is saying about the menu. Then choose the correct option. (5 × 2 pts. each = 10 pts.)

1. ¿A qué hora puede ser la comida?
   a. 10:00 am   b. 1:00 pm   c. 9:00 pm
2. ¿Cuáles son los entremeses favoritos del camarero?
   a. espárragos y champiñones   b. jamón y camarones   c. jamón y champiñones
3. ¿Qué carne recomienda el dueño del restaurante?
   a. carne de res   b. chuleta de cerdo   c. pollo
4. ¿Cuál es el plato del día?
   a. pollo asado   b. pavo asado   c. salmón con patatas fritas
5. ¿Qué bebida es la especialidad del restaurante?
   a. té helado   b. jugos de frutas   c. vinos

2 **Nuestra comida favorita** Combine words from the list to write a paragraph about the foods you and your friends like and don't like, when and where you eat them, if you frequently order those foods, etc. (6 pts. for vocabulary + 6 pts. for grammar + 3 pts. for style and creativity = 15 pts.)

como	más de	menos... que	sabrosa
delicioso	la mejor	peor	tantos... como

_____

_____

_____

_____

_____

_____

_____

_____

_____

_____

3 **Pues yo...** Describe what you know about each of the items using the verbs **saber** or **conocer**. Write a complete sentence for each item. (5 × 2 pts. each = 10 pts.)

1. México _____

2. español _____

3. pasear en bicicleta _____

4. la música de Shakira _____

5. los padres de tus amigos/as _____

4 **¿Qué desea?** Complete this conversation with the correct double object pronouns.
(5 × 2 pts. each = 10 pts.)

CLIENTE Hola. ¿Puede decirme qué platos principales sirven hoy?

CAMARERO Hoy tenemos una carne excelente. Pero puede ver el menú. Ahora mismo
(1) _____ traigo.

CLIENTE ¿Qué me recomienda usted?

CAMARERO El plato del día es muy bueno. Yo (2) _____ recomiendo. De primer
plato hay sopa de marisco y las sopas son la especialidad de la casa.

CLIENTE Gracias. Voy a empezar con la sopa. ¿(3) _____ puede traer ahora? Tengo
muchísima hambre.

CAMARERO Ahora mismo (4) _____ traigo.

CLIENTE Me gusta mucho la carne de res, ¿(5) _____ puede servir con patatas fritas?

CAMARERO Claro que sí.

5 **Una ocasión especial** Fill in the blanks in this paragraph with the appropriate preterite forms of
the stem-changing verbs in parentheses. (8 × 1 pt. each = 8 pts.)

Ayer mi familia y yo (1)_____ (vestirse) muy elegantes para una ocasión muy

especial: el cumpleaños (*birthday*) de mi abuela. Ella (2)_____ (preferir) ir a un

restaurante, para después ir a ver una película. Mi hermano (3)_____ (conseguir)

boletos (*tickets*) para las ocho de la noche. En el restaurante todos (nosotros)

(4)_____ (pedir) el plato del día. La comida estuvo riquísima, pero el camarero

nos la (5)_____ (servir) muy tarde y nosotros no (6)_____

(poder) llegar a tiempo al cine. Pero no nos enojamos, porque estuvimos hablando todo el tiempo.

Nosotros (7)_____ (sentirse) muy bien hablando de las aventuras de mi abuela.

Hablamos por horas y nosotros (8)_____ (volver) a casa a las doce de la noche.

6 **Preguntas** Answer the questions in complete sentences. (5 × 3 pts. each = 15 pts.)

1. ¿Sabes nadar? _____

_____

2. ¿Quién te ayuda con la tarea? _____

_____

3. ¿Cuál fue la clase más interesante que tomaste el año pasado? _____

_____

4. ¿Cuántas horas dormiste ayer? _____

_____

5. ¿Conoces a alguna persona famosa? _____

_____

7 Lectura Read the letter from Clara to Eduardo and answer the questions. (5 × 2 pts. each = 10 pts.)

> Hola Eduardo,
>
> ¡Qué bien me lo pasé el verano con mis papás en España! Visitamos, vimos, conocimos, conversamos, paseamos, tomamos cientos de fotos, pero sobre todo¹, ¡¡comimos!! ¡Qué comida tan buena! Y lo más interesante es que, en un país tan pequeño, varía mucho de región a región. Por eso lo probamos todo.
>
> Comimos ensaladas, sopas, la famosa paella, todo tipo de pescados y mariscos..., y todo preparado de una manera muy simple, con ajo, perejil² y aceite de oliva³. Por eso todo tenía un sabor muy natural y auténtico. El aceite de oliva fue lo más nuevo e interesante. Los españoles lo usan para todo.
>
> ¿Y de postre? Los dulces son muy variados, muy ricos y, no tan "dulces", por eso, no tienes que preocuparte,... comí mucho, sí, pero llevo la misma ropa de siempre, la que a ti te gusta.
>
> ¿Y las tapas? ¡Qué buena idea! Son pequeñísimos platos preparados con una gran variedad de ingredientes. Comer tapas es una excelente oportunidad para conocer gente y conversar. Este verano vamos tú y yo. A ti también te va a encantar. Te conozco; por eso te quiero.
>
> Clara

¹above all ²parsley ³olive oil ⁴dressing

1. ¿Por qué le escribe Clara esta carta a Eduardo? _____
   _____

2. ¿Qué es lo que más le gustó a Clara de su viaje a España? _____
   _____

3. Según Clara, ¿por qué la comida española es muy natural y auténtica? _____
   _____

4. ¿Qué piensa Clara de las tapas? _____
   _____

5. ¿Quién es Eduardo y por qué lo crees (believe that)? _____
   _____

8 En el restaurante Describe what happened at this dinner. Use the preterite and direct and indirect object pronouns. (9 pts. for vocabulary + 9 pts. for grammar + 4 pts. for style and creativity = 22 pts.)

_____
_____
_____
_____
_____
_____
_____
_____
_____
_____

prueba C   Lección 8

1 **Escuchar** You will hear five personal questions. Answer each one in Spanish using complete sentences. (5 × 2 pts. each = 10 pts.)

1. _____

2. _____

3. _____

4. _____

5. _____

2 **Buen provecho (*Bon appétit*)** Imagine that you are a food critic with a worldwide knowledge of food. Combine at least six words from the list to write a paragraph about the foods you like and don't like, when and where you eat them, which restaurants you prefer, etc. (6 pts. for vocabulary + 6 pts. for grammar + 3 pts. for style and creativity = 15 pts.)

buenísimo	más	menos	riquísima	tan
conocer	el mejor	el peor	saber	tanto

_____

_____

_____

_____

_____

_____

_____

_____

_____

3 | **Lectura** Read this article and then answer the questions. (5 × 2 pts. each = 10 pts.)

¿Qué comen los estudiantes?

Se hizo una encuesta[1] para saber cómo comen los estudiantes universitarios. Hay que mencionar que hay una gran diferencia entre lo que comen los días que tienen que ir a clase y los fines de semana.

Durante la semana de trabajo, la encuesta muestra que muchos estudiantes toman el almuerzo caminando de un lugar a otro, gastando sólo quince minutos de su tiempo. No tienen suficiente tiempo para comer y con demasiada frecuencia comen lo mismo. En el almuerzo muchos estudiantes comen sándwiches y toman refrescos. Los días de trabajo también consumen muchos alimentos[2] y bebidas entre comidas. Otra cosa interesante es que muchos piensan que la comida que les venden en las cafeterías es buena para lo que necesitan. La encuesta, sin embargo[3], nos explica que las comidas de las cafeterías no son muy buenas. En su tiempo libre, sin embargo, les gusta probar comidas nuevas, muchas veces de otros países. También pasan más tiempo comiendo y socializando al mismo tiempo.

---

[1]*did a survey*   [2]*foods*   [3]*however*

1. ¿Por qué hicieron (*did*) esta encuesta? _____
   _____

2. ¿Cómo almuerzan los estudiantes los días de trabajo? _____
   _____

3. ¿Qué comida toman para el almuerzo durante la semana? _____
   _____

4. ¿Qué piensan de la comida de las cafeterías? _____
   _____

5. ¿Qué cambia (*changes*) los fines de semana? _____
   _____

4 | **La cena** Using your imagination, describe what happened at this dinner. Use direct and indirect object pronouns, and the preterite of at least four verbs from the list. (6 pts. for vocabulary + 6 pts. for grammar + 3 pts. for style and creativity = 15 pts.)

pedir	repetir	seguir	sentirse	servir	vestirse

_____

_____

_____

_____

_____

_____

_____

_____

_____

prueba D

Lección 8

1 **Escuchar** You will hear five personal questions. Answer each one in Spanish using complete sentences. (5 × 2 pts. each = 10 pts.)

1. _____

2. _____

3. _____

4. _____

5. _____

2 **Sabor latino** Imagine that you are a famous chef who has traveled to various South American countries. You have to write an article about your personal experiences. Combine at least six words from the list to write a paragraph about the foods you liked and did not like, when and where you ate them, if you frequently cook those foods, etc. (6 pts. for vocabulary + 6 pts. for grammar + 3 pts. for style and creativity = 15 pts.)

buenísimo	malísimo	el más... de	menos	saber
conocer	el más sabroso	el mayor	peor	tan... como

_____

_____

_____

_____

_____

_____

_____

_____

_____

_____

3 **Lectura** Read this article and answer the questions in complete sentences. (5 × 2 pts. each = 10 pts.)

¿Cómo comen los norteamericanos?

Los norteamericanos toman poco tiempo para almorzar y comen poco. En mi país, el almuerzo es la comida principal del día. Los españoles, por lo general, tomamos dos o tres horas para comer y descansar.

Elisa Eiroa, España

El horario de las comidas es muy diferente. Los norteamericanos cenan muy temprano, a las 5 o las 6 de la tarde, y después no comen nada más antes de acostarse. La cena es su comida principal. En México, almorzamos a las 2 o las 3 y cenamos a las 8 o las 9 de la noche. La cena, por lo general, es más pequeña.

Daniel Castillo, México

En los restaurantes de los países hispanos, la idea de la comida para llevar[1] es algo extraño[2]. En mi país, nos gusta sentarnos y comer el almuerzo sin prisa. Nadie lleva la comida a la oficina. Nos gusta descansar un poco antes de regresar al trabajo. Tampoco llevamos a casa la comida que no podemos terminar en el restaurante; siempre se queda en el plato.

Rebeca Guardia, Panamá

---

[1]food to go   [2]strange

1. ¿Cuál es una de las diferencias entre el almuerzo español y el norteamericano? _____

_____

2. ¿Qué hacen los españoles a la hora de comer? _____

_____

3. ¿Cuál es la comida principal para los mexicanos? _____

_____

4. ¿Por qué dice Rebeca que no es popular la comida para llevar en Panamá? _____

_____

5. ¿Qué hacen con la comida que no pueden terminar en un restaurante? _____

_____

4 **Un almuerzo** Samuel and his co-workers went out for lunch. Describe what happened, using direct and indirect object pronouns and the preterite forms of at least four verbs from the list. (6 pts. for vocabulary + 6 pts. for grammar + 3 pts. for style and creativity = 15 pts.)

conseguir	despedir	pedir	preferir	seguir	servir

_____

_____

_____

_____

_____

_____

_____

_____

prueba A   Lección 9

1 **Escuchar** Read these statements and multiple choice options. Then, listen to the message that Yolanda is leaving on Ana's answering machine and indicate the correct option. (5 × 2 pts. each = 10 pts.)

1. Yolanda llama a Ana para...
   a. darle las gracias.   b. preparar la fiesta.   c. felicitarle por su cumpleaños.
2. Yolanda está en su...
   a. vejez.   b. juventud.   c. madurez.
3. Yolanda cree que el restaurante colombiano...
   a. es excelente.   b. está lejos.   c. es el peor.
4. De postre, sirvieron...
   a. helado.   b. pan.   c. flan.
5. Ricardo y Ana...
   a. pasearon por la ciudad.   b. no se conocieron.   c. bailaron mucho.

2 **¡Fiesta!** Look at the illustration and, using the questions as a guide, describe the celebration using vocabulary from this lesson and your imagination. Write at least five sentences. (6 pts. for vocabulary + 6 pts. for grammar + 3 pts. for style and creativity = 15 pts.)

- ¿Qué tipo de fiesta es? ¿Para quién es?
- ¿Qué platos van a comer? ¿Qué beben?
- ¿Qué están haciendo los diferentes invitados?

_____

_____

_____

_____

_____

_____

_____

_____

_____

_____

_____

_____

_____

_____

3 **La fiesta sorpresa** Complete the conversation with the appropriate words from the list. Use the verbs in present or in preterite, depending on the context. You may use some options more than once. (10 × 2 pts. each = 20 pts.)

| conocer | cuál | poder | qué | querer | saber |

RICARDO ¿(1) _____ quieres tomar?

ANA Nada, gracias. Estoy muy contenta con la fiesta sorpresa para Yolanda. ¿(2) _____ día es su cumpleaños?

RICARDO Es el martes. El año pasado, ella (3) _____ celebrarlo, pero se puso enferma y no (4) _____ hacerlo.

ANA Yo, este año, (5) _____ regalarle un disco. ¿(6) _____ cuál es su grupo favorito?

RICARDO Pues no. Ayer le pregunté por su música favorita y no la (7) _____ oír. Cuando me iba a (*was going to*) contestar, la llamó por teléfono Susana.

ANA No (8) _____ a Susana. ¿Quién es?

RICARDO Es una amiga de Yolanda muy divertida. La (9) _____ el semestre pasado, en la fiesta de Yolanda a la que tú no (10) _____ ir, porque tenías (*had*) un examen.

4 **La boda** Yolanda is writing about how Ana and Ricardo, deeply in love, got married last week. Complete this paragraph with the correct preterite forms of the verbs in parentheses. (10 × 2 pts. each = 20 pts.)

Ana y mi primo Ricardo (1)_____ (*to get married*) el sábado pasado. Ellos

(2)_____ (*to get engaged*) hace un mes y este fin de semana

(3)_____ (*to celebrate*) su boda en el restaurante más bonito de Valparaíso.

Susana y yo estuvimos en la celebración. Mis padres no (4)_____ (*to be*

able to) venir, pero me (5)_____ (*to give*) un regalo para ellos. Yo

(6)_____ (*to drive*) el carro de los novios hasta el restaurante. Ana

(7)_____ (*to become*) muy nerviosa pero al fin (8)_____

(*to say*) "SÍ". Durante la fiesta, empezó a llover, y los novios (9)_____ (*to*

have) que cancelar el baile (*dance*) al aire libre. Después, el padre del novio

(10)_____ (*to bring*) un champán muy bueno para brindar por la pareja.

Todos lo pasamos muy bien. ¡Vivan los novios!

5 **Lectura** Read these society notes from a Spanish language newspaper and answer the questions with complete sentences. (5 × 3 pts. each = 15 pts.)

Boda de Alejandro y Lucía	**Quinceañera de Antonia Llanos**
El día sábado 30 de octubre, a las seis de la tarde, Alejandro Gómez y Lucía Tudela se casaron en la iglesia de San Juan. La ceremonia fue oficiada[1] por el pastor Roberto Marín. Después de la ceremonia, los padres de los recién casados invitaron a todos los amigos de la familia a una fiesta en el restaurante Monti.	El 17 de marzo, Antonia Llanos, hija de Enrique Llanos y María Martín de Llanos, celebró su quinceañera. Después de la ceremonia, todos los amigos de la familia asistieron a una cena en el restaurante El Pardo, donde comieron, bailaron y se divirtieron. El hermano de Antonia, Miguel Ángel Llanos, que vive en Roma, también asistió a la fiesta con su esposa Carmen.

[1]was officiated

1. ¿Qué hicieron Alejandro y Lucía el 30 de octubre? _____
   _____

2. ¿Qué hicieron después de la iglesia? _____
   _____

3. ¿Quiénes fueron a la fiesta? _____
   _____

4. ¿Cómo celebraron la quinceañera de Antonia Llanos? _____
   _____

5. ¿Qué relación tienen Miguel Ángel y Carmen? _____
   _____

6 **Una fiesta** Using the preterite, write a paragraph about a party that you recently attended. Use at least four verbs from the list. Use at least two pronouns after prepositions. (8 pts. for vocabulary + 8 pts. for grammar + 4 pts. for style and creativity = 20 pts.)

conducir	enamorarse	llevarse bien/mal	pasarlo bien/mal	poner	saber

_____

_____

_____

_____

_____

_____

_____

_____

_____

prueba B   Lección 9

1 **Escuchar** Read these statements and multiple choice options. Then, listen to the message that Rúper is leaving on Paco's answering machine and indicate the correct option. (5 × 2 pts. each = 10 pts.)

1. Rúper llama a Paco para...
   a. darle las gracias.   b. preparar la fiesta.   c. invitarlo a su fiesta.
2. Rúper...
   a. cumplió 21 años.   b. se casó.   c. se graduó.
3. Rúper habla de un restaurante argentino porque...
   a. es de Paco.   b. no es muy bueno.   c. Paco lo recomendó.
4. El regalo sorpresa es...
   a. una computadora.   b. una moto.   c. un carro.
5. Paco y Noemí...
   a. hablaron mucho.   b. no se conocieron.   c. pasearon por la ciudad.

2 **¡Fiesta!** Look at the illustration and describe what is happening, using the questions as a guide. Use vocabulary from this lesson and your imagination. Write at least five sentences. (6 pts. for vocabulary + 6 pts. for grammar + 3 pts. for style and creativity = 15 pts.)

- ¿Qué tipo de fiesta es? ¿Qué celebran?
- ¿Qué están comiendo? ¿Qué beben?
- ¿Qué están haciendo los diferentes invitados?

_____

_____

_____

_____

_____

_____

_____

_____

_____

_____

_____

_____

_____

_____

_____

_____

3 **La fiesta sorpresa** Complete this dialogue with the appropriate words from the list. Use the verbs in present or in preterite, depending on the context. You may use some options more than once. (10 × 2 pts. each = 20 pts.)

conocer	poder	querer
cuál	qué	saber

ALFONSO Hola, hermanita. ¿(1) _____ quieres tomar?

PILAR Un té, por favor. ¿Sabes? Estoy muy contenta con la fiesta sorpresa de aniversario para papá y mamá. Sabes cuándo es, ¿verdad? A ver, ¿(2) _____ día es?

ALFONSO Pues, sí. Es el viernes.

PILAR ¡Muy bien, Alfonso! ¿Te acuerdas que el año pasado nosotros planeamos (*planned*) una fiesta pero no la (3) _____ celebrar? Cuando papá (4) _____ que la abuela estaba (*was*) en el hospital no (5) _____ celebrar una fiesta.

ALFONSO Sí, pero este año la abuela está muy bien y va a bailar toda la noche. ¿Y (6) _____ es el menú para la fiesta?

PILAR Los platos favoritos de los dos. Y Antonio Suárez les va a hacer su pastel favorito.

ALFONSO ¿Y (7) _____ es su pastel favorito?

PILAR El pastel de chocolate.

ALFONSO ¿Y quién es Antonio Suárez? No lo (8) _____.

PILAR Es el dueño del restaurante favorito de mamá. Yo lo (9) _____ el mes pasado y es un hombre muy simpático. Alfonso, parece que no (10) _____ muchas cosas sobre papá y mamá. ¿Cuándo fue la última vez que hablaste con ellos?

4 **La graduación** Complete this paragraph with the correct preterite forms of the verbs in parentheses. (10 × 2 pts. each = 20 pts.)

El sábado pasado yo (1) _____ (*to be*) en la fiesta de graduación de Isabel,

mi mejor amiga. Ella (2) _____ (*to want*) celebrarlo al aire libre con su

familia y todos sus amigos. (3) _____ (*There was*) mucha comida muy buena.

Isabel (4) _____ (*to become*) muy contenta cuando Tito, su novio, le

(5) _____ (*to give*) una sorpresa: un viaje a San Francisco para celebrarlo.

Yo también le (6) _____ (*to bring*) un regalo y le gustó mucho. En la fiesta, el

padre de Isabel (7) _____ (*to say*) unas palabras y todos

(8) _____ (*to laugh*) porque él es muy simpático. Todos

(9) _____ (*to have fun*). Pero, qué lástima (*a shame*) cuando empezó a llover

y todos nosotros (10) _____ (*to have*) que entrar (*go in*) a la casa. Por suerte

(*luckily*), tienen una casa muy grande.

5 **Lectura** Read these society notes from a Spanish language newspaper and answer the questions with complete sentences. (5 × 3 pts. each = 15 pts.)

Aniversario de César Antón y Estela Parada de Antón

César Antón y Estela Parada celebraron su 25º aniversario de bodas el día sábado 6 de marzo, a las siete de la tarde, con una cena en el elegante restaurante San Marcos. Sus hijos, María Luisa, Francisco y Sofía, invitaron a toda la familia y amigos de la pareja y los sorprendieron con una fiesta con cincuenta invitados. Después, todos los invitados fueron a la Sala Conde Luna, donde bailaron felices hasta muy tarde.

Bautizo[1] de María Esmeralda Cárdenas Obregón

Ayer, Justo Cárdenas y Liliana Obregón de Cárdenas celebraron el bautizo de su hija, María Esmeralda. La ceremonia fue en la catedral[2] de Santa María. Entre los invitados estuvieron los padres de Liliana, Raimundo y Esmeralda Obregón. Después de la ceremonia, los familiares y amigos fueron al restaurante La Codorniz de Oro. La dueña del restaurante, Elena Cárdenas, preparó una comida maravillosa para celebrar el bautizo de su primera sobrina.

[1]baptism   [2]cathedral

1. ¿Qué hicieron los hijos de César y Estela el 6 de marzo? _____

_____

2. ¿Qué hicieron todos después de la cena? _____

_____

3. ¿Dónde fue el bautizo de María Esmeralda? _____

_____

4. ¿Quién es doña Esmeralda? _____

_____

5. ¿Qué relación tiene Elena Cárdenas con María Esmeralda? _____

_____

6 **Los cumpleaños** Using the preterite, write a paragraph about a birthday celebration that you recently attended. Use at least four verbs from the list and at least two pronouns after prepositions. (8 pts. for vocabulary + 8 pts. for grammar + 4 pts. for style and creativity = 20 pts.)

| cambiar | divertirse | llevarse bien/mal | salir con | sonreír | tener una cita |

_____

_____

_____

_____

_____

_____

_____

_____

prueba C   Lección 9

1 **Escuchar** You will hear five personal questions. Answer each one in Spanish using complete sentences. (5 × 2 pts. each = 10 pts.)

1. _____
2. _____
3. _____
4. _____
5. _____

2 **¡A divertirse!** Look at the illustration and, using the questions as a guide, describe the celebration. Use vocabulary from this lesson and your imagination. Write at least five sentences. (6 pts. for vocabulary + 6 pts. for grammar + 3 pts. for style and creativity = 15 pts.)

- ¿Qué tipo de fiesta es? ¿Para quién es?
- ¿Qué platos van a comer? ¿Y qué beben?
- ¿Qué van a hacer los diferentes invitados?

_____
_____
_____
_____
_____
_____
_____
_____
_____
_____
_____
_____
_____
_____
_____
_____
_____

3 **Lectura** Read these society notes from a Spanish-language newspaper and answer the questions in complete sentences. (5 × 2 pts. each = 10 pts.)

Nacimiento de Alberto Araneda Ochoa	**Cena benéfica**[1]
El día domingo 8 de julio nació Alberto Araneda en el hospital de San Telmo. Es hijo de José Luis Araneda y de Luisa Ochoa. Los padres del niño quieren compartir la alegría de su nacimiento y van a celebrarlo el día domingo 31 de julio en el restaurante Soler. En la fiesta se va a brindar por la felicidad de la familia Araneda Ochoa.	El viernes pasado, se celebró en la Sala Milenio una cena benéfica para la educación pública. Fueron muchos los periodistas y profesores que asistieron al evento. Todos se divirtieron gracias a la excelente Ángeles Rueda, que organizó todo a la perfección. Entre los famosos que fueron a la cena, pudimos ver a Amalia Rodríguez que, para sorpresa de todos, fue con su ex marido, Manuel Flores.

[1]charity

1. ¿En qué etapa de la vida está Alberto Araneda? _____
_____

2. ¿Por qué celebran la fiesta los padres de Alberto? _____
_____

3. ¿Quiénes fueron invitados a la cena en la Sala Milenio? _____
_____

4. ¿Cómo lo pasaron los invitados a la Sala Milenio? _____
_____

5. ¿Cuál es el estado civil de Amalia Rodríguez? _____
_____

4 **Una fiesta** Using the preterite, write a paragraph about a party that you recently attended. Use at least four verbs from the list. Use at least two pronouns after prepositions. (6 pts. for vocabulary + 6 pts. for grammar + 3 pts. for style and creativity = 15 pts.)

conducir	poder	querer	saber	tener	venir

_____
_____
_____
_____
_____
_____
_____
_____
_____
_____

prueba D   Lección 9

1   **Escuchar**   You will hear five personal questions. Answer each one in Spanish using complete sentences. (5 × 2 pts. each = 10 pts.)

1. _____

2. _____

3. _____

4. _____

5. _____

2   **¡A divertirse!**   Look at the illustration and describe what's happening, using the questions as a guide. Use vocabulary from this lesson and your imagination. Write at least five sentences. (6 pts. for vocabulary + 6 pts. for grammar + 3 pts. for style and creativity = 15 pts.)

- ¿Qué celebran los invitados? ¿Dónde están?
- ¿Qué platos van a comer? ¿Qué beben?
- ¿Qué hacen los diferentes invitados?

_____

_____

_____

_____

_____

_____

_____

_____

_____

_____

_____

_____

_____

_____

_____

_____

_____

_____

_____

3 **Lectura** Read these society notes from a Spanish-language newspaper and answer the questions in complete sentences. (5 × 2 pts. each = 10 pts.)

Matrimonio de Javier y Noemí

El pasado sábado 10 de octubre Javier González y Noemí del Pozo celebraron su boda en la Iglesia de San Andrés. A la ceremonia asistieron la familia y los amigos de la pareja, incluídos[1] Iván y Susana, los dos hijos de Javier que tuvo en su primer matrimonio. Marta, la primera esposa de Javier, también asistió. La celebración siguió en el restaurante Palacio con una comida para los cien invitados.

Doña Matilde Sánchez de Higuera cumplió noventa y un años

La familia de doña Matilde Sánchez de Higuera organizó una fiesta sorpresa para celebrar su cumpleaños. Asistieron a la fiesta los hijos y nietos de doña Matilde, entre otros familiares y amigos. La fiesta fue el pasado domingo. Nieves Higuera, la hija menor de doña Matilde, habló sobre la interesante y larga vida de su madre y recordó la vida de su padre, quien murió cuando Matilde tenía ochenta y tres años.

[1]including

1. ¿Es la primera vez que se casa Javier? _____
   _____

2. ¿Quiénes son Iván, Susana y Marta? _____
   _____

3. ¿En qué etapa de la vida está doña Matilde Sánchez? _____
   _____

4. ¿Qué hizo la familia Higuera Sánchez? _____
   _____

5. ¿Qué hizo Nieves? _____
   _____

4 **Los cumpleaños** Using the preterite, write a paragraph about a birthday party that you recently attended. Use at least five verbs from the list and at least two pronouns after prepositions. (6 pts. for vocabulary + 6 pts. for grammar + 3 pts. for style and creativity = 15 pts.)

| estar | poder | querer | saber | tener | traer |

_____
_____
_____
_____
_____
_____
_____
_____
_____

prueba A   **Lección 10**

1 **Escuchar** Read over these statements. Then listen to the radio commercial and check the statements that describe the product being advertised. (6 × 2 pts. each = 12 pts.)

_____ 1. Es una pastilla.

_____ 2. Es un medicamento para el estómago.

_____ 3. Es un medicamento para la garganta.

_____ 4. Se necesita receta para comprarlo.

_____ 5. Las mujeres embarazadas pueden tomar Netol sin hablar con su médico.

_____ 6. Es una medicina para los alérgicos.

2 **¡Qué dolor!** Look at these illustrations and describe what is wrong with each person and what they should each do to get better. Use your imagination and identify each person by name. (5 × 3 pts. each = 15 pts.)

1. Adela

2. Francisco

3. Pedro

4. Cristina

5. Félix

1. _____

_____

2. _____

_____

3. _____

_____

4. _____

_____

5. _____

_____

3 **Viejos amigos** Complete this dialogue with the appropriate adverbs. Use the words in parentheses to form your answers. (5 × 2 pts. each = 10 pts.)

ANDRÉS ¿Cómo está tu familia?

SIMÓN Está (1) _____ (maravilloso) bien.

ANDRÉS Y tú, ¿cómo estás después de la operación? ¿Estás mejor?

SIMÓN Estoy mejorando (*improving*) (2) _____ (gradual). Gracias.

ANDRÉS Yo también tengo que ir (3) _____ (inmediato) a ver al

doctor. (4) _____ (último) no me siento bien. Me duele

(5) _____ (constante) la cabeza.

4 **A estudiar** Read this paragraph to get the gist. Then read it again and, in the blanks provided, write the appropriate preterite or imperfect forms of the verbs in parentheses. (10 × 2 pts. each = 20 pts.)

Ayer por la tarde, Andrés (1)_____ (estar) escribiendo un proyecto para la clase de

español cuando de repente (2)_____ (sonar/*to ring*) el teléfono.

(3)_____ (ser) Luisa, su novia. Él le (4)_____ (preguntar) si ella

(5)_____ (querer) ayudarle con el proyecto, como siempre. Ella le

(6)_____ (decir) dos veces que no (7)_____ (poder) salir porque

(8)_____ (tener) que descansar. Le (9)_____ (doler) mucho la

cabeza. Entonces, ayer Andrés (10)_____ (decidir) ir a terminar su proyecto a casa

de Luisa.

5 **Preguntas** Answer these questions in Spanish. Use complete sentences. (8 × 2 pts. each = 16 pts.)

1. ¿Veías mucha televisión cuando eras pequeño/a? _____

_____

2. ¿Qué hacías durante las vacaciones? _____

_____

3. ¿Se te perdió algo alguna vez? ¿Qué? _____

_____

4. ¿Dónde vivías el año pasado? _____

_____

5. ¿Cuánto tiempo hace que empezaste a estudiar en la universidad? _____

_____

6. ¿Se te rompió un hueso alguna vez? _____

_____

7. ¿Piensas que se debe ir al médico con frecuencia? _____

_____

8. ¿Te enfermas a menudo? _____

6 **Lectura** Read this pamphlet and answer the questions in complete sentences. (5 × 2 pts. each = 10 pts.)

Aquí va a encontrar algunos consejos de la revista *Salud*. Cada persona debe adaptar los consejos según sus necesidades. También se debe ir al médico para consultar cualquier problema con su salud.

A los consultorios médicos vienen muchas personas que no saben qué les pasa. Piensan que están enfermos, sienten que no tienen energía, pero no tienen ningún síntoma de ninguna enfermedad específica. Aquí tenemos algunos consejos para ese tipo de pacientes.

¿Qué se debe hacer para estar saludable?
- Comer de una forma sana. Las verduras y las frutas son muy importantes.
- Tener hábitos sanos. No fumar[1].
- Beber poco alcohol y beber mucha agua.
- Tomar café con moderación le ayuda a prevenir muchas enfermedades. No debe tomarlo si está embarazada.
- Hacer ejercicio físico. Al menos, caminar a buen paso dos kilómetros al día, o ir tres veces a la semana al gimnasio. El ejercicio es bueno para el corazón.
- Visitar al dentista al menos dos veces al año.
- No tomar medicamentos sin hablar antes con su doctor.
- Cuidar el peso[2] es muy importante.
- Desayunar bien por las mañanas.

Y recuerde que debe ir al médico por lo menos una vez al año.

[1]*smoke*   [2]*watch one's weight*

1. ¿Qué pacientes deben leer estas instrucciones? _____

_____

2. ¿Para quién es mala la cafeína? _____

_____

3. ¿Por qué es bueno hacer ejercicio? _____

_____

4. ¿Con que frecuencia hay que ir al consultorio del médico? _____

_____

5. ¿Es importante comer antes de salir de casa para el trabajo? _____

_____

7 **De niño/a** Write a paragraph about an injury you received when you were a child. What happened? How did you feel? Did you go to the doctor? You should use the imperfect and the preterite tenses and at least three adverbs. (7 pts. for vocabulary + 7 pts. for grammar + 3 pts. for style = 17 pts.)

_____

_____

_____

_____

_____

_____

_____

_____

_____

_____

_____

_____

_____

_____

_____

_____

_____

_____

_____

_____

_____

_____

_____

_____

_____

_____

prueba B   Lección 10

1 **Escuchar** Read the sentences below. Then, listen to the radio advertisement and indicate which of the statements are true, based on what you hear. (6 × 2 pts. each = 12 pts.)

_____ 1. El medicamento es para el dolor de cabeza.

_____ 2. Las personas que piensan que son alérgicas deben ir al médico.

_____ 3. No puede olvidarse de tomar las pastillas ni un día.

_____ 4. Puede tomar el medicamento si está embarazada sin consultar con su médico.

_____ 5. En el anuncio (*advertisement*) se habla de un nuevo medicamento.

_____ 6. Necesita conseguir una receta para comprar las pastillas AirFlex.

2 **¿Qué te duele?** Look at the illustrations and describe what is wrong with each person and what they should do to get better. Use your imagination and identify each person by name. (5 × 3 pts. each = 15 pts.)

1. Juan

2. Jorge

3. Adriana

4. Carlos y Pepa

5. Sergio

1. _____

_____

2. _____

_____

3. _____

_____

4. _____

_____

5. _____

_____

3 **En la consulta** Complete this dialogue between a doctor and a patient with the appropriate adverbs. Use the words in parentheses to form your answers. (5 × 2 pts. each = 10 pts.)

SR. ROMÁN Doctor, estoy (1) _____ (fabuloso) bien. Tiene que verme en casa, estoy haciendo cosas (2) _____ (constante). ¡Estoy mejor que cuando era joven!

DOCTOR ¿Ah, sí? (3) _____ (feliz) todas sus pruebas médicas han salido bien. Pero a su edad, yo prefiero verlo en mi consultorio más (4) _____ (frecuente).

SR. ROMÁN Pero doctor, ¡si soy todavía un niño!

DOCTOR Tiene usted razón, señor Román, veo que está (5) _____ (perfecto) bien. Pero a los niños de 90 años como usted hay que examinarlos de vez en cuando.

4 **Una explosión** Read this paragraph to get the gist of what happened. Then write the appropriate preterite or imperfect forms of the verbs in parentheses in the blanks provided. (10 × 2 pts. each = 20 pts.)

Andrés (1) _____ (estar) durmiendo en su casa cuando (2) _____

(oírse) una gran explosión. Lucho, su compañero de apartamento, le (3) _____ (decir)

a Andrés que si él (4) _____ (poder) ayudarle en la cocina. Andrés le

(5) _____ (preguntar): "¿Qué (6) _____ (hacer) ese ruido?" Lucho le

(7) _____ (responder) que la cafetera (*coffee pot*) (8) _____

(romperse) mientras él (9) _____ (preparar) el desayuno y entonces, ¡toda la cocina

(10) _____ (estar) cubierta (*covered*) de café!

5 **Preguntas** Answer these questions in Spanish. Use complete sentences. (8 × 2 pts. each = 16 pts.)

1. ¿Recuerdas qué querías ser cuando eras niño/a? _____

_____

2. ¿Cuál era tu pasatiempo favorito? _____

_____

3. ¿Tuviste alguna vez dolor de muelas? ¿Cuándo? _____

_____

4. ¿Conocías al/a la enfermero/a de tu escuela? _____

_____

5. ¿Cuánto tiempo hace que fuiste al médico? _____

_____

6. ¿Se te perdieron alguna vez las llaves? _____

_____

7. ¿Crees que se debe visitar al dentista con frecuencia? _____

_____

8. De niño/a, ¿siempre seguías los consejos de tu doctor? _____

_____

6 **Lectura** Read this pamphlet and answer the questions in complete sentences. (5 × 2 pts. each = 10 pts.)

¡Debe cuidar¹ sus dientes, los necesita para toda la vida!

Cuando éramos niños, nuestros padres nos llevaban al dentista todos los años. Como adultos, a muchos de nosotros se nos olvida cuidar nuestros dientes adecuadamente. Aquí tiene algunos consejos para mantener su sonrisa² sana y bonita durante toda su vida.

- Se debe cepillar los dientes después de cada comida, al levantarse y antes de acostarse.
- No se debe beber café, bebidas oscuras, ni vino tinto, ya que no son buenos para los dientes.
- Se debe usar el hilo dental³ por lo menos dos veces al día y pasarlo por todos los dientes.
- Se debe ir al consultorio del médico si hay cualquier problema con su salud.
- No se deben tomar azúcares ni dulces.
- Y para terminar, usted necesita visitar a su dentista por lo menos dos veces al año.

¹take care of ²maintain your smile ³dental floss

---

1. ¿Qué hacían nuestros padres para el cuidado de nuestros dientes? _____

   _____

2. ¿Por qué no se deben tomar bebidas de color oscuro? _____

   _____

3. ¿Con qué frecuencia debe cepillarse los dientes? _____

   _____

4. ¿Cuándo se debe ir al médico? _____

   _____

5. ¿Con qué frecuencia se debe ir al dentista? _____

   _____

7   **De niño/a** Write a paragraph about something that happened to you when you were at the doctor's office as a child. What happened? Were you sick or did you hurt yourself? Did you take any medicine? You should use the imperfect and the preterite tenses and at least three adverbs. (7 pts. for vocabulary + 7 pts. for grammar + 3 pts. for style and creativity = 17 pts.)

_____

_____

_____

_____

_____

_____

_____

_____

_____

_____

_____

_____

_____

_____

_____

_____

_____

_____

_____

_____

_____

_____

_____

_____

_____

_____

_____

prueba C

Lección 10

1   **Escuchar** You will hear five personal questions. Answer each one in Spanish using complete sentences. (5 × 2 pts. each = 10 pts.)

1. _____

2. _____

3. _____

4. _____

5. _____

2   **Necesito un(a) doctor(a)** Look at these illustrations and describe what happened to each person and what they should each do to get better. Use your imagination. (5 × 3 pts. each = 15 pts.)

1. Víctor

2. el señor Ayala

3. la señora Naranjo

4. Gabriela

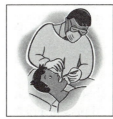
5. Armando

1. _____

_____

2. _____

_____

3. _____

_____

4. _____

_____

5. _____

_____

3 **Lectura** Read this magazine article and answer the questions in complete sentences.
(5 × 2 pts. each = 10 pts.)

Aquí vas a encontrar algunos consejos de la revista *Salud para todos*. Recuerda que siempre debes ir al médico para consultar cualquier problema con tu salud. Pero, si estás seguro/a de que simplemente tienes un resfriado, aquí te hablamos de los síntomas y te damos una lista de cosas que debes hacer. Para terminar, recuerda que debes hacerte un examen médico por lo menos una vez al año.

Tienes un resfriado si:
- Tienes dolor de cabeza.
- Tienes dolor general del cuerpo.
- Estornudas.
- Te duele la garganta.
- A veces tienes fiebre.
- Estás congestionado/a.

Lo que debes hacer si estás resfriado/a:
- Comer sopas, verduras y frutas.
- Beber mucha agua.
- No tomar café ni leche, ni comer yogur.
- Descansar y dormir mucho hasta sentirte sano/a.
- Tomar los medicamentos como los recetó el/la doctor(a). No tomar ningún medicamento sin consultarlo con él/ella.
- No debes tomar medicamentos sin hablar antes con tu doctor(a). Si eres alérgico/a a algún medicamento, debes decírselo a tu médico/a inmediatamente.

1. ¿Qué pacientes deben leer estas instrucciones? _____

_____

2. ¿Qué comidas y bebidas prohíbe la revista? _____

_____

3. Según la revista, ¿cuáles son los síntomas del resfriado? Debes escribir tres síntomas. _____

_____

4. ¿Qué debes decirle a tu médico/a antes de tomar medicamentos? _____

_____

5. ¿Con que frecuencia hay que ir al consultorio del/de la médico/a? _____

_____

4 **Estaba enfermo/a** Write a paragraph about a flu you once had. What happened? Did you have to go to the doctor? You should use the imperfect and the preterite tenses and at least three adverbs.
(6 pts for vocabulary + 6 pts. for grammar + 3 pts. for style and creativity = 15 pts.)

_____

_____

_____

_____

_____

_____

_____

_____

_____

prueba D

1 **Escuchar** You will hear five personal questions. Answer each one in Spanish using complete sentences. (5 × 2 pts. each = 10 pts.)

1. _____
2. _____
3. _____
4. _____
5. _____

2 **¿Qué le pasó?** Look at these illustrations and make up an explanation for each drawing, indicating what happened to each person and what they should each do to get better. Use your imagination. (5 × 3 pts. each = 15 pts.)

1. Adela

2. Francisco

3. Pedro

4. Cristina

5. Félix

1. _____
   _____
2. _____
   _____
3. _____
   _____
4. _____
   _____
5. _____
   _____

3 **Lectura** Read this newspaper article and answer the questions in complete sentences. (5 × 2 pts. each = 10 pts.)

Los dolores de cabeza

¿Sabe usted que más de 45 millones de personas tienen dolores de cabeza cada día en nuestro país? Las causas de los dolores de cabeza son muy variadas. El 90% de todos los dolores de cabeza se deben a la tensión física y mental. Las migrañas[1] son dolores de cabeza mucho más fuertes. Las migrañas suelen durar[2] entre 4 y 72 horas.

Otras cosas que pueden producir dolores de cabeza:
- Tener hambre
- Sufrir estrés[3]
- Tener sueño
- Tener calor

Para reducir el número y la intensidad de los dolores de cabeza:
- No se debe fumar[4]
- Beber alcohol con moderación
- Dormir un número de horas apropiado para la persona
- Controlar la tensión emocional y física

Por último, si sus dolores de cabeza son frecuentes y no son afectados ni por medicamentos ni por descanso, debe hablar con su médico/a para encontrar la mejor solución para usted.

[1]*migraines*   [2]*tend to last*   [3]*suffer from stress*   [4]*smoke*

1. ¿Qué se quiere conseguir con este artículo (*article*)? _____

_____

2. ¿Cuántos dolores de cabeza se deben a la tensión? _____

_____

3. Según el artículo, ¿qué son las migrañas? _____

_____

4. ¿Qué debe hacer una persona para evitar los dolores de cabeza? _____

_____

5. ¿Qué hay que hacer si los dolores de cabeza continúan? _____

_____

4 **Un accidente** Write a paragraph about an accident that left you injured. What happened? Did anyone else get hurt? You should use the imperfect and the preterite tenses and at least three adverbs. (6 pts. for vocabulary + 6 pts. for grammar + 3 pts. for style and creativity = 15 pts.)

_____

_____

_____

_____

_____

_____

_____

_____

_____

prueba A   Lección 11

1 **Escuchar** Listen to this advertisement and then complete each sentence with the appropriate information, according to what you hear. (5 × 2 pts. each = 10 pts.)

1. El anuncio (*advertisement*) de Teletrón es para un servicio de _____.

2. El sistema de Teletrón ofrece _____.

3. Los programas de Teletrón incluyen opciones _____.

4. De lunes a viernes, todas las tardes, Teletrón ofrece _____.

5. Cuando se desea más información, se puede _____.

2 **¿De quién(es)?** Look at these illustrations and identify what they are and to whom they belong, using stressed possessive adjectives. Then describe what you can do with each item using the options below. Write complete sentences. (5 × 3 pts. each = 15 pts.)

modelo

Es el estéreo mío.
Es para escuchar música.

de mí

descargar programas de computación	escuchar música	organizar documentos
escribir	hacer clic en la pantalla	mirar un video
	imprimir documentos	ver lo que escribes en la computadora

1. de nosotros   2. de mí   3. de ellas   4. de ti   5. de él

1. _____

2. _____

3. _____

4. _____

5. _____

3   **En la carretera** Fill in the blanks in this dialogue with the appropriate words from the list. (10 × 2 pts. each = 20 pts.)

arranca	calle	gasolina	mecánicos	por	tanque
capó	descompuesto	llamar	para	taller	teléfono

JAVIER   Perdón, ¿Hay una gasolinera (1) _____ aquí?

CELIA   Sí, hay una en la próxima *(next)* calle. ¿Necesita algo?

JAVIER   Gracias. Mi carro está (2) _____ y necesito ir a un (3) _____ .

CELIA   ¿Por qué? ¿Qué le pasa al carro?

JAVIER   Pues el carro no (4) _____ . No sé, miré en el (5) _____ y todo está bien.

CELIA   ¿Está lleno el (6) _____ ? A mí, a veces, se me olvida ponerle

(7) _____ al carro.

JAVIER   Sí, está lleno. Ya miré y no es eso. ¿Qué hago ahora?

CELIA   Yo conozco al dueño de un taller. Aquí tengo mi (8) _____ celular. Si quiere,

podemos utilizarlo (9) _____ llamar al taller del señor Mejía; todos sus

(10) _____ son muy buenos.

JAVIER   Muchísimas gracias.

4   **Preguntas** Answer these questions using familiar commands. (6 × 2 pts. each = 12 pts.)

1. ¿Qué le dices a un(a) amigo/a que usa su teléfono celular en el cine? _____
   _____

2. ¿Qué me dices a mí si no quiero ponerle gasolina al carro? _____
   _____

3. ¿Qué le dices a un(a) amigo/a que tiene miedo de usar la computadora? _____
   _____

4. ¿Qué le dices a tu compañero/a de cuarto si usa tu estéreo sin decirte nada? _____
   _____

5. ¿Qué le dices a tu hermano/a si él/ella maneja siempre muy rápido? _____
   _____

6. ¿Qué le dices a tu primo/a si quieres cambiar el canal del televisior? _____
   _____

5 **Lectura** María is completing a course in auto mechanics. Read the e-mail she just wrote to her friend Alberto, where she tells him about the class. Then answer the questions in complete sentences. (6 × 3 pts. each = 18 pts.)

Para: alberto83@correo.es De: marialopezgarcia@correo.es Asunto: La clase de mecánica

Hola Alberto,

Te dije que iba a escribir para contarte cómo me iba en mi clase de mecánica, así que aquí estoy. ¡Ya hace dos semanas! Las clases son muy interesantes y estoy aprendiendo mucho, pero mi compañero de clase es un poco tonto. Se llama Toni y le gusta dar muchas órdenes[1] todo el tiempo. Cuando trabajamos en algún proyecto, Toni siempre me dice: María, haz esto; María, pon esta parte aquí; María, dime qué tenemos que hacer; María, habla con el profesor; María... Uff, no me gusta pensar en él. Pero bueno, en seis semanas más termina el curso. Ahora sé qué hacer para cambiar una llanta, para revisar el aceite, etc. Tomar este curso fue una idea excelente. Llena una solicitud[2] y ven tú también a la clase, seguro que lo pasamos fenomenal todos juntos (y así Toni también te puede dar órdenes a ti. :-)

Bueno, escribe alguna vez,

María

[1]orders   [2]application

1. ¿A María le gusta la clase de mecánica? ¿Por qué? _____
   _____

2. ¿Cómo es Toni? _____
   _____

3. ¿Cuánto tiempo dura el curso de mecánica en total? _____
   _____

4. ¿Qué cosas aprendió María en el curso? _____
   _____

5. ¿Qué tiene que hacer Alberto para entrar a la clase? _____
   _____

6. Imagina que estás en la situación de María. ¿Qué le dices a Toni? _____
   _____

6   **La tecnología en tu vida** Write a paragraph explaining how technology has impacted the way you communicate with your friends. Give two specific examples that have changed the way you do things, the way you get in touch with people, or the way you relate to others around you. Use at least four words from the list. (10 pts. for vocabulary + 10 pts. for grammar + 5 pts. for style and creativity = 25 pts.)

ayudarse	hablarse	para
comunicarse	llamarse	por

_____

_____

_____

_____

_____

_____

_____

_____

_____

_____

_____

_____

_____

_____

_____

_____

_____

_____

prueba B

Lección 11

1 **Escuchar** Listen to this advertisement and then complete each sentence according to the information that you heard. (5 × 2 pts. each = 10 pts.)

1. El anuncio (*advertisement*) que escuchaste es de _____.

2. Para obtener tu dirección electrónica _____.

3. En este sitio web puedes _____.

4. Puedes crear tu dirección electrónica sin pagar antes _____.

5. Hablando de espacio (*space*), esta dirección electrónica te ofrece _____.

_____

2 **¿De quién(es)?** Look at these illustrations and identify what they are and to whom they belong, using stressed possessive adjectives. Then describe what you can do with each item using the options below. Write complete sentences. (5 × 3 pts. each = 15 pts.)

modelo

Es la licencia de conducir suya.
La usa como identificación.

de él

| arreglar los coches | cambiar las llantas | dar calor | poner aire en el coche |
| arrancar el carro | conducir por las calles | llenar el tanque | vivir en el número 256 |

1. de ti   2. de mí   3. de ustedes   4. de ella   5. de nosotros

1. _____
2. _____
3. _____
4. _____
5. _____

3 **De compras** Fill in the blanks in this dialogue with the appropriate words from the word bank. (10 × 2 pts. each = 20 pts.)

cederrón	impresora	pantalla	por	programa	sitio web
dirección electrónica	Internet	para	portátil	reproductor de DVD	sonar

VENDEDOR Buenas tardes.

SERGIO Hola, quiero comprar una computadora (1) _____, pero no sé cuál de todas

éstas es la mejor...

VENDEDOR Bueno, tenemos muchos modelos. Por ejemplo, ésta tiene (2) _____ para

ver películas en la computadora.

SERGIO ¡Estupendo! ¿También tiene (3) _____? Tengo muchos discos.

VENDEDOR Claro, además este modelo tiene (4) _____ de 17 pulgadas (*inches*) y

teclado grande (5) _____ escribir cómodamente. También viene con

muchas cosas adicionales, (6) _____ ejemplo, un ratón sin cable para

poder moverlo (*move it*) sin problemas.

SERGIO ¡Perfecto! ¿Puedo comprar una (7) _____ de color aquí?

VENDEDOR Sí, ésta que tenemos aquí puede imprimir en color a gran velocidad y es muy barata. Y si

compra todo junto, puede tener gratis una (8) _____ en nuestro

(9) _____ .

SERGIO ¡Qué bien! Así puedo navegar en (10) _____ gratis.

4 **Preguntas** Answer these questions using familiar commands. (6 × 2 pts. each = 12 pts.)

1. ¿Qué le dices a un(a) amigo/a que habla por teléfono celular al mismo tiempo que maneja?

_____

2. ¿Qué le dices a alguien que pone un vaso de agua encima de tu computadora portátil?

_____

3. ¿Qué le dices a tu compañero/a de cuarto si nunca apaga el televisor? _____

_____

4. ¿Qué me dices a mí si no quiero comprar una computadora? _____

_____

5. ¿Qué le dices a tu hermano/a pequeño/a que siempre está usando tu impresora? _____

_____

6. ¿Qué le dices a tu hermano/a si quieres ver otro programa en el televisor? _____

_____

5   **Lectura** José is preparing himself for his road test in order to get his first driver's license. Read the e-mail he just wrote to his friend Carla, telling her about his experience with his driving teacher. Then, answer the questions that follow in complete sentences. (6 × 3 pts. each = 18 pts.)

| Para: carlitadecolombia@cyber.com | De: joselitoelguapo@inter.es | Asunto: Mi licencia de conducir |

Carla,

¿Cómo estás? ¿Ya encontraste novio? Yo ahora vivo en el pueblo del que te hablé, y aquí el carro es necesario para todo. Por eso, decidí prepararme para sacar mi licencia de conducir. Voy a una escuela todas las tardes y aprendo mucho, pero las clases prácticas me ponen muy nervioso. Mi profesor, don Antonio, es un poco antipático y nos llevamos mal. El martes fue mi primer día manejando, y don Antonio hablaba y hablaba: José, estaciona el carro; José, pon las manos en el volante; José, cuidado con las llantas; José, mira la carretera; José, José, José... Don Antonio es exactamente como aquel profesor nuestro de matemáticas de la escuela. Pero bueno, voy a seguir con las prácticas de manejar dos semanas más, después tengo que pasar el examen. Si lo paso te llamo y hacemos una fiesta. Y no te preocupes, no voy a invitar a don Antonio.

Bueno, un saludo a tus padres y a Martita. Cuando ella tenga la edad[1], yo voy a enseñarle a manejar.

José

---

[1] *When she is old enough*

1. ¿Para qué está tomando estas clases José? _____

   _____

2. ¿Por qué no se llevan bien don Antonio y José? _____

   _____

3. Según el contexto, ¿son buenos los consejos de don Antonio? _____

   _____

4. ¿José y Carla se conocen desde hace mucho tiempo? Explica tu respuesta. _____

   _____

5. ¿Para qué quiere organizar la fiesta José? _____

   _____

6. Quién es mayor, ¿José o la hermana de Carla? _____

   _____

6 **La tecnología en tu familia** Write a paragraph explaining how technology has impacted your family's (or an imaginary family's) life. Give two specific examples that have changed the way each person in your family relates to others. Use at least four words from the word bank. (10 pts. for vocabulary + 10 pts. for grammar + 5 pts. for style and creativity = 25 pts.)

| encontrarse | para | saludarse |
| escribirse | por | verse |

_____

_____

_____

_____

_____

_____

_____

_____

_____

_____

_____

_____

_____

_____

_____

_____

_____

_____

prueba C   Lección 11

1   **Escuchar** You will hear five personal questions. Answer each one in Spanish using complete sentences. Use reciprocal reflexives in each answer. (5 × 2 pts. each = 10 pts.)

1. _____

2. _____

3. _____

4. _____

5. _____

2   **¡No es mío!** Identify these images and use the information included to indicate to whom each item belongs, and explain how you know whose it is. Include at least one stressed possessive adjective or pronoun in each answer. (5 × 3 pts. each = 15 pts.)

> **modelo**
>
> Es el teléfono celular de Mónica. El suyo es Sony.
>
> Mónica/Sony

1. Marisa
grande

2. Roberto
nueva

3. Sergio y Mariam
amarillo

4. Tú
moderno

5. Sandra y yo
caro

1. _____
_____

2. _____
_____

3. _____
_____

4. _____
_____

5. _____
_____

3 **Lectura** Read this letter and answer the questions in complete sentences. (5 × 2 pts. each = 10 pts.)

| Para: susana@email.com | De: carmen@email.com | Asunto: saludos |

Querida Susana:

Tenemos que vernos pronto porque tengo muchas cosas importantes que contarte. ¿Recuerdas a Rubén, aquel chico que conocí navegando en Internet? ¡Pues nos vamos a casar! ¡Quién iba a pensar que la tecnología iba a impactar[1] tanto mi vida! Nos conocimos en persona. Nos encontramos en un café de mi ciudad y la verdad es que nos vimos... y nos enamoramos inmediatamente. Dos horas después de encontrarnos en el café nos besamos y nos contamos muchas cosas de nuestras vidas. Ahora nos llevamos muy bien y vamos a casarnos dentro de dos meses. Estoy muy interesada en la tecnología; ahora estoy aprendiendo a diseñar[2] páginas de Internet. Escríbeme un correo electrónico y dime si todavía vives en el apartamento de la calle Balcones para enviarte[3] la invitación de la boda. ¡Tienes que conocer a Rubén! Y no nos vamos a casar vía Internet... Hay algunas cosas que prefiero hacer como antes, de forma tradicional.

Carmen

[1]*impact*   [2]*design*   [3]*send you*

1. ¿Con qué frecuencia crees que se escriben Carmen y Susana? ¿Por qué? _____
   _____

2. ¿Dónde se encontraron por primera vez Carmen y Rubén? _____
   _____

3. ¿Qué piensa Carmen de la tecnología? ¿Por qué? _____
   _____

4. Según dice Carmen, ¿se llevan bien Rubén y Susana? _____
   _____

5. ¿Cómo piensas que va a ser la boda de Carmen? ¿Cómo lo sabes? _____
   _____

4 **Compañero/a** You need a roommate. Write a paragraph describing all the technological advances in your apartment to lure in potential roomies. Use at least four informal commands to tell people when to call, when to visit, not to wait too long, etc. and use **por** and **para** at least twice each. (6 pts. for vocabulary + 6 pts. for grammar + 3 pts. for style and creativity = 15 pts.)

_____
_____
_____
_____
_____
_____
_____
_____
_____
_____
_____
_____

prueba D

Lección 11

1   **Escuchar**   You will hear five personal questions. Answer each one in Spanish using complete sentences. Use reciprocal reflexives in each answer. (5 × 2 pts. each = 10 pts.)

1. _____

2. _____

3. _____

4. _____

5. _____

2   **¡No es mío!**   Identify these images and use the information included to indicate to whom each item belongs, and explain how you know whose it is. Include at least one stressed possessive adjective or pronoun in each answer. (5 × 3 pts. each = 15 pts.)

modelo

Es el teléfono celular de Celine Dion. El suyo es Sony.

Celine Dion/Sony

| 1. Eminem rojo | 2. Bill Gates lento | 3. Penélope Cruz español | 4. Nosotros descompuesto | 5. Tú funcionar |

1. _____

_____

2. _____

_____

3. _____

_____

4. _____

_____

5. _____

_____

3 **Lectura** Ramón has joined an Internet dating service. Read his account of what happened and answer the questions in complete sentences. (5 × 2 pts. each = 10 pts.)

> Ayer fui a mi primera cita en Internet. Mi chica y yo nos encontramos en un café virtual. Primero nos saludamos y nos presentamos. Después, nos hablamos y nos conocimos un poco. Lo más interesante fue que nos escuchábamos con mucha atención. Entonces, mi cita, que por cierto, su nombre de usuario[1] es Goozee83, me dijo: "¿Nos vamos a un sitio más privado, R2D234X?" Ése es mi nombre de usuario. Yo le dije: "Bueno, Goozee83, yo quiero verte en persona. ¿Nos encontramos en el cibercafé Nueva Era?" Y de pronto, así, sin decir nada, Goozee83 se fue. No sé qué pasó, quizás no le gustó mi nombre de R2D234X, quizás se descompuso mi computadora portátil... Mañana ya tengo otra cita en el mismo café virtual. Esta vez es con Pitufitavoladora2004[2], y con ese nombre, estoy seguro de que ésta tiene que ser la mujer de mi vida. Deséame suerte.

[1]*screen name*   [2]*FlyingSmurfette2004*

1. ¿Qué es lo primero que hicieron Ramón y su chica en su cita? _____
   _____

2. ¿Qué le pareció a Ramón lo más interesante de la cita virtual? _____
   _____

3. ¿Qué hizo Goozee83 cuando Ramón dijo que quería encontrarse en persona con ella? _____
   _____

4. ¿Dónde va a ser la próxima cita de Ramón? _____
   _____

5. ¿Por qué piensa Ramón que su próxima cita va a ser mejor? _____
   _____

4 **Soltero/a** Your best friend recently joined an Internet dating service geared mostly to techies. Write an ad describing your friend; try to impress potential cyberdates. Include at least four informal commands to tell guys or girls how to "snatch" your friend and use **por** and **para** at least twice each. (6 pts. for vocabulary + 6 pts. for grammar + 3 pts. for style and creativity = 15 pts.)

_____

_____

_____

_____

_____

_____

_____

_____

prueba A

1 **Escuchar** Listen to the message that Víctor's mother left on his answering machine. Then, indicate whether these statements are **cierto** or **falso**. (5 × 2 pts. each = 10 pts.)

	Cierto	Falso
1. La mamá de Víctor lo llama desde su oficina.	○	○
2. Si Víctor no puede llevar el cuadro, no hay ningún problema.	○	○
3. Víctor sabe el número de teléfono celular de su mamá.	○	○
4. La mamá de Víctor deja el mensaje por la noche.	○	○
5. Las cosas que necesita la mamá de Víctor están en una tienda.	○	○

2 **Cosas de casa** Look at these illustrations. Identify each one and write a sentence indicating how you use each. Your sentences must be logical, but you can use your imagination as much as possible. (5 × 2 pts. each = 10 pts.)

> **modelo**
>
> Es un cuchillo. Se usa para comer la carne.

 1.

 2.

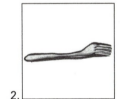 3.

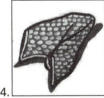 4.

 5.

1. _____

_____

2. _____

_____

3. _____

_____

4. _____

_____

5. _____

_____

3 **Mi casa** Laura just bought her first home. Read what she tells you about her new place, and complete her description using **que, quien, quienes,** and **lo que** according to the context. (10 × 2 pts. = 20 pts.)

La semana pasada compré la casa ideal. No, no es idéntica a la (1)_____ había en la

revista de *Las casas más bonitas del mundo*, pero tiene todo (2)_____ yo quiero en

una casa. Tiene todos los detalles (*details*) (3)_____ a mí me gustan: jardín, balcón y

¡hasta un altillo! Antes aquí vivía un pintor (*painter*), a (4)_____ conocí cuando vine a

ver la casa hace unos meses. Él me dijo que compró la casa hace cinco años, pero que los Rosas,

(5)_____ vivían allí antes que él, no se preocupaban mucho por decorar (*decorate*) la

casa. El pintor dice que Mariam, (6)_____ es la hija de los Rosas, se ocupaba de la

casa. La casa tiene tres dormitorios y yo voy a dormir en el (7)_____ tiene un cuadro

de color azul, exactamente como el mar. (8)_____ me dijo el pintor es que tengo que

hacer una fiesta para sus amigos, (9)_____ también son pintores. Así ellos pueden

pintar el jardín. Yo le contesté que (10)_____ voy a hacer es invitar a todos los artistas

que conozco para decorar la casa entre todos.

4 **Preguntas** A group of Laura's friends is coming to help her get the house ready, but she can't be there that day. Now that you know everything about the place, Laura wants you to tell her friends what to do. Read the questions and write complete sentences using formal commands. Use what you have learned about her house in the previous activity and your imagination. (6 × 3 pts. each = 18 pts.)

1. ¿Qué deben hacer primero? _____

_____

2. ¿Qué deben poner en el altillo? _____

_____

3. ¿Qué muebles deben ir en los dormitorios? _____

_____

4. ¿Qué cosas van en la cocina? _____

_____

5. ¿Qué deben hacer antes de irse? _____

_____

6. ¿Qué quehaceres deben hacer en la cocina? _____

_____

5 **Lectura** Read this article about home decor. Then answer the questions in complete sentences.
(6 × 3 pts. each = 18 pts.)

Si acaba de comprar una casa o un apartamento, es importante que piense en la decoración antes de pintar[1] o de poner muebles. Es necesario que se pregunte:

- ¿Quiénes van a vivir en la casa? ¿Personas jóvenes, mayores, una familia?
- ¿Cómo es su vida? ¿Recibe muchas visitas? ¿Trabaja en casa?
- ¿Cuánto tiempo piensa vivir en la casa? ¿Es temporal o permanente?

Después de responder a estas preguntas, va a tener una idea más clara de las necesidades que son importantes al decorar[2]. Si la casa no tiene mucha luz natural, ponga detalles con colores vivos[3]. Estos colores son los mejores porque dan más luz a la casa. Pinte las paredes de colores menos vivos si tiene mucho espacio. Si es un apartamento pequeño, use colores como el blanco, el amarillo o el rosado. Compre revistas de decoración y busque fotos de muebles que le gusten. No es necesario que sean fotos de habitaciones completas. Una lámpara, un sofá o una mesa de estilo original pueden cambiar el ambiente de toda una casa. Es importante que use la imaginación pero no haga cambios[4] si no está totalmente seguro/a. Si no le gusta el resultado, puede sentirse muy mal en su casa. Escuche lo que le sugieren sus amigos, pero recuerde, usted es quien va a pasar más tiempo allí y es importante que se sienta cómodo/a y sobre todo, que se sienta en casa.

---

[1]paint   [2]to decorate   [3]bright   [4]changes

1. ¿Para qué tipo de personas es este artículo?

   _____

   _____

2. ¿Para qué sirven los colores vivos?

   _____

   _____

3. ¿Dónde se pueden encontrar ideas para decorar la casa?

   _____

   _____

4. ¿Recomienda el/la autor(a) que la persona escuche la opinión de sus amigos?

   _____

   _____

5. ¿Por qué es importante que la persona se sienta cómoda en la casa?

   _____

   _____

6. ¿Qué dice el/la autor(a) con respecto a los cambios (changes)?

   _____

6   **Mi casa ideal** Your best friend is studying to be an architect and has to present a proposal for a house, including as many details as possible. Write a paragraph telling him or her to design your dream house: what your house should look like, and what rooms, furniture, interior, and exterior it should have. Remember to use the subjunctive to make your requests. Be creative; it's not every day that you find someone ready to design the house of your dreams! (10 pts. for vocabulary + 10 pts. for grammar + 4 pts. for style and creativity = 24 pts.)

_____

_____

_____

_____

_____

_____

_____

_____

_____

_____

_____

_____

_____

_____

_____

_____

_____

_____

_____

_____

_____

prueba B   Lección 12

1 **Escuchar** Listen to the message that Marta left for her roommates Rosa and Beatriz. Then, indicate whether these statements are **cierto** or **falso**. (5 × 2 pts. each = 10 pts.)

		Cierto	Falso
1.	Marta va a ayudar a Rosa y a Beatriz con unos quehaceres.	○	○
2.	Marta quiere ponerse un suéter de Rosa para la fiesta.	○	○
3.	Antes de salir esta mañana, Marta limpió toda la casa.	○	○
4.	Marta no es muy considerada con sus compañeras de apartamento.	○	○
5.	El chico favorito de Marta no va a asistir a la fiesta.	○	○

2 **Mis cosas** Look at the following illustrations and for each one, identify it and then write a sentence indicating how you use each. Your sentences must be logical, but you can use your imagination as much as possible. (5 × 2 pts. each = 10 pts.)

modelo

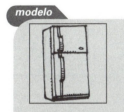

Es un refrigerador. Se pone en la cocina y se guarda la comida adentro.

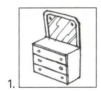 1.   2.   3.

  4.   5.

1. _____

_____

2. _____

_____

3. _____

_____

4. _____

_____

5. _____

_____

3 **Un nuevo hogar** *(home)* Jaime and Raquel are getting divorced. Now Jaime is writing a note to Raquel to let her know all the things he wants from their old apartment, so that he can use them in his new place. Read his note and complete it using **que, quien, quienes,** and **lo que** according to the context. (10 × 2 pts. each = 20 pts.)

Raquel,

Creo que ya no importa (1)_____ nos hizo divorciarnos. (2)_____

pasó entre nosotros ya es parte del pasado. (3)_____ nos conocen a los dos, saben

que no pudimos ser felices juntos. En fin, (4)_____ yo necesito ahora son algunas de

mis cosas que dejé en el apartamento. Ya tengo (5)_____ puse en el garaje antes de

salir. Ahora quiero llevarme mis otras cosas, (6)_____ creo *(I believe)* que están en la

sala pequeñita. También es necesario que me des el disco de Maná (7)_____ te presté

(lent) y nunca más volví a escuchar... Creo que está en el armario del dormitorio. (8)_____

hay a la derecha del disco no lo necesito, eso es para ti. Finalmente, diles a (9)_____

me llamen a casa que ya tengo un número nuevo. Está escrito en la alfombra, en la (10)_____

te gusta tanto. Lo pinté *(I painted)* allí ayer con tinta *(ink)* roja... Adiós.

4 **Preguntas** A few years have passed and Jaime is getting remarried. After his heartbreaking experience with Raquel, he's in need of some advice before he and his new wife move to their new home. Read his questions and answer each one with complete sentences using formal commands. (6 × 3 pts. each = 18 pts.)

1. ¿Qué muebles debemos escoger primero? _____

   _____

2. ¿Qué cosas debemos comprar para la cocina? _____

   _____

3. ¿Qué nos recomiendas que hagamos si no estamos de acuerdo sobre los colores para las paredes?

   _____

   _____

4. ¿Es mejor que hagamos una lista de lo que necesitamos o ir comprando poco a poco? _____

   _____

5. ¿Qué debemos hacer si nos gustan muebles diferentes? _____

   _____

6. ¿Qué quehaceres debemos hacer cada semana? _____

   _____

5 **Lectura** Read this article about housecleaning. Then, answer the questions in complete sentences.
(6 × 3 pts. each = 18 pts.)

¿Es usted soltero por segunda vez a los 40 años? ¿A los 30? ¿A los 50?

Muchos hombres divorciados o viudos tienen un problema doméstico: nunca aprendieron cómo limpiar una casa y ahora que viven solos¹, no saben por dónde empezar. Pero no se preocupe, en el Centro Limpio tenemos unos consejos básicos que le van a ayudar a aprender todo lo que necesita sobre cómo limpiar una casa.

Abra las ventanas todas las mañanas para que entre el aire fresco en su casa. Después, camine por la casa y sacuda los muebles. Lave el suelo de toda la casa. Después, pase la aspiradora. Revise los baños. Límpielos con un producto desinfectante. Prenda la lavadora mientras limpia las habitaciones. No deje la ropa en la lavadora. Llévela inmediatamente a la secadora para que no se arrugue². Haga las camas y quite la mesa, si todavía hay platos o vasos encima de ella. Hay otras cosas que puede hacer cada semana, como limpiar las ventanas, lavar la estufa, etc. Es importante que escriba una lista de los quehaceres domésticos y que haga unas tareas cada día, así va a tener más tiempo para disfrutar de su casa y no tiene que limpiar todo todos los días.

Y ya lo sabe, si realmente no quiere limpiar, llame al 520 3025 y en tan sólo unos minutos, uno de nuestros equipos de limpieza³ va a estar en su puerta.

¹alone   ²wrinkle   ³cleaning

1. ¿Para qué tipo de personas es este artículo?

   _____

   _____

2. Antes de limpiar la casa todas las mañanas, ¿qué es lo primero que deben hacer?

   _____

   _____

3. ¿Qué tipo de productos son los más recomendados para limpiar los baños?

   _____

   _____

4. ¿Cuáles son algunos quehaceres que no es necesario hacer cada día?

   _____

   _____

5. ¿Por qué es importante hacer una lista de todos los quehaceres?

   _____

   _____

6. ¿Qué pueden hacer los lectores (readers) si no les gusta limpiar?

   _____

   _____

6 **Un apartamento en la playa** Your boss wants to reward you for your loyalty to the company and has offered you a week at one of the company's beach apartments. Write a paragraph describing what rooms, household items, furniture, services (such as cleaning), etc. the apartment should have. Use the subjunctive to soften your tone and express what is important and necessary for you to be happy there. Be as detailed as possible, after all, the company wants to please you! (10 pts. for vocabulary + 10 pts. for grammar + 4 pts. for style and creativity = 24 pts.)

_____

_____

_____

_____

_____

_____

_____

_____

_____

_____

_____

_____

_____

_____

_____

_____

_____

_____

_____

_____

_____

_____

prueba C   **Lección 12**

1 **Escuchar** You will hear five personal questions. Answer each one in Spanish using complete sentences. (5 × 2 pts. each = 10 pts.)

1. _____
2. _____
3. _____
4. _____
5. _____

2 **La casa** Look at these three illustrations. Then, identify each room and write two commands for each drawing to tell the cleaning people two things that they must do in each room. Use complete sentences and do not repeat chores. (3 × 5 pts. each = 15 pts.)

1.

2.

3.

1. _____
   _____
2. _____
   _____
3. _____
   _____

3 **Lectura** Read the suggestions from the university's president about the new dorm that is being built and then answer the questions in complete sentences. (5 × 2 pts. each = 10 pts.)

Es importante que diseñen¹ el dormitorio pensando en las necesidades de los estudiantes. Quiero que pongan las habitaciones de las chicas en el segundo piso. Tiene cinco baños, y los demás sólo tienen dos. Las habitaciones de los chicos pueden estar en el tercer piso o en el primero. Quiero que haya dos lavadoras y dos secadoras en cada piso. Además, quiero que pongan tres lavadoras y tres secadoras más en el sótano. Por las noches, sólo se permite lavar en el sótano, no se debe molestar a los estudiantes que duermen. En la cocina es necesario que tengan dos cafeteras, dos tostadoras y seis hornos de microondas. Los estudiantes comen comida rápida y les gusta mucho usar el microondas. Finalmente, quiero que la luz sea automática, es decir, que se prenda y se apague sola². Los estudiantes nunca recuerdan que la luz cuesta mucho dinero.

¹design   ²by itself

1. Para el presidente, ¿qué es lo más importante al diseñar *(to design)* el dormitorio? _____
   _____

2. ¿Qué es lo que tiene el segundo piso que los otros pisos no tienen? _____ _____
   _____

3. ¿Para qué es necesario que haya lavadoras y secadoras en el sótano? _____ _____
   _____

4. ¿Qué tipo de comida piensa el presidente que prefieren los estudiantes? _____ _____
   _____

5. ¿Por qué es necesario que la luz del dormitorio sea automática? _____ _____
   _____

4 **Un(a) experto/a** A friend of your parents has asked you for suggestions to decorate his new house. Write a paragraph using formal commands to tell him what he must and mustn't do in order to design his house. Include at least three requests with the subjunctive to soften your tone. (6 pts. for vocabulary + 6 pts. for grammar + 3 pts. for style and creativity = 15 pts.)

_____
_____
_____
_____
_____
_____
_____
_____
_____

prueba D   Lección 12

1   **Escuchar** You will hear five personal questions. Answer each one in Spanish using complete sentences. (5 × 2 pts. each = 10 pts.)

1. _____

2. _____

3. _____

4. _____

5. _____

2   **El apartamento** Look at these three illustrations. Then, identify each room and write two commands for each drawing to tell the cleaning people two things that they must do in each room. Use complete sentences and do not repeat chores. (3 × 5 pts. each = 15 pts.)

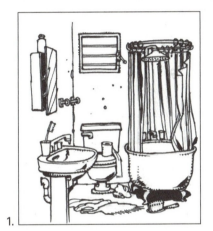
1.

2.

3.

1. _____
   _____

2. _____
   _____

3. _____
   _____

3 **Lectura** Read this advertisement from a building company in your city. Then, answer the questions in complete sentences. (5 × 2 pts. each = 10 pts.)

> En nuestro nuevo edificio de apartamentos TODOSOL, tenemos un apartamento para usted y su familia. Nuestros apartamentos tienen cocinas grandes y con mucha luz, baños completos, balcón, entrada privada, patio y ¡sótano o altillo! Si tiene una familia grande, le recomendamos nuestros apartamentos *deluxe* que tienen cuatro dormitorios. No traiga sus muebles, nuestros apartamentos tienen muebles hermosos y modernos. Venda su lavadora y su secadora. Nuestro edificio tiene las más modernas. Desde una simple cafetera hasta un servicio completo, si alquila o si compra, sólo tiene que ¡mudarse! El edificio TODOSOL también tiene servicio de limpieza[1], que incluye lavar y planchar la ropa y lo mejor, la luz es parte del alquiler. No lo dude más, estos precios sólo están hasta que termine mayo. Venga con su familia este domingo a ver nuestros apartamentos y quédese a comer, le invitamos en TODOSOL.

[1]*cleaning service*

1. ¿Qué tipo de apartamentos se describen, para alquilar o para comprar? _____
   _____

2. ¿Hay una entrada para cada apartamento o una entrada para todos? _____
   _____

3. ¿Qué recomienda el anuncio (*advertisement*) que haga el/la cliente/a con sus muebles? _____
   _____

4. ¿Qué es lo que se recomienda para una familia grande? _____
   _____

5. ¿Qué otras cosas son parte del alquiler del apartamento? _____
   _____

4 **Un(a) experto/a** A colleague has asked you for some suggestions of things to take into account when moving into an apartment. Write a paragraph with a few recommendations about how to clean and set up this new place. Make sure to give him a few formal commands and at least three suggestions with the subjunctive. (6 pts. for vocabulary + 6 pts. for grammar + 3 pts. for style = 15 pts.)

_____
_____
_____
_____
_____
_____
_____
_____
_____
_____

prueba A

Lección 13

1 **Escuchar** Listen to this radio advertisement for a camping site (**camping**) called **Bahía Azul**. Then, complete the statements below according to the information you hear. (5 × 2 pts. each = 10 pts.)

1. El camping está en _____.

2. Algunas de las actividades que puedes realizar allí son _____.

3. Para hacer una reservación _____.

4. Puedes conseguir tu boleto a mitad (*half*) de precio _____.

5. El camping está abierto _____.

2 **¿Qué piensas?** Look at these illustrations and for each one, write two sentences stating your own thoughts on the issue depicted. Be sure to use the correct subjunctive forms with a word or expression from the list in each sentence. (3 × 4 pts. each = 12 pts.)

> **modelo**
>
>
> Temo que nos quedemos sin peces porque los ríos están contaminados.
> Ojalá los peces encuentren un lugar sin contaminación para vivir.

dudar	temer	es terrible
esperar	es extraño que	es triste
sentir	es una lástima	ojalá

1.

2.

3.

1. _____
   _____

2. _____
   _____

3. _____
   _____

3 **¡Qué pena!** Sara, an eight-year-old, is talking to her science teacher at school. Read the conversation and fill in each blank with the appropriate indicative or subjunctive form of one of the verbs from the list, according to the context. (10 × 2 pts. each = 20 pts.)

destruir	haber	preocuparse	saber	tener
encontrar	hablar	querer	ser	vivir

PROFESORA Sara, ¿por qué estás tan triste? ¿Tienes algún problema?

SARA No, profesora, es que mi mamá se enojó conmigo esta mañana porque tiré (*threw away*) unos papeles en el suelo cuando caminaba por la calle.

PROFESORA Sara, seguro que tu mamá sólo te dice que no lo hagas para que (1) _____ lo importante que es mantener (*maintain*) limpia la ciudad.

SARA Pero eran sólo unos papeles. . . y dice mi hermano que él lo hace siempre y sus amigos también.

PROFESORA Mira, Sara, te voy a contar una cosa antes de que (2) _____ demasiado tarde. ¿Te acuerdas cuando jugábamos en el parque de los pájaros?

SARA Sí, ¿por qué ya no vamos allí?

PROFESORA Pues, los pájaros necesitan que (3) _____ agua limpia en el lago para beber. También es importante que ellos (4) _____ árboles para vivir. Y sobre todo, es necesario que ellos (5) _____ un espacio libre.

SARA ¿Y en el parque no tienen esas cosas?

PROFESORA Ahora ya no. Las personas contaminaron toda el agua del parque y por eso los pájaros ya no (6) _____ allí.

SARA ¿Y no hay policías para que la gente no (7) _____ el parque?

PROFESORA Los policías no (8) _____ tener esa responsabilidad. Ésa es una responsabilidad de todas las personas. Por eso, es importante que tú (9) _____ con tus amigos y les expliques que es necesario que ellos también (10) _____ por ayudar a nuestros amigos los pájaros.

4 **El parque** Complete the conversation with the past participle form of the verbs in parentheses. (6 × 2 pts. each = 12 pts.)

JORGE Es increíble que este parque todavía esté (1) _____ (abrir). Mira cuánta basura y botellas (2) _____ (romper) hay.

PAZ Sí, y el río está muy (3) _____ (contaminar).

JORGE Tenemos que hacer algo antes de que los animales y las plantas terminen (4) _____ (morir).

PAZ No puedo creer que el parque no esté (5) _____ (proteger).

JORGE Y todos los niños que jugaban en este parque están (6) _____ (afectar) por la contaminación.

PAZ ¡Es una lástima!

5 **Lectura** Read the information presented in this poster and then answer the questions in complete sentences. (6 × 4 pts. each = 24 pts.)

La protección y conservación del medio ambiente es una responsabilidad que todos compartimos. Aunque pienses que tú solo/a no vas a resolver el problema, es necesario que todos hagamos algo. Aquí tienes algunas recomendaciones sobre lo que puedes hacer (y aconsejar que hagan tus parientes y amigos) para proteger nuestro planeta:

• No uses agua innecesaria en tu casa.
• No tires[1] basura cuando vayas a un parque, a un río o a la playa.
• Organiza un grupo de reciclaje en tu comunidad y sugiere a tus amigos que hagan esto en sus ciudades.
• Planta un árbol cada estación y cuídalo para que se haga grande y bonito.
• Habla con tus amigos para que reciclen el vidrio, el aluminio y el plástico.
• Diles a tus parientes que participen[2] en programas de conservación.
• Participa en proyectos para descubrir nuevas formas de energía.
• No olvides que éste es tu planeta, protégelo de quienes lo destruyen.

Necesitamos tu ayuda y la ayuda de tus amigos. Sin su colaboración, es posible que nuestros niños no puedan jugar al aire libre y que no conozcan nunca muchos maravillosos animales que hoy se encuentran en peligro de extinción.

[1]*throw away*   [2]*participate*

1. ¿Cuál es el objetivo de este cartel?

   _____

   _____

2. Si tú solo/a no puedes solucionar el problema, ¿qué te pide el cartel que hagas?

   _____

   _____

3. ¿Qué recomendaciones se incluyen para proteger la naturaleza?

   _____

   _____

4. ¿Qué se recomienda hacer con los diferentes tipos de basura?

   _____

   _____

5. ¿Qué tipo de grupos se aconseja organizar?

   _____

   _____

6. Si no colaboramos (*collaborate*), ¿qué consecuencias puede haber para el futuro?

   _____

   _____

6 **Mis deseos** Use your knowledge about environmental problems to write a paragraph stating at least four things that you fear may happen as a consequence of our actions, and at least four wishes for things to happen differently (that is, for the planet to recover from all this damage we have caused). Include the subjunctive and any appropriate conjunctions in your paragraph, to make sure that your message is clearly understood. (9 pts. for vocabulary + 9 pts. for grammar + 4 pts. for style and creativity = 22 pts.)

_____

_____

_____

_____

_____

_____

_____

_____

_____

_____

_____

_____

_____

_____

_____

_____

_____

_____

_____

_____

_____

_____

_____

_____

prueba B

Lección 13

1 **Escuchar** Listen to a segment of a radio broadcast about the environment. Then, complete the statements below according to the information you hear. (5 × 2 pts. each = 10 pts.)

1. El programa va a tratar de (*be about*) _____.

2. Las plantas son necesarias para _____.

3. Lo que pasa con muchos animales es que _____.

4. Hay regiones que _____.

5. Para parar la deforestación _____.

2 **¿Qué te parece?** Look at these illustrations and for each one, write two sentences stating your own thoughts on the issue depicted. Be sure to use the correct subjunctive forms with a word or expression from the list in each sentence. (3 × 4 pts. each = 12 pts.)

Temo que nos quedemos sin peces porque los ríos están muy contaminados.
Ojalá los peces encuentren un lugar sin contaminación para vivir.

dudar	temer	es terrible
esperar	es extraño que	es triste
sentir	es una lástima	ojalá

1. _____
_____

2. _____
_____

3. _____
_____

3 **Entre amigos** Emilio is telling Marta about a TV program he watched this morning. Read their dialogue and fill each blank with the appropriate indicative or subjunctive form of one of the verbs from the list. (10 × 2 pts. each = 20 pts.)

cambiar	controlar	destruir	reciclar	resolver
contaminar	desarrollar	proteger	reducir	usar

EMILIO Esta mañana vi un programa en la televisión sobre energía nuclear. Ojalá que el gobierno (1) _____ las leyes para que todos nosotros (2) _____ energías alternativas y (3) _____ el medio ambiente. Es importante que (4) _____ otros tipos de energía.

MARTA ¡Qué interesante! Ojalá que entre todos (5) _____ los problemas que tenemos en nuestro planeta.

EMILIO Sí, en el programa también dijeron que no (6) _____ bastante los plásticos y el aluminio.

MARTA Claro. Yo también creo que el gobierno de nuestra ciudad debe contribuir para que todos (7) _____ la contaminación de alguna forma. El otro día estuve en el Parque Luna, donde jugábamos de niños, ¿lo recuerdas?

EMILIO Sí, claro. ¿Quieres que vayamos allí a hacer un picnic?

MARTA Pues es una lástima, pero no podemos ir. Como nuestro gobierno no (8) _____ la contaminación y no escribe leyes para que las fábricas no (9) _____, allí ya no se puede respirar.

EMILIO Es terrible que nuestros propios amigos (10) _____ los lugares más bonitos que tiene la ciudad. Creo que tenemos que hacer algo pronto para mejorar esta situación.

MARTA Sí, lo sé. . .

4 **Áreas verdes** Complete the conversation with the past participle form of the verbs in parentheses. (6 × 2 pts. each = 12 pts.)

LUCIO Este letrero (*sign*) parece que está (1) _____ (escribir) en otra lengua.

LAURA Sí, es que está (2) _____ (romper).

LUCIO Parece que todo lo que hay en este parque está (3) _____ (destruir) o (4) _____ (contaminar).

LAURA Yo pensé que todas las áreas verdes de la ciudad estaban (5) _____ (proteger) por las leyes.

LUCIO No, pero deberían estar mejor (6) _____ (cuidar).

5   **Lectura** Read this information published by the government in an effort to increase our awareness about the serious problems that our planet faces. Then answer the questions in complete sentences. (6 × 4 pts. each = 24 pts.)

La conservación de nuestras ciudades, ríos, lagos, mares, bosques y animales no es la responsabilidad del gobierno, es tu responsabilidad. ¿Crees que no hay nada que puedas hacer? Tus amigos dicen que a menos que otros países dejen de contaminar... y con tal de que el gobierno escriba leyes para resolver este problema... ellos, ¿qué van a hacer? Creen que no tienen el poder[1] necesario para cambiar las cosas. Pero esto no es cierto, tú sí puedes ayudar, y aquí te vamos a explicar cómo:

- Antes de comprar cualquier producto debes asegurarte[2] de que realmente lo necesitas.
- No compres bebidas en lata, nunca.
- Si vas a poner algo en la basura, necesitas pensar si hay alguna parte que puedas reciclar.
- No debes consumir comida que se venda en recipientes de espuma de poliestireno.[3] Esto es muy malo para el medio ambiente.
- Usa el papel dos veces, una por cada lado, y recuerda que es necesario que plantes un árbol como mínimo cada año.
- No debes usar productos contaminantes, si es necesario, es mejor que cambies de producto.

Lo más importante es que recuerdes que éste es TU planeta, y si tú no haces nada por evitar que se destruya, tus hijos ya no van a encontrar lugares donde puedan jugar. Es tu decisión, ¿realmente quieres que vivamos todos en una burbuja de cristal[4] para poder respirar aire no contaminado? Ese futuro está más cerca de lo que piensas.

[1]*power*   [2]*be sure*   [3]*styrofoam*   [4]*glass bubble*

1. ¿Cuál es el mensaje principal de este artículo (*article*)?

_____

_____ -

2. ¿Qué excusas usan las personas para no hacer nada por el planeta?

_____

_____

3. ¿Hay algo específico que tú puedas hacer, según el artículo?

_____

_____

4. ¿Para qué debes examinar las cosas antes de ponerlas en la basura?

_____

_____

5. ¿Qué se recomienda hacer para reducir el uso de papel?

_____

_____

6. ¿Qué tipo de futuro es posible que tengan tus hijos según el artículo?

_____

_____

6 **Mi ciudad** Write a paragraph about the environmental situation in your city. State at least four things that you fear may happen in your city as a consequence of our disregard for the government's advice regarding conservation, and include at least four wishes for the future (that is, for your city to recover from its environmental problems). Include the subjunctive and any appropriate conjunctions in your paragraph to make sure that your message is clearly understood. (9 pts. for vocabulary + 9 pts. for grammar + 4 pts. for style and creativity = 22 pts.)

_____

_____

_____

_____

_____

_____

_____

_____

_____

_____

_____

_____

_____

_____

_____

_____

_____

_____

_____

_____

_____

_____

_____

_____

_____

prueba C

Lección 13

1 **Escuchar** You will hear five personal questions. Answer each one in Spanish using complete sentences. (5 × 2 pts. each = 10 pts.)

1. _____
2. _____
3. _____
4. _____
5. _____

2 **Soluciones** Look at these illustrations and, using the expressions included in the list, write what you hope and what you fear with respect to the situations represented. (6 pts. for vocabulary + 6 pts. for grammar + 3 pts. for style and creativity = 15 pts.)

a menos que	en caso de que	es terrible	para que
con tal de que	es ridículo	ojalá	

1.

2.

3.

1. _____
   _____
2. _____
   _____
3. _____

3

Lectura Read this letter and answer the questions with complete sentences. (5 × 2 pts. each = 10 pts.)

Querida Ana:

Te escribo desde el parque de mi ciudad. Esta mañana vine a pasear y descubrí que las cosas ya no son como eran. El agua está contaminada, la deforestación es terrible y hasta el aire que se respira está lleno de cosas malas para la salud. A menos que todos hagamos algo para mejorar esta situación, no creo que nuestros hijos puedan jugar aquí en el futuro como lo hacíamos tú y yo en el pasado. Es necesario que intentemos[1] tener un plan para desarrollar el ecoturismo en nuestra ciudad. ¿Tú qué piensas sobre esto? Con tal de que el gobierno nos permita recibir dinero de las personas de la ciudad, yo creo que podemos organizar una reunión para que todos conozcan la situación de nuestros parques y de nuestros ríos y ayuden a mejorarla. Es una lástima que un parque tan bonito esté afectado por la contaminación. También podemos participar en un programa de reciclaje para que dejen de tirar[2] basura todos los visitantes del parque. En fin, cuando regrese te llamo y preparamos un plan de acción, ¿de acuerdo?

Un saludo de tu amiga Luisa.

[1]we try   [2]throw

1. ¿Cuál es el tema central de la carta de Luisa a Ana? _____
_____

2. ¿Qué dice Luisa del agua del parque? _____
_____

3. ¿Qué tipo de programa cree Luisa que es necesario organizar? _____
_____

4. ¿Por qué es importante que la gente conozca la situación del parque? _____
_____

5. ¿Cómo piensas que las ideas de Luisa van a cambiar el futuro del parque? _____
_____

4

Una carta Write to your governor about the ecological problems that are affecting your state or province. Include the necessary expressions with the subjunctive to state what may happen, as well as your feelings about the current situation and your hopes for a better future. (6 pts. for vocabulary + 6 pts. for grammar + 3 pts. for style and creativity = 15 pts.)

_____
_____
_____
_____
_____
_____
_____
_____
_____

prueba D   Lección 13

1 **Escuchar** You will hear five personal questions. Answer each one in Spanish using complete sentences. (5 × 2 pts. each = 10 pts.)

1. _____

2. _____

3. _____

4. _____

5. _____

2 **Situaciones** Look at these illustrations and, using the expressions included in the list, write what you hope and what you fear with respect to the situations represented. (6 pts. for vocabulary + 6 pts. for grammar + 3 pts. for style and creativity = 15 pts.)

a menos que	en caso de que	es terrible	para que
con tal de que	es ridículo	ojalá	

1. _____

_____

2. _____

_____

3. _____

3 **Lectura** Read this letter and answer the questions with complete sentences. (5 × 2 pts. each = 10 pts.)

> Querido Sergio:
>
> Estoy en el mar Mediterráneo, en un barco de la asociación Greenpeace, y tengo buenas noticias[1]. ¡El gobierno escuchó nuestras protestas y va a cambiar las leyes sobre contaminación! Nosotros les explicamos que a menos que hagan algo pronto, las aguas de este maravilloso mar van a estar más contaminadas y no va a quedar ni un pez. Además, les comentamos que para que se reduzca la basura en las playas y en las costas[2], es necesario que todos sepan cuál es la situación. Nosotros vamos a ayudar a las autoridades a organizar un programa para reciclar y recoger basura en todas las playas. Si quieres venir, con tal de que me digas qué dos semanas de este verano puedes dedicar a trabajar con nosotros, es suficiente. Después, yo te puedo llamar para que conozcas algo más sobre esta organización dedicada a proteger la naturaleza, los animales y todas aquellas partes del planeta que tanto nos gustan.
> Te escribo muy pronto,
> Carlos

[1]*news*   [2]*coasts*

1. ¿Para qué le escribe Carlos a Sergio? _____

   _____

2. ¿Qué problema le explicaron los de Greenpeace al gobierno? ¿Con qué objetivo? _____

   _____

3. ¿Cómo dice Sergio que están las aguas del mar Mediterráneo? _____

   _____

4. ¿Para qué es necesario que todos sepan cuál es la situación actual? _____

   _____

5. Si Sergio quiere participar (*participate*) en estas actividades con Carlos, ¿qué debe hacer?

   _____

4 **Mi contribución** Write to your mayor about the ecological problems that affect your city. Be sure to include the necessary expressions with the subjunctive to state what may happen if we do not do anything to stop it, as well as your feelings about the current situation and your hopes for a better future. (6 pts. for vocabulary + 6 pts. for grammar + 3 pts. for style and creativity = 15 pts.)

_____

_____

_____

_____

_____

_____

_____

_____

_____

prueba A   Lección **14**

1 **Escuchar** Listen to these statements and indicate if they are **lógico** or **ilógico**. (5 × 2 pts. each = 10 pts).

1. _____   3. _____   5. _____

2. _____   4. _____

2 **Necesito un plano** Look at the map below, and read the problems that your friends have. Write directions according to the requests of the three people below. Use **nosotros/as** commands, and pay attention to the departing point for each person. (3 × 4 pts. each = 12 pts.)

> **modelo**
>
> JUANCHO: Estoy en la Plaza Bolívar y necesito comprar unas aspirinas en la farmacia.
> *Caminemos dos cuadras....*

1. **CARMEN:** Estoy en la escuela y quiero comer. Necesito saber cómo llegar al Café Primavera.

   _____

   _____

   _____

2. **ROSA:** Estoy en la farmacia y necesito mi carro. Necesito saber cómo llegar al estacionamiento de la calle Bella Vista.

   _____

   _____

   _____

3. **DANIEL:** Estoy en la Casa de la Cultura y necesito tomar un tren. Necesito saber cómo llegar a la terminal.

   _____

   _____

   _____

3 **¿Qué es?** Write a sentence that clearly demonstrates the meaning of each of the items on the list. You can use your imagination, but your sentences must be logical. (8 × 2 pts. each = 16 pts.)

> **modelo**
>
> hacer diligencias
>
> **Hago diligencias los sábados: voy al banco, al supermercado y a la lavandería.**

1. la carnicería _____

   _____

2. el banco _____

   _____

3. la panadería _____

   _____

4. el supermercado _____

   _____

5. el estacionamiento _____

   _____

6. la cuenta corriente _____

   _____

7. la heladería _____

   _____

8. pagar a plazos _____

4 **Un viaje** Complete the conversation with the future form of the verbs in parentheses. (7 × 2 pts. each = 14 pts.)

SEBASTIÁN Mañana por la mañana (1) _____ (ir) al banco y
(2) _____ (abrir) una cuenta de ahorros.

FABIOLA ¿Por fin (3) _____ (empezar) a ahorrar?

SEBASTIÁN Sí, es que en el verano mi hermano y yo (4) _____ (hacer) un viaje por Venezuela.

FABIOLA ¡Qué bien! ¿Qué lugares (5) _____ (visitar) (ustedes)?

SEBASTIÁN (6) _____ (viajar) por toda la costa y por supuesto
(7) _____ (pasear) por Caracas.

5 **Preguntas** Answer these questions in complete sentences. (5 × 2 pts. each = 10 pts.)

1. ¿Qué tipo de servicios te gusta que ofrezca tu banco? _____

_____

2. ¿Conoces a alguien que tenga una cuenta corriente y una cuenta de ahorros? _____

_____

3. ¿Compraste alguna cosa que tengas que pagar a plazos? _____

_____

4. ¿Qué diligencia harás el fin de semana? _____

_____

5. En el supermercado, ¿prefieres pagar al contado o con tarjeta de crédito? ¿Por qué? _____

_____

6 **Lectura** Read this advertisement from a local bank. Then answer the questions in complete sentences. (5 × 3 pts. each = 15 pts.)

¡Descubra el mundo de CAPITAL!

El banco CAPITAL le ofrece ahora la oportunidad de abrir sus cuentas, tanto corrientes como de ahorros, en todo momento del día o de la noche. Nuestros empleados se preocuparán de sus necesidades financieras, así usted no se preocupará por nada. Nuestras puertas están abiertas todos los días de la semana, incluso los domingos. Nuestros letreros están puestos en todas las calles, para que usted conozca los servicios que ofrecemos. La información sobre cómo abrir una cuenta con nosotros está escrita en esos carteles. Nuestras cuentas están pensadas para personas como usted, con mucho trabajo y poco tiempo. No lo piense más y venga hoy mismo a visitarnos. Nuestras luces estarán prendidas, nuestras oficinas estarán preparadas, y lo que es más importante, hasta tendremos preparado su café. Le esperamos.

1. ¿Cuál es el objetivo del mensaje del banco CAPITAL? _____

_____

2. ¿Qué tipo de cuentas pueden abrirse en este banco? _____

_____

3. ¿Dónde se puede encontrar información sobre cómo abrir una cuenta en el banco CAPITAL?

_____

4. ¿Para qué tipo de personas son estas cuentas? _____

_____

5. ¿Qué tendrán preparado en el banco, además de la información? _____

_____

7 **Mis requisitos** Banks in some Spanish-speaking countries can be very picky, and are very careful about selecting their prospective clients. Imagine that you work for one of these banks. Write a paragraph indicating all the characteristics you would like your clients to have, from their personal to their financial habits, and include as many details as possible. Include at least 5–6 characteristics and use the subjunctive in adjective clauses to state your preferences. (9 pts. for vocabulary + 9 pts. for grammar + 5 pts. for style and creativity = 23 pts.)

_____

_____

_____

_____

_____

_____

_____

_____

_____

_____

_____

_____

_____

_____

_____

_____

_____

_____

_____

_____

_____

_____

_____

_____

_____

prueba B   Lección 14

1 **Escuchar** Listen to these statements and indicate if they are **lógico** or **ilógico.** (5 × 2 pts. = 10 pts).

1. _____   3. _____   5. _____

2. _____   4. _____

2 **¿Cómo voy allí?** Look at the map below, and read the problems that your friends have. Write directions according to the requests of the three people below. Use **nosotros/as** commands, and pay attention to the departing point for each person. (3 × 4 pts. each = 12 pts.)

> *modelo*
>
> **JUANCHO:** Estoy en la Plaza Bolívar y necesito comprar unas aspirinas en la farmacia. *Caminemos dos cuadras....*

Plaza Bolívar
Plaza Sucre
Banco
Casa de la Cultura
Farmacia
Iglesia
Terminal
Escuela
Estacionamiento
Joyería
Zapatería
Café Primavera

1. **RONALDO:** Estoy en la joyería y necesito medicamentos. Necesito saber cómo llegar a la farmacia.

_____

_____

_____

2. **ERNESTO:** Estoy en la calle El Matadero y necesito mi carro. Necesito saber cómo llegar al estacionamiento de la calle Miranda.

_____

_____

_____

3. **PILAR:** Estoy en el banco y tengo que ver a un amigo en una plaza cerca de la calle Sucre. Necesito saber cómo llegar a la Plaza Sucre.

_____

_____

_____

3 **¿Qué es?** Write a sentence that clearly demonstrates the meaning of each of the items on the list. You can use your imagination, but your sentences must be logical. (8 × 2 pts. each = 16 pts.)

> **modelo**
>
> hacer diligencias
> Hago diligencias los sábados: voy al banco, al supermercado y a la lavandería.

1. la frutería _____

_____

2. pagar al contado _____

_____

3. la pastelería _____

_____

4. el salón de belleza _____

_____

5. la joyería _____

_____

6. la lavandería _____

_____

7. el buzón _____

_____

8. hacer cola _____

_____

4 **La excursión** Complete the following conversation with the future form of the verbs in parentheses. (7 × 2 pts. each = 14 pts.)

SOLEDAD Horacio, ¿(1) _____ (tener) dinero el sábado para la excursión?

HORACIO Sí, mañana por la mañana (2) _____ (ir) al cajero automático. ¿Y tú?

SOLEDAD Yo (3) _____ (llevar) mi tarjeta de crédito.

HORACIO Pero en los lugares que nosotros (4) _____ (visitar) sólo puedes pagar en efectivo.

SOLEDAD ¿(5) _____ (aceptar) cheques (ellos)?

HORACIO No, te digo que sólo dinero en efectivo.

SOLEDAD Entonces le (6) _____ (pedir) dinero prestado a mi papá y luego se lo (7) _____ (pagar) a plazos.

5 **Preguntas** Answer these questions in complete sentences. (5 × 2 pts. each = 10 pts.)

1. ¿Qué diligencia harás esta tarde? _____

_____

2. ¿Conoces a alguien que trabaje en una pastelería? _____

_____

3. En tu universidad, ¿te piden que pagues al contado? _____

_____

4. ¿Hay algún estacionamiento que esté cerca de tu universidad? _____

_____

5. ¿Tienes algún amigo o alguna amiga que quiera trabajar en un salón de belleza? _____

_____

6 **Lectura** Read this advertisement from COUR, an express mail service, and answer the questions with complete sentences. (5 × 3 pts. each = 15 pts.)

COUR, lo más completo en correo urgente

¿Conoce ya COUR? ¿Recibió alguno de nuestros servicios? Si lo hizo, sabe que no hay ningún otro servicio de correo urgente mejor que el nuestro. Si desea enviar un paquete, no lo traiga a nuestras oficinas. Llame por teléfono o visite nuestro sitio web, para que nuestros empleados le expliquen la mejor forma de mandarlo. No es necesario que use estampillas, ni que escriba largas etiquetas[1]. Nuestras etiquetas ya están preparadas y tienen toda su información escrita. Cuando llegamos a su casa para llevarnos el paquete, su trabajo ya está hecho. Si lo desea, puede visitar nuestra oficina central en la calle Murcia, enfrente del banco SOL y de la joyería Martínez, a dos pasos[2] del centro de la ciudad. Nuestro letrero estará iluminado[3], así que no podrá perderse. No lo piense más. Empiece hoy mismo a usar el único servicio de correo urgente que está pensado en lo que se necesita en el siglo XXI. ¡COUR está hecho para usted!

[1]*labels*   [2]*steps*   [3]*lit-up*

1. ¿Por qué no hay otro servicio como el de COUR? _____

_____

2. ¿Qué debe hacer una persona que desea enviar un paquete? _____

_____

3. ¿Por qué no es necesario que la persona escriba largas etiquetas? _____

_____

4. ¿En qué parte de la ciudad están las oficinas centrales de COUR? _____

_____

5. ¿Por qué será muy fácil ver el letrero de COUR? _____

_____

7 **Mi banco** Many people expect their bank to offer all types of services free of charge, since there is such tight competition in the banking market. Write a paragraph indicating all the characteristics you would like your bank to have, from their financial services to their staff, and include as many details as possible. Include at least 5–6 characteristics and do not forget to use the subjunctive in adjective clauses to state your preferences. (9 pts. for vocabulary + 9 pts. for grammar + 5 pts. for style and creativity = 23 pts.)

_____

_____

_____

_____

_____

_____

_____

_____

_____

_____

_____

_____

_____

_____

_____

_____

_____

_____

_____

_____

_____

_____

_____

_____

prueba C

Lección 14

1 **Escuchar** You will hear five personal questions. Answer each one in Spanish using complete sentences. (5 × 2 pts. each = 10 pts.)

1. _____
2. _____
3. _____
4. _____
5. _____

2 **Mis diligencias** Your roommate's parents are visiting, and you and your roommate have to spend the day together running some errands before they arrive. Look at the drawings below, and based on what you see, indicate where you have to go and two things you have to do at each place. Use **nosotros/as** commands. (5 × 3 pts. each = 15 pts.)

1.    2.    3.

4.    5.

1. _____
_____

2. _____
_____

3. _____
_____

4. _____
_____

5. _____
_____

3 **Lectura** Your friend Marina is studying abroad this semester in Venezuela. She is writing to tell you what her everyday life is like. Based on her e-mail, write five sentences about what you will do when you go there next year. Be creative, use the future form of the verbs and make any other necessary changes. (5 × 2 pts. each = 10 pts.)

> **modelo**
> Almuerzo en el restaurante *Excelencia*.
> Almorzaré en la *cafetería de la universidad*.

Para: amigo@mensajes.com	De: marina@mensajes.com	Asunto: Caracas

Hola, ya estoy en Caracas, llegué hace un mes y ya tengo muchos amigos. Tomo clases de psicología, sociología y alemán. Vivo en un apartamento cerca del centro de la ciudad con mi amiga Lorena. Nosotras hacemos nuestras diligencias los sábados por la mañana. Lorena va al banco, a la panadería y al correo. Yo voy al supermercado, a la lavandería y a la frutería. Nosotras vemos películas en la televisión todas las tardes, por eso terminamos la tarea muy tarde por las noches. Y tu vida, ¿cómo será cuando vengas a Caracas?

Espero verte pronto,
Marina

1. _____

2. _____

3. _____

4. _____

5. _____

4 **Las vacaciones** You and your friends are planning a trip to the beach. Write a paragraph saying what each of you will do during the trip. Use the future of at least four verbs from the list, as well as the subjunctive in adjective clauses. (6 pts. for vocabulary + 6 pts. for grammar + 3 pts. for style = 15 pts.)

ir	poder	poner	querer	salir	venir

_____

_____

_____

_____

_____

_____

_____

_____

_____

prueba D   **Lección 14**

1 **Escuchar** You will hear five personal questions. Answer each one in Spanish using complete sentences. (5 × 2 pts. each = 10 pts.)

1. _____
2. _____
3. _____
4. _____
5. _____

2 **Más diligencias** You and your brother have to run some errands together for your mother. Look at the drawings and indicate where you have to go and two things you need to do at each place. Use **nosotros/as** commands. (5 × 3 pts. each = 15 pts.)

1.   2.   3.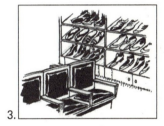

4.   5.

1. _____
   _____
2. _____
   _____
3. _____
   _____
4. _____
   _____
5. _____

3 **Lectura** Your friend Alberto is studying abroad this semester in the Dominican Republic. He is writing to tell you what his everyday life is like. Based on his e-mail, write five sentences about what you will do when you go there next year. Be creative, use the future form of the verbs and make any necessary changes. (5 × 2 pts. each = 10 pts.)

> **modelo**
>
> Almuerzo en el restaurante *Excelencia*.
> Almorzaré en la cafetería de la universidad.

Para: amigo@mensajes.com	De: alberto@mensajes.com	Asunto: Santo Domingo

Hola, ya estoy en Santo Domingo, llegué hace un mes y ya tengo muchos amigos. Tomo clases de álgebra, física y japonés. Todos los días voy en taxi a la universidad. Vivo en un apartamento en las afueras de la ciudad con mi amigo Felipe. Todas las semanas él va a la lavandería y yo voy al supermercado. A veces, nosotros salimos con amigos después de cenar, por eso terminamos la tarea muy tarde por las noches. Y tu vida, ¿cómo será cuando vengas a Santo Domingo?

Espero verte pronto,
Alberto

1. _____

2. _____

3. _____

4. _____

5. _____

4 **Nuestras vacaciones** You and your family are planning a trip to the mountains. Write a paragraph saying what each of you will do during the trip. Use the future of at least four verbs from the list, as well as the subjunctive in adjective clauses. (6 pts. for vocabulary + 6 pts. for grammar + 3 pts. for style = 15 pts.)

caminar	decir	hacer	jugar	saber	tener

_____

_____

_____

_____

_____

_____

_____

_____

_____

_____

prueba A   Lección 15

1   **Escuchar** Listen to this radio announcement for the **Club Metropolitano**. Then, complete the sentences below using the information you heard. (6 × 2 pts. each = 12 pts.)

1. Para hacer ejercicio, el gimnasio tiene _____.

2. Los entrenadores del club _____.

3. Ya no es necesario estar a dieta porque _____.

4. En el club han preparado cada detalle (*detail*) _____.

5. Cada nutricionista tiene un grupo de _____.

6. Para participar en las actividades del club durante abril, mayo y junio _____.

2   **El bienestar** Look at the drawing below and use it to describe each person. Using the images and vocabulary from this lesson, describe how these people had or had not been keeping up with their health. Include what they had been doing at the gym, as well as what they had probably been doing or not doing for their health outside the gym in the past few weeks. Use the past perfect indicative and name at least two activities for each person or group. (6 pts. for vocabulary + 6 pts. for grammar + 3 pts. for style = 15 pts.)

1. _____

_____

2. _____

_____

3. _____

_____

4. _____

_____

3 **Entre amigos** Fill in the blanks with the correct forms of the verbs in parentheses. Use the present perfect indicative or past perfect, as appropriate. (10 × 2 pts. each = 20 pts.)

ADELA ¿Gustavo? ¡Qué guapo estás! No sabía que (1)_____ (adelgazar) tanto.

GUSTAVO Sí, yo (2)_____ (tomar) dos clases de ejercicios aeróbicos este semestre y

acabo de empezar otra. Y (3)_____ (decidir) levantar pesas tres días por

semana también. Pero, Adela, ¿qué haces tú por aquí?

ADELA Antes de este año no (4)_____ (venir) a este gimnasio; ahora vengo

generalmente por la noche.

GUSTAVO Y yo siempre vengo por la mañana. Oye, ¿te gusta tu nuevo trabajo en el banco?

ADELA Me gusta muchísimo. (5)_____ (trabajar) allí un mes.

(6)_____ (hacer) muchos amigos nuevos. Y tú, ¿todavía trabajas en el

hospital?

GUSTAVO Sí, pero (7)_____ (aceptar) un trabajo en el consultorio del doctor

Vargas.

ADELA ¡Qué bien! Creo que te va a gustar mucho. Oye, Gustavo, estás sudando mucho... cuando

empezamos a hablar, ¿ya (8)_____ (ir) a tu clase de ejercicios?

GUSTAVO Sí, y también (9)_____ (tener) tiempo de levantar pesas.

ADELA Tienes más energía que yo, Gustavo. Bueno, me (10)_____ (dar) gusto verte.

¡Hasta pronto!

4 **Preguntas** Answer these questions in complete sentences. (5 × 2 pts. each = 10 pts.)

1. ¿Qué tipo de ejercicio has hecho últimamente? _____

_____

2. ¿De qué beneficios (*benefits*) del ejercicio habías oído hablar antes de ahora? _____

_____

3. ¿Has comido una buena dieta este semestre? Incluye algunos detalles (*details*). _____

_____

4. ¿Qué has hecho en los últimos años para estar sano/a? Da detalles. _____

_____

5. ¿Qué tipo de deportes habías practicado antes de asistir a la universidad? Explica. _____

_____

5   **Lectura** Read this magazine article and answer the questions in complete sentences. (6 × 3 pts. each = 18 pts.)

¡Somos una nación sedentaria y cada vez más gorda!

¿Sabe usted qué cantidad gastamos los norteamericanos anualmente en dietas y productos para adelgazar? 30 billones[1] de dólares. Irónicamente, el 66% de la población adulta no está en buena forma y necesita bajar de peso. Esto significa que una de cada tres personas pesa más de lo que debe y su salud está en peligro por tener un peso tan alto.

Si usted ha aumentado de peso, necesita buscar una solución. ¿Ha visitado a su nutricionista? Si no lo ha hecho, éste es el momento perfecto. Su nutricionista le puede preparar una dieta que incluya muchas proteínas y platos bajos en colesterol. ¿Ha visto alguna vez la pirámide de la nutrición? Compre una y póngala en la puerta de su refrigerador. Seguramente antes de hoy no había tomado en serio los consejos de su médico. Pues ahora es el mejor momento para empezar a hacerlo. Y por último, no olvide el ejercicio. Es posible que antes de leer este artículo usted no haya practicado deportes en su vida, pero no se preocupe. Puede empezar a asistir a clases con entrenadores en algún gimnasio de su ciudad e ir mejorando poco a poco. Lo importante es que cada día, al acostarse, usted sepa que ha hecho algo por mantener su cuerpo en forma, además de su salud.

---

[1]*trillions*

1. ¿De qué habla este artículo (*article*)?

   _____

   _____

2. ¿Por qué está en peligro la salud de una de cada tres personas?

   _____

   _____

3. Según la revista, ¿por qué es importante visitar a su nutricionista?

   _____

   _____

4. ¿Qué aconseja que la persona haga con la pirámide de la nutrición?

   _____

   _____

5. ¿Qué puede hacer si antes no había practicado deportes en su vida?

   _____

   _____

6. ¿Qué recomienda que sepa cada persona antes de acostarse?

   _____

   _____

Pruebas

6   **Lo que haría...** Imagine that your best friend is training for a marathon. What steps would he or she follow? What preparations would he or she make in advance? Would he or she take someone with him or her? What place do you think he or she would finish in the race? Do not forget to include the conditional to express your thoughts. (10 pts. for vocabulary + 10 pts. for grammar + 5 pts. for style and creativity = 25 pts.)

_____

_____

_____

_____

_____

_____

_____

_____

_____

_____

_____

_____

_____

_____

_____

_____

_____

_____

_____

_____

_____

_____

_____

_____

_____

prueba B   Lección 15

1   **Escuchar**   Listen to the radio announcement for the **Club Bosque y Mar**. Then, complete the sentences below using the information you heard. (6 × 2 pts. each = 12 pts.)

1. Seguramente has visto estos clubes sin saber que _____.

2. Estos gimnasios siempre están _____.

3. Mientras estás en la cinta caminadora _____.

4. Puedes levantar pesas mientras _____.

5. Cuando termines de hacer ejercicio _____.

6. Además de hacer ejercicio en el club, puedes _____.

2   **El bienestar**   Look at the drawing below and use it to describe each person. Using the images and vocabulary from this lesson, describe how these people had or had not been keeping up with their health. Include what they had been doing at the gym, as well as what they had probably been doing or not doing for their health outside the gym in the past few weeks. Use the past perfect indicative and name at least two activities for each person or group. (6 pts. for vocabulary + 6 pts. for grammar + 3 pts. for style = 15 pts.)

1. _____

_____

2. _____

_____

3. _____

_____

4. _____

3 **¡Qué sorpresa!** Fill in the blanks with the correct forms of the verbs in parentheses. Use the present perfect or past perfect, as appropriate. (10 × 2 pts. each = 20 pts.)

MANOLO ¿Beatriz? ¡Cuánto tiempo! Cuando te vi no te (1) _____ (conocer). Estás guapísima.

BEATRIZ Ay, Manolo, qué alegría verte. No me sorprende que no me conozcas. Hace ya casi cinco años que no nos vemos. ¿Qué hay de nuevo en tu vida? ¿(2) _____ (terminar) tus estudios?

MANOLO Sí, bueno... Mis compañeros y yo (3) _____ (graduarse) hace cuatro años pero regresé a la universidad para estudiar nutrición, y ya terminé.

BEATRIZ ¡No me digas! No sabía que tú (4) _____ (estudiar) nutrición. ¿Sabes que yo soy nutricionista en el hospital San Juan?

MANOLO ¡Qué coincidencia! Yo (5) _____ (tratar) de trabajar allí, pero mi horario no es flexible. ¿Y por qué te interesa tanto la nutrición?

BEATRIZ Bueno, porque hace unos años, me iba a casar y quería adelgazar antes de la boda. Así que estuve aprendiendo sobre nutrición y me interesó tanto, que decidí hacer de ello mi profesión. Yo no (6) _____ (olvidar) la comida rápida completamente, pero ahora cuido más mi dieta.

MANOLO Es verdad, ahora que lo pienso, antes tú no (7) _____ (pasar) un solo día de tu vida sin comerte una hamburguesa... Pero bueno, ¿(8) _____ (casarse)? ¿(9) _____ (tener) hijos?

BEATRIZ Sí, me casé con un dentista, pero nosotros todavía no (10) _____ (decidir) si queremos tener hijos. ¿Y tú?

MANOLO Soltero, chica, sin remedio...

BEATRIZ Pues yo tengo a la chica perfecta para ti. Llámame esta noche y te lo cuento todo.

MANOLO Estupendo. ¡Que tengas un gran día! Hasta la noche.

BEATRIZ Adiós, Manolo.

4 **Preguntas** Answer these questions in complete sentences. (5 × 2 pts. each = 10 pts.)

1. ¿Qué tipo de información te puede dar un(a) nutricionista?

_____

2. ¿Habías sido cliente/a de algún gimnasio antes de venir a la universidad? Explica por qué.

_____

_____

3. Has decidido trabajar como entrenador(a). ¿Qué crees que debes hacer para tener éxito (*be successful*)?

_____

_____

4. ¿Has aprendido algo importante en esta lección sobre nutrición o salud? Explica. _____

_____

5. ¿Qué has hecho para aliviar el estrés este año? _____

_____

5 **Lectura** Read this newspaper article and answer the questions in complete sentences. (6 × 3 pts. each = 18 pts.)

¿Es usted fumador(a)¹? ¿Lleva una vida sana? ¿Ha decidido hacer algo por su salud? Si no lo ha hecho, éste es el momento para empezar. ¿Ha hecho ejercicio últimamente? Imagine, si no fuma, va a estar en buena forma y no va a tener problemas al respirar. Además, cada vez que fuma, usted contamina el aire que todos respiramos.

El tabaco es una adicción, pero aunque usted haya sido adicto/a a la nicotina hasta ahora, eso no quiere decir que no pueda terminar con ese hábito tan peligroso². En nuestras oficinas podemos ofrecerle ayuda para que no fume más. Seguramente ha tratado de no fumar en el pasado y ha fracasado³. Pero eso no importa, nosotros estamos aquí para ayudarle a conseguir que esta vez sea la última. Venga a vernos. No importa si ha fumado toda la vida, si sólo fuma una vez al día o a la semana, o si tiene otros malos hábitos además del tabaco. Nuestros empleados pueden ofrecerle consejos personalizados y ayudarle a encontrar el método ideal para usted. Llame al 5 82 93 02 y pida una cita. Las personas que han hablado con nosotros se han sentido mejor y su salud ha mejorado muchísimo.

¹a smoker   ²dangerous habit   ³failed

1. ¿De qué habla este artículo (*article*)?

   _____

   _____

2. Una persona que no ha hecho nada por su salud, ¿cuándo debe comenzar?

   _____

   _____

3. Cuando una persona fuma, ¿cómo afecta al aire?

   _____

   _____

4. ¿Es importante por cuánto tiempo una persona ha sido adicta a la nicotina?

   _____

   _____

5. ¿Qué puede hacer la persona si ha tratado de no fumar y ha fracasado?

   _____

   _____

6. ¿Qué dice el artículo de quienes ya han hablado con un(a) consejero/a (*counselor*)?

   _____

   _____

6 **Lo que harías...** Imagine that you are training for a marathon. What steps would you follow? What preparations would you make in advance? Would you take someone with you? What place do you think you would finish in the race? Do not forget to include the conditional to express your thoughts. (10 pts. for vocabulary + 10 pts. for grammar + 5 pts. for style and creativity = 25 pts.)

_____

_____

_____

_____

_____

_____

_____

_____

_____

_____

_____

_____

_____

_____

_____

_____

_____

_____

_____

_____

_____

_____

_____

_____

_____

_____

_____

_____

_____

prueba C

Lección 15

1 **Escuchar** You will hear five personal questions. Answer each one in Spanish using complete sentences. (5 × 2 pts. each = 10 pts.)

1. _____
2. _____
3. _____
4. _____
5. _____

2 **¿Qué han hecho?** Look at these images and for each one, indicate at least one thing that the people in the images have just done, using the present perfect, and one thing that you think they had already done before arriving at the places in the images, using the past perfect. Use your imagination and vocabulary from this lesson. (5 × 3 pts. each = 15 pts.)

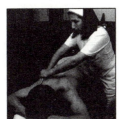
1. Roger

2. Sandra y sus amigas

3. Mercedes

4. Sebastián

5. Raquel

1. _____
_____
2. _____
_____
3. _____
_____
4. _____
_____
5. _____
_____

3 **Lectura** Read this dialogue and answer the questions with complete sentences. (5 × 2 pts. each = 10 pts.)

RAMIRO Doctor Mira, estoy muy preocupado por mi salud.

DR. MIRA Bueno, vamos a ver cómo está de preocupado. . . ¿Ha tratado de no fumar?

RAMIRO Pues doctor, lo había intentado (*tried*), pero después de unos días volví a hacerlo.

DR. MIRA Ya veo. . . ¿Ha hecho ejercicio desde la última vez que vino a verme?

RAMIRO Pues. . . había decidido ir a ese gimnasio nuevo de mi calle, pero no pude ir. . .

DR. MIRA ¿Ha comido una dieta sana?

RAMIRO No, doctor, ya le he dicho que no puedo llevar una dieta sana porque no sé cocinar.

DR. MIRA Muy bien Ramiro, pues lo que necesita hacer es irse a su casa.

RAMIRO Pero. . . no me ha recomendado ningún medicamento, no me ha examinado. . .

DR. MIRA Lo siento Ramiro, tengo muchos pacientes. No puedo pasar mi tiempo con un paciente que no se haya decidido a mejorar su salud. Adiós.

1. ¿Por qué había ido Ramiro al consultorio del doctor Mira? _____
   _____

2. ¿Qué razón da Ramiro para explicar por qué continúa fumando? _____
   _____

3. ¿Crees que Ramiro había llevado una vida activa o sedentaria antes de ir al consultorio? ¿Por qué?
   _____

4. ¿Qué dice Ramiro cuando el doctor le pide irse a su casa? _____
   _____

5. ¿Por qué crees que el doctor Mira se ha enojado con Ramiro? _____
   _____

4 **Atleta olímpico** Imagine that you are one of the athletes who will represent your country in the next Olympic Games. Using the conditional, explain what you would do to prepare yourself for your most important competitions. (6 pts. for vocabulary + 6 pts. for grammar + 3 pts. for style = 15 pts.)

_____

_____

_____

_____

_____

_____

_____

_____

_____

prueba D   Lección 15

1 **Escuchar** You will hear five personal questions. Answer each one in Spanish using complete sentences. (5 × 2 pts. each = 10 pts.)

1. _____
2. _____
3. _____
4. _____
5. _____

2 **¿Qué han hecho?** Look at these images and for each one, indicate at least one thing that the people in the images have done, using the present perfect, and one thing that you think they had already done before arriving at the places in the images, using the past perfect. Use your imagination and vocabulary from this lesson. (5 × 3 pts. each = 15 pts.)

1. Javier

2. Rosendo

3. Roberto

4. Mariela

5. Lorena

1. _____
_____
2. _____
_____
3. _____
_____
4. _____
_____
5. _____
_____

3 **Lectura** Answer the questions in complete sentences. (5 × 2 pts. each = 10 pts.)

ENFERMERO Vamos a ver, Samuel, ¿has comido algo esta mañana?

SAMUEL No. Necesito adelgazar para participar en un combate de boxeo[1].

ENFERMERO Samuel, has adelgazado 15 libras[2] en dos semanas. Eso es muy peligroso.

SAMUEL No me importa, necesito adelgazar más. He adelgazado porque he hecho mucho ejercicio. Ahora tengo que prepararme para este momento tan importante. Por eso, todos los días levanto pesas, corro, hago ejercicios aeróbicos y sólo como naranjas. . .

ENFERMERO ¿Has hablado con un nutricionista?

SAMUEL No es necesario. Mi entrenador dice que voy a ganar si adelgazo un poco más.

ENFERMERO Samuel, estás en el hospital porque tu cuerpo no está en buena forma. Si haces tanto ejercicio, necesitas una buena nutrición.

SAMUEL Pero nunca había tenido problemas de salud antes de hoy. . .

[1]*boxing match*   [2]*pounds*

1. ¿Por qué no ha comido Samuel esta mañana? _____

   _____

2. ¿Qué ha hecho Samuel para adelgazar tanto en dos semanas? _____

   _____

3. ¿Qué había hecho Samuel antes de ahora para estar en forma? _____

   _____

4. ¿Ha hablado Samuel con un nutricionista? ¿Por qué? _____

   _____

5. ¿Cómo había sido la salud de Samuel antes?

   _____

   _____

4 **Atletas olímpicos** Imagine that you and a friend are two of the athletes who will represent your country in the next Olympic Games. Using the conditional, explain what you would do to prepare yourselves for your most important competitions. (6 pts. for vocabulary + 6 pts. for grammar + 3 pts. for style = 15 pts.)

_____

_____

_____

_____

_____

_____

_____

_____

_____

_____

_____

examen A

Lecciones 1–7

1 **Escuchar** Francisco and Irene are thinking of going to Puerto Rico on vacation. Julio, their friend, is explaining to them what he did when he was there. Listen to his description, and then indicate whether these statements are **cierto** or **falso**. (5 × 2 pts. each = 10 pts.)

	Cierto	Falso
1. A Julio le gustó el Viejo San Juan.	○	○
2. El viaje de Julio fue aburrido.	○	○
3. Fue a Puerto Rico para ir de compras.	○	○
4. Le encantó el restaurante San Juan.	○	○
5. Prefiere la playa Ocean Park.	○	○

2 **Los planes** Irene and Francisco have decided to go visit some family in Ponce. They have gotten together to discuss what they are going to do. Describe their plans for what they will do, using at least six words from the list. (4 pts. for vocabulary + 4 pts. for grammar + 2 pts. for style and creativity = 10 pts.)

caro/a	ir de compras	pasaje	rebaja	ropa
dinero	maleta	pasear	regalo	salir

_____

_____

_____

_____

_____

_____

_____

_____

_____

_____

Exámenes

3 **Rutina** Look at the illustrations. Put them in order and then describe what Carolina is doing on a Saturday morning. Use the present progressive. (4 × 2 pts. each = 8 pts.)

_____

_____

_____

_____

_____

_____

_____

_____

4 **Hola** Carolina, on her way to work, runs into her friend Mauricio whom she hasn't seen for quite some time. Fill in the blanks in this dialogue with the appropriate forms of **ser** or **estar**. (10 × 1 pt. each = 10 pts.)

MAURICIO Hola, Carolina. ¿Cómo (1) _____? ¡Te veo muy bien!

CAROLINA Hola, hombre. Pues yo (2) _____ muy bien. ¿Y tú? Parece que

(3) _____ un poco más delgado.

MAURICIO Sí, hace unos meses que empecé a ir al gimnasio. Bueno, pero hablemos de otras cosas.

Me dicen que tienes novio. ¿Quién (4) _____?

CAROLINA Se llama Raúl. Él (5) _____ de México y ahora

(6) _____ aquí estudiando en la universidad. Y tú, ¿qué haces ahora?

MAURICIO Ya ves, (7) _____ profesor de matemáticas. Me gusta porque sólo trabajo

por las mañanas. Oye, y ¿sabes algo de Irene y Francisco? (8) _____ muy

simpáticos pero hace mucho (*it's been a while*) que no los veo.

CAROLINA Ellos (9) _____ ahora de vacaciones por Puerto Rico. Yo los veo a

menudo. La oficina de Francisco (10) _____ al lado de la mía (*mine*).

MAURICIO Quiero verlos. A ver si salimos con ellos pronto.

5   **En la clase** Read what is going on in Francisco's Spanish class and change the underlined elements to direct object pronouns. (5 × 1 pt. each = 5 pts.)

1. Francisco lee <u>el libro</u>.

   _____

2. Irene escribe <u>una frase</u> en la pizarra.

   _____

3. Sabrina quiere estudiar <u>los verbos</u>.

   _____

4. Julio y Manuel practican <u>el vocabulario</u>.

   _____

5. La profesora contesta <u>las preguntas</u>.

   _____

6   **Una mañana normal** Fill in the blanks with the correct forms of the verbs. (7 × 1 pt. each = 7 pts.)

¡Hola! Soy Julia. En un día normal yo (1) _____ (ducharse) a las seis de la mañana,

cuando mis padres (2) _____ (despertarse). Luego, mi hermana

(3) _____ (bañarse) y (4) _____ (vestirse). Después, nosotras

(5) _____ (despedirse) de nuestros padres y (6) _____ (irse) a la

universidad. Y tú, ¿a qué hora (7) _____ (levantarse)?

7   **Tu opinión** Pick one of your favorite cities and describe why you like it so much and what you like to do there. Make sure your response answers these questions. (4 pts. for vocabulary + 4 pts. for grammar + 2 pts. for style and creativity = 10 pts.)

- ¿Qué es lo que más te gusta de la ciudad?
  ¿Qué es lo que menos te gusta?
- ¿Vive algún familiar tuyo (*relative of yours*) allí?

- ¿Qué haces cuando vas a esta ciudad?
- ¿Cuál es tu restaurante favorito de la ciudad?

_____

_____

_____

_____

_____

_____

_____

_____

8 **¡Qué precios!** Look at this advertisement for clothing and answer the questions. Write out the words for the numbers. (4 × 2 pts. each = 8 pts.)

El Palacio de la GANGA

¡Donde la rebaja es la reina! ¡Aproveche nuestras ofertas!
Abierto de lunes a viernes de 10 a 21 horas • sábado de 12 a 20 horas

Aceptamos todas las tarjetas de crédito.

Suéter de algodón para mujeres/todas las tallas Rebajados de 3.450,00 PESOS A SÓLO 2.760,00 PESOS

Pantalones formales para caballeros/colores gris, negro y azul con el 30% de rebaja, de 5.200,00 PESOS A SÓLO 3.640,00 PESOS

Faldas largas para mujeres/colores café, morado, azul y gris rebajadas de 2.468,00 PESOS A SÓLO 1.974,00 PESOS

Baratos **trajes de baño** para hombres en amarillo, blanco, azul, verde y morado Con rebaja del 40%, de 1.384,00 PESOS A SÓLO 830,40 PESOS

Hermosas **blusas** de seda para damas/tallas mediana y grande Rebajadas de 2.030,00 PESOS al increíble precio de 1.450,00 PESOS

Elegantes **chaquetas** para caballeros/colores café, negro, azul y verde con rebaja del 25%, de 5.370,00 PESOS A SÓLO 4.027,50 PESOS

Nuevo **modelo de botas** Para mujeres Números 35 a 38 Rebajados de 3.370,00 PESOS A SÓLO 2.596,00 PESOS

Zapatos de tenis Para hombres Números 40 a 45 rebajados de 2.976,00 PESOS A SÓLO 2.315,00 PESOS

1. ¿Cuánto cuestan los zapatos de tenis? _____

_____

2. ¿Cuánto cuestan las blusas de seda? _____

_____

3. ¿A qué hora cierran la tienda? _____

_____

4. ¿Qué números de botas tiene la tienda? _____

_____

9 **Preguntas** Answer these questions in Spanish. Use complete sentences. (5 × 2 pts. each = 10 pts.)

1. ¿Qué vas a hacer estas vacaciones? _____

_____

2. Generalmente, ¿qué haces por la mañana? _____

_____

3. ¿A qué hora te fuiste ayer a tu casa? _____

_____

4. ¿Cómo es tu familia? _____

_____

5. ¿Qué materias te interesan más? _____

_____

10 **Lectura** Last week, Perla took a trip to the beach with her family. Read part of her diary. Then answer the questions in complete sentences. (5 × 2 pts. each = 10 pts.)

> Playa Paraíso, miércoles 21 de julio
>
> Querido[1] diario:
> Esta semana estoy de vacaciones en la playa con mi familia. Llegamos el lunes por la mañana. El hotel es muy bonito y elegante. Ayer nadé en la piscina casi todo el día. Mi hermano buceó y paseó en barco. Mis padres jugaron a las cartas y descansaron. Después cenamos en el restaurante del hotel. Hoy, mis padres y yo paseamos por el pueblo. ¡Me gustó mucho! También compramos regalos en las tiendas del centro. Mi hermano Marcos no fue con nosotros, él fue de pesca. Mañana todos[2] vamos de excursión al campo y vamos a montar a caballo. El viernes yo voy a escalar una montaña. Y el sábado vamos a tomar el avión a casa. Este lugar es muy interesante y divertido, ¡hay tantas[3] cosas que hacer! Ahora voy a dormir porque mañana debemos levantarnos muy temprano.
>
> Hasta pronto querido diario,
> Perla

[1]dear   [2]we all   [3]so many

1. ¿Le gustó el hotel a Perla? _____

_____

2. ¿Quién fue de compras con Perla? _____

_____

3. ¿Qué día fue Marcos de pesca? _____

_____

4. Según (*According to*) Perla, ¿cómo es Playa Paraíso? _____

_____

5. ¿Por qué se levantaron temprano el jueves? _____

_____

11 **Escribir** Write a paragraph of at least five sentences about what you did last weekend. Be sure to use the preterite tense and appropriate vocabulary words. (5 pts. for vocabulary + 5 pts. for grammar + 2 pts. for style and creativity = 12 pts.)

_____

_____

_____

_____

_____

_____

_____

_____

_____

_____

_____

_____

_____

_____

_____

_____

_____

_____

_____

_____

_____

_____

_____

_____

_____

examen B   # Lecciones 1–7

1   **Escuchar** Pedro and Concepción are thinking of going to Puerto Rico on vacation. Magdalena, their friend, is explaining to them what she did when she was there. Listen to her description, and then indicate whether these statements are **cierto** or **falso.** (5 × 2 pts. each = 10 pts.)

	Cierto	Falso
1. Magdalena fue a Puerto Rico tres veces.	○	○
2. Ella nunca visitó ningún museo.	○	○
3. El primer viaje fue el más divertido.	○	○
4. A Magdalena le fascina ir de compras.	○	○
5. Les recomienda un restaurante en el Viejo San Juan.	○	○

2   **Los planes** Pedro and Concepción have decided to go visit some family in San Juan. They have gotten together to discuss what they are going to do. Describe their plans for what they will do, using at least six words from the list. (4 pts. for vocabulary + 4 pts. for grammar + 2 pts. for style and creativity = 10 pts.)

barato/a	divertido/a	gastar	llegar	preferir
descansar	equipaje	ir en...	pasaporte	visitar

_____

_____

_____

_____

_____

_____

_____

_____

_____

_____

3 **Rutina** Look at the images. Put them in order and describe what Magdalena is doing on a typical morning. Use the present progressive. (4 × 2 pts. each = 8 pts.)

_____

_____

_____

_____

_____

_____

_____

4 **Hola** Concepción, on her way to work, runs into her friend Alfredo, whom she hasn't seen for quite some time. Fill in the blanks in this dialogue with the appropriate forms of **ser** or **estar**. (10 × 1 pt. each = 10 pts.)

ALFREDO Hola, Concepción. ¿Cómo (1) _____? ¡Te veo muy bien!

CONCEPCIÓN Hola, hombre. Pues yo (2) _____ muy bien. ¿Y tú? Pareces cansado.

¿(3) _____ trabajando mucho?

ALFREDO Sí, terminé mis estudios y ahora (4) _____ abogado. Mi trabajo

(5) _____ muy interesante pero siempre hay mucho que hacer. Bueno, y ¿a

ti cómo te va todo? Me dijeron que tienes novio. ¿Quién (6) _____?

CONCEPCIÓN Se llama Pedro. Él (7) _____ de Los Ángeles y

(8) _____ muy inteligente y generoso. Y tú, ¿tienes novia?

ALFREDO Pues, sí. ¿Te acuerdas de Marta, la amiga de mi hermana? Ella y yo

(9) _____ comprometidos _(engaged)_.

CONCEPCIÓN ¡Felicidades!

ALFREDO Muchas gracias. Bueno, me voy, (10) _____ un poco tarde. Otro día

hablamos más.

CONCEPCIÓN Hasta pronto.

5 **En la clase** Read what is going on in Francisco's Spanish class and change the underlined elements to direct object pronouns. (5 × 1 pt. each = 5 pts.)

1. Francisco y Manuel practican el vocabulario.

   _____

2. Irene quiere estudiar la gramática.

   _____

3. Julio escribe unas frases en la pizarra.

   _____

4. Sabrina lee el libro.

   _____

5. La profesora enseña los verbos.

   _____

6 **Una noche normal** Fill in the blanks with the correct forms of the verbs. (7 × 1 pt. each = 7 pts.)

¡Hola! Soy Josefina. Tengo 8 años. En una noche normal, después de cenar, yo

(1) _____ (cepillarse) los dientes, (2) _____ (ducharse) y

(3) _____ (ponerse) el pijama (*pajamas*). Mientras (*Meanwhile*), mis padres

(4) _____ (sentarse) a ver una película. A las nueve, mi hermana y yo

(5) _____ (despedirse) de nuestros padres y (6) _____ (irse) a dormir.

Y tú, ¿a qué hora (7) _____ (acostarse)?

7 **Tu opinión** Pick one of your favorite seasons and describe why you like it so much and what you like to do during this season. Make sure your response answers these questions. (4 pts. for vocabulary + 4 pts. for grammar + 2 pts. for style and creativity = 10 pts.)

• ¿Qué te gusta más de esta estación?

• ¿Qué te gusta menos?

• ¿Qué hiciste (*did you do*) en esta estación el año pasado?

• ¿Qué cosas haces durante esta estación que no haces el resto del año (por ejemplo, con respecto a los viajes, los pasatiempos, la ropa)?

_____

_____

_____

_____

_____

_____

_____

_____

Examenes

8 **Qué precios** Look at this advertisement and answer the questions. When answering with numbers, write out the words for the numerals. (4 × 2 pts. each = 8 pts.)

El Palacio de la GANGA

¡Donde la rebaja es la reina! ¡Aproveche nuestras ofertas!

Abierto de lunes a viernes de 10 a 22 horas • sábado de 12 a 20 horas

Aceptamos todas las tarjetas de crédito.

Suéter de algodón para mujeres/todas las tallas Rebajados de 3.450,00 PESOS A SÓLO 2.760,00 PESOS

Pantalones formales para caballeros/colores gris, negro y azul con el 30% de rebaja, de 5.200,00 PESOS A SÓLO 3.640,00 PESOS

Faldas largas para mujeres/colores café, morado, azul y gris rebajadas de 2.468,00 PESOS A SÓLO 1.974,00 PESOS

Baratos **trajes de baño** para hombres en amarillo, blanco, azul, verde y morado Con rebaja del 40%, de 1.384,00 PESOS A SÓLO 830,40 PESOS

Hermosas **blusas** de seda para damas/tallas mediana y grande Rebajadas de 2.030,00 PESOS al increíble precio de 1.260,00 PESOS

Elegantes **chaquetas** para caballeros/colores café, negro, azul y verde con rebaja del 25%, de 5.370,00 PESOS A SÓLO 4.027,50 PESOS

Nuevo **modelo de botas** Para mujeres Números 36 a 40 Rebajados de 3.370,00 PESOS A SÓLO 2.596,00 PESOS

Zapatos de tenis Para hombres Números 40 a 45 rebajados de 2.976,00 PESOS A SÓLO 1.315,00 PESOS

1. ¿Cuánto cuestan los zapatos de tenis? _____

_____

2. ¿Cuánto cuestan las blusas de seda? _____

_____

3. ¿A qué hora cierran la tienda? _____

_____

4. ¿Qué números de botas tiene la tienda? _____

_____

9 **Preguntas** Answer these questions in Spanish. Use complete sentences. (5 × 2 pts. each = 10 pts.)

1. ¿Qué vas a hacer esta noche? _____

_____

2. ¿Qué tiempo hace hoy? _____

_____

3. ¿A qué hora llegaste a la universidad esta mañana? _____

_____

4. ¿Cuál es tu pasatiempo favorito? _____

_____

5. ¿Qué materias te interesan poco? _____

_____

10 **Lectura** Last week, Tamara took a trip to the countryside with her friends. Read part of her diary. Then answer the questions in complete sentences. (5 × 2 pts. each = 10 pts.)

Montaña Azul, jueves 13 de agosto

Querido[1] diario:

Esta semana estoy de vacaciones en el campo con unos amigos. Llegamos el martes por la mañana. Las cabañas son un poco pequeñas, pero muy limpias y el paisaje es maravilloso. Ayer nadé en la piscina de las cabañas. Marla tomó fotos. Diana y Lorenzo jugaron a las cartas y descansaron. Después cenamos en nuestra cabaña. Hoy, Diana, Lorenzo y yo paseamos por el pueblo. ¡Me gustó mucho! También compramos regalos en las tiendas del centro. Marla no fue con nosotros, ella paseó en bicicleta por la montaña. Mañana todos[2] vamos de excursión a la montaña y vamos a montar a caballo. El sábado yo voy a ir al museo local. Y el domingo vamos a tomar el autobús a casa. Este lugar es muy hermoso y tranquilo, ¡es mi lugar favorito! Ahora voy a dormir porque mañana debemos levantarnos muy temprano.

Hasta pronto querido diario,
Tamara

[1]dear   [2]we all

1. ¿Le gustó el paisaje a Tamara? _____

_____

2. ¿Quién fue de compras con Tamara? _____

_____

3. ¿Qué día montaron a caballo? _____

_____

4. Según (*According to*) Tamara, ¿cómo es Montaña Azul? _____

_____

5. ¿Por qué se levantaron temprano el viernes? _____

_____

11 **Escribir** Write a paragraph of at least five sentences about what you did this past week. Be sure to use the preterite tense and appropriate vocabulary words. (5 pts. for vocabulary + 5 pts. for grammar + 2 pts. for style and creativity = 12 pts.)

_____

_____

_____

_____

_____

_____

_____

_____

_____

_____

_____

_____

_____

_____

_____

_____

_____

_____

_____

_____

_____

_____

_____

_____

_____

examen A   # Lecciones 8–15

1   **Escuchar** Read these questions. Then listen to the opening remarks made at a conference and indicate the option that best answers each question. (5 × 2 pts. each = 10 pts.)

1. ¿Cuál es el tema central de la conferencia?
   a. la política   b. el turismo   c. la tecnología
2. Según el profesor Sánchez, ¿cómo pasan los estudiantes más tiempo en Internet?
   a. descargando música   b. navegando   c. estudiando
3. ¿Qué opinión tiene la Dra. Vargas de la tecnología?
   a. neutra *(neutral)*   b. positiva   c. negativa
4. ¿Qué hizo la Dra. Vargas para explicar su visión de la tecnología?
   a. viajó a Europa   b. habló con muchos estudiantes   c. escribió un libro
5. ¿Por qué no le gustan las nuevas tecnologías al Dr. Garrido?
   a. porque aumentan el estrés   b. porque la gente es menos activa   c. porque no siempre funcionan

2   **Teléfonos y tornados** Look at the illustrations and describe what happened to Manuel last Saturday. Use your imagination and the vocabulary you have learned to describe the situations. Write at least two sentences to describe each situation, and use both the preterite and the imperfect tenses. (3 pts. for vocabulary + 3 pts. for grammar + 2 pts. for style and creativity = 8 pts.)

9:00 am   2:00 pm

_____

_____

_____

_____

_____

_____

_____

_____

_____

_____

3 **La cena de Lucía** Complete the paragraph with the comparisons and superlatives in parentheses. (10 × 1 pt. each = 10 pts.)

Soy la (1) _____ (*youngest*) de mi familia. Hoy ceno con mis papás en nuestro

restaurante favorito, *Miramar*. Mi pollo es (2) _____ (*less*) caro

(3) _____ (*than*) la langosta de mamá, pero los camarones de papá son el plato

(4) _____ (*most*) sabroso del menú. A mamá le gustan (5) _____

(*more*) los mariscos (6) _____ (*than*) la carne de res. Para mí, el

(7) _____ (*best*) postre es el flan de caramelo; y el (8) _____ (*worst*)

es el pastel de banana. Los jugos de fruta son muy buenos aquí. El jugo de sandía es

(9) _____ (*as*) rico (10) _____ (*as*) el de naranja.

4 **La amistad** Complete this note that Juan just sent to Ricardo, his co-worker. Pay attention to the context to determine whether each blank should be filled with **por** or **para**. (5 × 1 pt. each = 5 pts.)

> Ricardo:
>
> Necesito hablar contigo hoy (1) _____ la tarde. Tengo un problema muy serio y no puedo esperar
>
> más. Ya sé que prefieres que pida una cita (2) _____ hablar contigo, pero esto es realmente
>
> importante. ¿Recuerdas el reproductor de DVD que me prestaste (3) _____ ver el partido de fútbol?
>
> Pues verás, ayer mi novia y yo tuvimos algunos problemas; (4) _____ eso no pude ir a tu casa a
>
> jugar a las cartas... y la verdad es que me puse tan nervioso hablando con mi novia, que tenía el
>
> reproductor en la mano mientras hablaba con ella, y lo eché (*I threw it*) (5) _____ la ventana. No
>
> tengo perdón, lo sé. Por favor, no te enojes conmigo, me importa mucho tu amistad.
>
> Juan

5 **De compras** Francisco and Irene are shopping in Puerto Rico. Change the underlined elements to direct object pronouns and the indirect objects to indirect object pronouns. (5 × 1 pt. each = 5 pts.)

> **modelo**
>
> Puedes darle <u>la maleta</u> al botones.
> *Se la puedes dar.*

FRANCISCO Puedes comprarle <u>un reloj</u> a tu hermana.
IRENE No, no (1) _____ _____ puedo comprar. No tengo dinero.
FRANCISCO Le puedes pedir <u>dinero</u> a tu primo.
IRENE No, no (2) _____ _____ quiero pedir.
FRANCISCO Mira, camisetas. Tú y yo debemos comprarle <u>una camiseta</u> a Sonia.
IRENE Sí, (3) _____ _____ debemos comprar. Fue muy simpática con nosotros.
FRANCISCO Yo también le quiero dar <u>las gracias</u> a tus tíos.
IRENE Sí, fueron muy amables. (4) _____ _____ tenemos que dar.
FRANCISCO Oye, quiero comprar <u>estos discos</u> para mí.
IRENE Qué coincidencia, yo también (5) _____ _____ quiero comprar.

6 **Problemas** A few people you know have some problems. Read what they have to say and give each one an appropriate command to help them improve their situation. Pay attention to the context so you know whether to use a **tú**, **ustedes**, or **nosotros/as** command for each item. (5 × 2 pts. each = 10 pts.)

1. **JULIO (tu compañero de cuarto)** Tenemos demasiados archivos en mi computadora. Cuando tengo que buscar algo, necesito una hora para encontrarlo. ¿Qué hacemos? _____

_____

2. **PAMELA Y LIANA** Con frecuencia nos para la policía cuando estamos manejando. Nos gusta mucho ir rápido en el carro. ¿Qué debemos hacer para no tener problemas con la ley? _____

_____

3. **RUBÉN** El año pasado, cuando mi chica favorita fue a la fiesta de mi amigo Raúl, yo estuve en cama con la gripe. Este año, harán otra fiesta... ¿Qué puedo hacer? _____

_____

4. **LOURDES Y JUAN** Queremos mantener el mundo en buenas condiciones. Nos preocupamos mucho por la contaminación y la deforestación. ¿Qué sugieres? _____

_____

5. **CRISTINA** A mi compañera de cuarto le encanta cocinar. Siempre me da a probar lo que cocina, pero a mí no me gustan nada los platos que prepara. ¿Qué hago? _____

_____

7 **Preguntas** Answer these questions in Spanish. Use complete sentences in your answers. Be sure that your answers reflect the verb tenses prompted in the questions. (6 × 2 pts. each = 12 pts.)

1. ¿Para qué crees que es importante aprender una lengua extranjera? _____

_____

2. ¿Cuál es tu comida favorita? ¿La sabes preparar? _____

_____

_____

3. ¿Se vive bien en tu ciudad? ¿Hay alguna cosa que se debería mejorar? ¿Qué? _____

_____

_____

4. ¿Cuál ha sido el impacto de la tecnología en tu vida? _____

_____

5. Imagina (*imagine*) que has ganado la lotería. ¿Qué harías con el dinero?

_____

_____

6. Estoy en la clase de español. ¿Cómo llego al baño? _____

_____

_____

8 **La lotería** You and your friends bought some lottery tickets and you wrote a list of possible things to do with the money. Rewrite the list, stating what each of you would do if you win. (5 × 1 pt. each = 5 pts.)

> **modelo**
> Abrir un salón de belleza (Rosi)
> Rosi abriría un salón de belleza.

> 1. Ayudar a los niños pobres de la ciudad (Felipe y Rosi)   4. Poner dinero en proyectos ecológicos (yo)
> 2. Hacer un viaje por el mundo (Juan)   5. Pagar nuestras tarjetas de crédito (todos)
> 3. Mudarse a una casa nueva (Jaime y yo)

1. _____
   _____

2. _____
   _____

3. _____
   _____

4. _____
   _____

5. _____
   _____

9 **La carta** Complete the letter with the appropriate forms of the verbs given. Pay attention to the context to determine whether you should use the preterite, the imperfect, or the present subjunctive. (10 × 1 pt. each = 10 pts.)

> Querida mamá:
>
> Ayer por la tarde yo (1) _____ (ir) a una fiesta y (2) _____ (divertirse)
>
> mucho. ¿Te acuerdas de que antes yo no (3) _____ (querer) ir a fiestas porque
>
> (4) _____ (tener) un poco de depresión después de romper con mi novio? Pues no sabes
>
> lo que pasó en la fiesta. Mientras Julia y yo (5) _____ (tomar) un refresco y
>
> (6) _____ (hablar) un rato, un chico muy guapo (7) _____ (entrar) en
>
> la sala. Nosotros (8) _____ (mirarse) durante unos minutos y bueno... ¡estoy enamorada! Julia
>
> duda que este chico (9) _____ (ser) el hombre de mi vida, pero estoy feliz. ¡Qué bueno que
>
> nosotros nos (10) _____ (conocer) en la fiesta! Te seguiré contando cuando sepa algo más. Un
>
> beso de tu hija favorita,
> Carlota

10 **Lectura** Read this letter that your university just sent out to all new students from out of town. Then, use the information from the reading to answer the questions in complete sentences. (5 × 2 pts. each = 10 pts.)

Estimados estudiantes:

En nombre de la universidad queremos darles la bienvenida a su nueva ciudad. Esperamos que estén bien en sus nuevos dormitorios y que les gusten sus clases y sus profesores. Para que tengan una estancia[1] tranquila y sin problemas, queremos darles algunos consejos sobre esta ciudad.

Lo más importante es que salgan a pasear y aprendan cómo llegar a los lugares más importantes. Hay muchos bancos aquí que tienen cuentas especiales para estudiantes. Les recomendamos que visiten algunos de los bancos que están cerca de la universidad y que consigan información sobre las ofertas de cada uno. También hay dos oficinas de correos cerca del campus. Del edificio principal sigan derecho dos cuadras por la calle Sevilla, doblen a la derecha al llegar a la Plaza Mayor y verán una de ellas. La otra oficina está enfrente de la cafetería del edificio de ingeniería. Si tienen carro, es importante que llenen el formulario 327 de la universidad para estacionar en el garaje público. Si no llenan este formulario, no se les permitiría entrar con su carro. Finalmente, les recomendamos que visiten la enfermería de la universidad para conocer a nuestro equipo de enfermeros y enfermeras que les pueden ayudar con cualquier tipo de problema, desde un simple dolor de cabeza hasta una depresión. No duden en consultar con sus consejeros o profesores si necesitan información sobre otros temas. Nuestros teléfonos de emergencia para la policía, los bomberos y la ambulancia están escritos en el periódico de la universidad, en la sección de información, todos los días menos los fines de semana. Les deseamos una maravillosa estancia y un feliz semestre.

Atentamente,
La dirección[2]

---

[1]stay [2]administration

1. ¿Cuál es el objetivo de esta carta de la dirección de la universidad? _____
   _____

2. ¿Qué es importante que los estudiantes sepan sobre los bancos? _____
   _____

3. ¿Cuántas cuadras es necesario que caminen para ir desde el edificio principal a la Plaza Mayor?
   _____
   _____

4. ¿Por qué es necesario llenar el formulario 327? _____
   _____

5. ¿Qué pueden hacer los estudiantes que necesiten llamar a la policía en una emergencia?
   _____
   _____

examen B   Lecciones 8–15

1   Escuchar Read these questions. Then listen to the opening remarks made at a conference and indicate the option that best answers each question. (5 × 2 pts. each = 10 pts.)

1. ¿Cuántas veces han presentado esta conferencia antes?
   a. cuatro   b. dos   c. ninguna
2. ¿Cuál es el tema central de la conferencia?
   a. la política   b. la tecnología   c. el turismo
3. ¿Cómo pasan los estudiantes más tiempo en Internet?
   a. comprando ropa   b. estudiando   c. mandando y leyendo correo electrónico
4. ¿Qué opinión tiene la Dra. Mendoza de la tecnología?
   a. neutra *(neutral)*   b. negativa   c. positiva
5. ¿Qué piensa el Dr. Medina sobre las nuevas tecnologías?
   a. Hacen a la gente menos activa.   b. Aumentan el estrés.   c. No siempre funcionan.

2   Un día horrible Look at the illustrations and describe what happened to Angélica yesterday. Use your imagination and the vocabulary you have learned to describe the situations. Write at least two sentences to describe each situation, and use both the preterite and the imperfect tenses. (3 pts. for vocabulary + 3 pts. for grammar + 2 pts. for style and creativity = 8 pts.)

1:00 pm

3:00 pm

_____
_____
_____
_____
_____
_____
_____
_____

3 **La cena de Manuel** Complete the paragraph with the most logical comparisons and superlatives. (10 × 1 pt. each = 10 pts.)

Soy el (1) _____ (*oldest*) de mi familia. Hoy ceno con mis hermanos en nuestro restaurante favorito, *Lunazul*. Mi langosta es (2) _____ (*more*) cara (3) _____ (*than*) el salmón de Eduardo. Para mí, el pollo que pidió Teresa es el plato (4) _____ (*least*) sabroso del menú. A mí me gustan (5) _____ (*more*) los mariscos (6) _____ (*than*) la carne de res. De los postres, el (7) _____ (*worst*) es el flan de caramelo; y el (8) _____ (*best*) es el pastel de banana. Los jugos de fruta son muy buenos aquí. El jugo de pera es (9) _____ (*as*) rico (10) _____ (*as*) el de manzana.

4 **Las excusas** Complete this note that Amparo, a student at your university, just sent to her Spanish instructor. Pay attention to the context to determine whether each blank should be filled with **por** or **para**. (5 × 1 pt. each = 5 pts.)

Profesor:

Es importante que hoy hable con usted (1) _____ explicarle por qué no estuve en clase el día del examen. Como ya sabe, yo siempre voy a la universidad caminando. Normalmente, cruzo (2) _____ el parque de la calle Rosales. Pues verá, el día del examen, cuando yo iba ya (3) _____ la universidad, me encontré con un amigo en el parque. Mi amigo estaba muy triste porque su hermana estaba en el hospital, así que decidí quedarme con él (4) _____ ayudarlo a sentirse mejor. Si no le llamé ese día fue (5) _____ eso, porque ya sabe que yo siempre estoy preparada para su clase, pero ese día fue todo muy difícil como ya le dije. Espero que me informe de cuándo puedo hacer el próximo examen.

Muchas gracias, Amparo

5 **De compras** Pedro and Concepción are shopping in Puerto Rico. Change the underlined elements to direct object pronouns and the indirect objects to indirect object pronouns. (5 × 1 pt. each = 5 pts.)

> **modelo**
> Puedes darle la maleta al botones.
> Se la puedes dar.

PEDRO Puedes comprarles un libro a tus padres.
CONCEPCIÓN Sí, (1) _____ _____ voy a comprar. Y a tu hermana, ¿le llevamos este sombrero?
PEDRO Sí, (2) _____ _____ vamos a llevar. Me gusta.
CONCEPCIÓN También quiero comprar esta blusa para mí. ¿No es bonita?
PEDRO Sí, pero yo (3) _____ _____ compro, mi amor. Es mi regalo de cumpleaños (*birthday*).
CONCEPCIÓN Gracias, querido. Yo quiero darte las gracias por este viaje tan maravilloso.
PEDRO Muy bien. (4) _____ _____ puedes dar esta tarde pagando la excursión.
CONCEPCIÓN Bien. Tú me das el dinero y yo la pago.
PEDRO ¡Qué lista eres! Pues, claro, yo (5) _____ _____ doy.

6 **Problemas** A few of your friends have problems that they don't know how to solve. Read what they have to say and give each one a command to help them improve their situation. Pay attention to the context so you know whether to use a **tú, ustedes,** or **nosotros/as** command for each item. (5 × 2 pts. each = 10 pts.)

1. **ÁLEX** Mi novia es una fanática del arte y de la buena música y yo... bueno, yo no tengo nada de música que le guste a ella. Le encanta la ópera. ¿Qué hago? _____

   _____

2. **ESMERALDA** Estuve enferma la semana pasada, y ahora no estoy preparada para mis clases. No encuentro mis libros y tengo un examen mañana. ¿Qué puedo hacer? _____

   _____

3. **RAMÓN Y LISA** Nuestra amiga Marisol siempre nos pregunta qué estamos haciendo para proteger el medio ambiente. ¿Qué vamos a hacer? _____

   _____

4. **JULIÁN (tu hermano)** Siempre estás leyendo correo electrónico cuando yo necesito trabajar en la computadora. Tenemos que buscar una solución. ¿Qué sugieres? _____ _____

   _____

5. **ROBERTO Y MARTA** Nuestra madre dice que si no hacemos la cama y los demás quehaceres por las mañanas no nos va a permitir hacer fiestas en casa. ¿Qué hacemos? _____ _____

   _____

7 **Preguntas** Answer these questions in Spanish. Use complete sentences in your answers. Be sure that your answers reflect the verb tenses prompted in the questions. (6 × 2 pts. each = 12 pts.)

1. ¿Para qué crees que es necesario conocer otras personas y culturas? _____

   _____

2. Imagina que vas a conocer a tu celebridad (*celebrity*) favorita. ¿Qué harías? _____

   _____

3. ¿Se debería cambiar algo de tu universidad? ¿Qué? _____

   _____

4. ¿Qué es necesario que la gente haga para mantener un mundo sin contaminación?

   _____

   _____

5. ¿Qué crees que ocurrirá con tu equipo favorito en cinco años?

   _____

   _____

6. Necesito llegar desde tu clase de español hasta la cafetería más cercana. ¿Cómo llego?

   _____

   _____

Exámenes

8 **La lotería** You and your friends bought some lottery tickets and you wrote a list of possible things to do with the money. Rewrite the list, stating what each of you would do if you win. (5 × 1 pt. each = 5 pts.)

> **modelo**
>
> Abrir un salón de belleza (Rosi)
> Rosi abriría un salón de belleza.

1. Hacer un viaje por Asia y Europa (Andrés y yo)   4. Comprar un apartamento en la playa (yo)
2. Depositar dinero en su cuenta de ahorros (Daniel)   5. Ayudar a la gente pobre del barrio (todos)
3. Mudarse a una casa más grande (Mariam y Robert)

1. _____

_____

2. _____

_____

3. _____

_____

4. _____

_____

5. _____

_____

9 **La carta** Complete the letter with the appropriate forms of the verbs. Pay attention to the context to determine whether you should use the preterite, the imperfect, or the future. (10 × 1 pt. each = 10 pts.)

Querido papá:

Anoche (1) _____ (ocurrir) algo muy interesante. Mientras yo (2) _____

(caminar) por la calle, (3) _____ (ver) a un chico muy guapo que (4) _____

(ser) exactamente como Brad Pitt. Nosotros (5) _____ (hablar) durante unos minutos, y él

(6) _____ (parecerme) muy inteligente; después le (7) _____ (dar) mi

número de teléfono. Yo pensé, "no me (8) _____ (llamar)", ¡pero me llamó dos horas después! Y

(9) _____ (seguir) hablando por una hora. Ayer (10) _____ (leer) en mi

horóscopo que encontraría al hombre de mi vida, ¡qué coincidencia!

Un besito de tu niña,

Sonia

10 Lectura Read this letter that the director of your dorm just sent out to all new students moving into the building this semester. Then, use the information from the reading to answer the questions in complete sentences. (5 × 2 pts. each = 10 pts.)

Amigos y residentes de la residencia Silva:

En nombre de todos los viejos residentes de este edificio y en el mío propio, quiero darles la bienvenida y desearles un estupendo semestre. Para que tengan una estancia[1] feliz, queremos hacerles algunas recomendaciones sobre la vida en este edificio.

Lo más importante es que sigan todas las instrucciones que se encuentran en el libro del residente. Si no han encontrado una copia del libro en su cuarto, pueden llamar a la recepcionista del edificio y pedirle que les envíe una hoy mismo. El edificio tiene cinco pisos. En el quinto piso se encuentra el gimnasio. Pueden usarlo cuando quieran, pero es necesario que limpien todo antes de salir y que no olviden apagar las luces. Las luces se prenden de forma automática al entrar al gimnasio, pero ustedes deben apagarlas para ahorrar electricidad. Las lavadoras y las secadoras están en el segundo piso. No las usen después de las diez de la noche, porque pueden molestar a los estudiantes que duermen en el primer piso. Si tienen alguna emergencia, los números de teléfono de la policía, el hospital y los bomberos están escritos en los carteles que se encuentran al lado del ascensor de cada piso.

En la puerta principal del edificio hay un cajero automático. Es importante que no lo usen por las noches si no ven al supervisor del edificio. Esta comunidad es bastante tranquila, pero deben tener cuidado y prevenir[2] problemas siempre que sea posible.

Si tienen dudas, preguntas o necesitan alguna cosa, no duden en hablar con Ramón, el administrador del edificio, o conmigo, Luis Salas, llamando al 033 o al 034 desde el teléfono de su cuarto.

Les deseamos un feliz semestre.

Atentamente,
Luis Salas, supervisor

[1]*stay*   [2]*prevent*

1. ¿Cuál es el objetivo principal de esta carta para los residentes? _____

_____

2. ¿Qué pueden hacer los estudiantes que quieran leer las instrucciones del libro del residente?

_____

_____

3. ¿Cuál es una de las cosas que no se deben olvidar después de visitar el gimnasio? _____

_____

_____

4. ¿Cómo pueden encontrar los residentes los números de teléfono de emergencia? _____

_____

_____

5. ¿Por qué es importante no usar el cajero automático por las noches? _____

_____

11 **La salud** Two of your friends are not leading a very healthy lifestyle. Use the subjunctive to give advice. What should they eat and drink? How often should they exercise? Justify your recommendations with good reasons. Use your imagination and at least four of the verbs from the list. (6 pts. for vocabulary + 6 pts. for grammar + 3 pts. for style and creativity = 15 pts.)

| aliviar el estrés | comer | entrenarse | estar a dieta | tomar | tratar de |

_____

_____

_____

_____

_____

_____

_____

_____

_____

_____

_____

_____

_____

_____

_____

_____

_____

_____

_____

_____

_____

_____

_____

_____

examen A   Lecciones 1–5

1

Escuchar Read these statements. Then listen to the recommendations that a guide is giving to a group of tourists and indicate the option that best completes each statement. (5 × 2 pts. each = 10 pts.)

1. Al llegar a Quito, los turistas _____.
   a. tienen tiempo libre   b. tienen que ir a pasear   c. tienen que salir a comer

2. Esta noche van a _____.
   a. ir a un restaurante   b. acampar   c. pasear por la ciudad

3. Por las noches, _____.
   a. tienen cuidado   b. salen mucho   c. hace más frío

4. El número de teléfono del hotel es el _____.
   a. 57-38-67   b. 23-17-89   c. 22-37-89

5. Mañana por la mañana van a ir a _____.
   a. una montaña   b. un parque   c. un museo

2

¿Qué hacemos hoy? Hernán, Laura, and Silvia are deciding what they are going to do on their first day of vacation in Spain. Write what they plan to do, using at least six verbs from the list and the vocabulary from Lessons 1 to 5. (3 pts. for vocabulary + 3 pts. for grammar + 1 pt. for style and creativity = 7 pts.)

comprar	decidir	jugar	llover	preferir	suponer
deber	desear	llegar	pasear	salir	tener suerte

_____

_____

_____

_____

_____

_____

_____

_____

_____

_____

3 **¿Dónde están?** Your cousin Hernán has come to town with two friends and he wants to visit the city and see your grandparents. Use the verb **estar** and prepositions from the list to tell him where important buildings are and where your grandparents are right now. Do not repeat prepositions.
(5 × 2 pts. each = 10 pts.)

| a la derecha de | cerca de | con | debajo de | delante de | entre |

1. cine Estrella / Museo de Bellas Artes

    _____

2. Museo de Bellas Artes / cine Estrella / gimnasio Barcelona

    _____

3. restaurante Portofino / café Asturias

    _____

4. café Asturias / gimnasio Barcelona

    _____

5. abuelo y abuela / café Asturias

    _____

4 **De paseo** While Hernán swims, Laura and Silvia sunbathe. Complete their dialogue with the correct form of the verb **tener** and the words from the list. (5 × 1 pt. each = 5 pts.)

| años | calor | frío | ganas | hambre | razón | sed | sueño |

SILVIA ¿(1) _____? Yo ya quiero comer.

LAURA No, ahora no. Podemos comer un poco más tarde. Pero (2) _____ de tomar un café. No puedo dormir bien, y (3) _____.

SILVIA Bueno, vamos al café. Espera un momento, primero quiero refrescarme (*cool myself down*) porque (4) _____.

LAURA Sí, es verdad. ¡Qué calor hace! ¿Por qué no vamos a nadar con Hernán?

SILVIA (5) _____, vamos a nadar.

11 | **La salud** One of your friends is not leading a very healthy lifestyle. Use the subjunctive to give advice. What should he or she eat and drink? How often should he or she exercise? Justify your recommendations with good reasons. Use your imagination and at least four of the verbs from the list. (6 pts. for vocabulary + 6 pts. for grammar + 3 pts. for style and creativity = 15 pts.)

| beber | comer | descansar | hacer ejercicio | mantenerse en forma | sufrir presiones |

_____

_____

_____

_____

_____

_____

_____

_____

_____

_____

_____

_____

_____

_____

_____

_____

_____

_____

_____

_____

_____

_____

8 **Los pasatiempos** Look at the illustrations and describe what everyone is doing. Use the present progressive. (5 × 2 pts. each = 10 pts.)

1. Armando   2. Paola   3. Sr. Barrera   4. Gabriela   5. Francisco y Gustavo

1. _____

_____

2. _____

_____

3. _____

_____

4. _____

_____

5. _____

_____

9 **Tu familia** Pick a family member and write about him or her. Be sure to cover the topics below. (3 pts. for vocabulary + 3 pts. for grammar + 1 pt. for style and creativity = 7 pts.)

- What is his or her name?
- What is your relationship with him or her?
- Where does he or she live?
- What is he or she like?
- What does he or she like to do in his or her free time?

_____

_____

_____

_____

_____

_____

_____

_____

_____

_____

_____

Exámenes

10 **Lectura** Read this pamphlet and answer the questions. When answering with numbers, write out the words for the numerals. (5 × 2 pts. each = 10 pts.)

¡La agencia de viajes La Estación te ofrece viajes maravillosos!

Si haces una reservación en el hotel Playa Feliz antes del 15 de marzo, el pasaje de avión ES GRATIS.[1]

HOTEL **PLAYA FELIZ**

El viajero puede descansar en la tranquilidad del hotel Playa Feliz. La arquitectura blanca de los pueblos se ve desde las ventanas de todas las habitaciones. Tiene grandes zonas de parques.

¿Dónde está?
Al lado del mar, a 60 km de la ciudad. Acceso fácil al aeropuerto.

¿Cuántas habitaciones tiene?
23 habitaciones dobles y 15 habitaciones individuales

¿Dónde comer?
El hotel tiene tres restaurantes. También puedes comer en el bar de la piscina.

¿Qué hay?
Piscina, sauna y gimnasio en el propio hotel. Excursiones para visitar el parque nacional. Y también excursiones para ver las playas de los pueblos vecinos[2].

Tipo de habitación y precio
habitación individual: $82 por noche
habitación doble: $99 por noche

Para hacer reservaciones o si quieres más información puedes llamar al teléfono 3-45-18-47.

[1]*free*   [2]*neighboring*

---

1. ¿Cómo se llama el hotel? _____

_____

2. ¿Cuál es el número de teléfono del hotel? _____

_____

3. ¿Qué actividades hay en el hotel? _____

_____

4. ¿Cuándo debes hacer la reservación para tener el pasaje gratis? _____

_____

5. ¿Te gusta este hotel? ¿Por qué? _____

_____

11 **Vacaciones** Imagine that you are on vacation at your favorite destination. Write a description of what you are doing, what places you are visiting, and what the weather is like. Use vocabulary from Lessons 1 to 5. Write at least six sentences. (6 pts. for vocabulary + 6 pts. for grammar + 4 pts. for style and creativity = 16 pts.)

_____

_____

_____

_____

_____

_____

_____

_____

_____

_____

_____

_____

_____

_____

_____

_____

_____

_____

_____

_____

_____

_____

_____

_____

_____

_____

_____

examen B

1 **Escuchar** Read these statements. Then listen to the recommendations that a guide is giving to a group of tourists and indicate the option that best completes each statement. (5 × 2 pts. each = 10 pts.)

1. Los turistas tienen unas horas para _____.
   a. visitar la ciudad   b. descansar en sus habitaciones   c. sacar fotos
2. Por la tarde van a _____.
   a. visitar monumentos   b. salir sin el grupo   c. pasear por la ciudad
3. Por la noche el grupo va a _____.
   a. comer en un restaurante   b. tener cuidado con el frío   c. quedarse en el hotel
4. El número de teléfono del hotel es el _____.
   a. 57-38-67   b. 23-17-89   c. 53-32-13
5. Mañana van a ir a _____.
   a. un parque   b. un museo   c. una montaña

2 **¿Qué hacemos hoy?** Lola, Estefanía, and Álvaro are deciding what they are going to do on their first day of vacation in Spain. Write what they plan to do, using at least six verbs from the list and the vocabulary from Lessons 1 to 5. (3 pts. for vocabulary + 3 pts. for grammar + 1 pt. for style and creativity = 7 pts.)

| buscar | empezar | llevar | necesitar | querer | regresar |
| descansar | leer | nadar | preferir | recordar | viajar |

_____

_____

_____

_____

_____

_____

_____

_____

_____

3 **¿Dónde están?** You work at the school bookstore and Lola is going to take your place while you are on vacation. Use the verb **estar** and prepositions from the list to tell her where various items are, so that she can find them easily. (5 × 2 pts. each = 10 pts.)

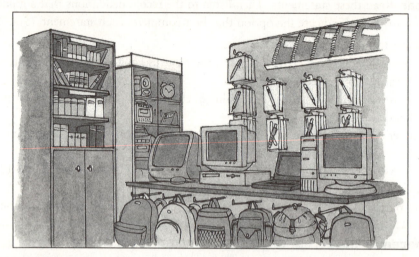

a la izquierda de   a la derecha de   debajo de   detrás de   encima   sin

1. reloj / libros

_____

2. cuadernos / lápices

_____

3. lápices / computadoras

_____

4. reloj / plumas

_____

5. mochilas / computadoras

_____

4 **En el parque** While Lola is shopping, Estefanía and Álvaro are sitting on a park bench at sunset. Complete their dialogue with the correct form of the verb **tener** and the correct word from the list, without repeating any words. (5 × 1 pt. each = 5 pts.)

años   calor   frío   ganas   miedo   razón   sed

ESTEFANÍA Álvaro, ¿puedes venir conmigo al hotel? (1) _____ y necesito una chaqueta (*jacket*).

ÁLVARO ¿Puedes ir tú sola (*alone*)? Estoy cansado y no (2) _____ de caminar.

ESTEFANÍA No, no quiero ir sola. No hay mucha gente por la calle y (3) _____.

ÁLVARO Está bien. (4) _____, no debes caminar sola por la noche. Podemos ir al hotel y comer allí. ¿No (5) _____? Yo sí.

ESTEFANÍA Sí, yo también. Buena idea.

5 **Una carta** It's raining and Lola, Estefanía, and Álvaro cannot go to the beach. Álvaro is writing a letter to his roommates, Marco and Joe. Fill in the blanks in this letter with the appropriate forms of **ser** or **estar**. (10 × 1 pt. each = 10 pts.)

12 de julio

Hola Marco y Joe,

¿Cómo (1) _____? Estoy escribiendo ahora porque (2) _____ lloviendo, y no vamos a ir a la playa. El hotel (3) _____ muy bonito y (4) _____ en un lugar muy tranquilo. Los tres (5) _____ muy contentos aquí. Vamos a la playa todos los días y después salimos a bailar o a tomar algo. Sólo volvemos al hotel cuando (6) _____ muy cansados. El fin de semana que viene Estefanía quiere visitar a su primo. Él (7) _____ periodista pero ahora (8) _____ escribiendo una novela y su casa (9) _____ en un pueblo pequeño en las montañas. Vamos a ir todos a visitarlo y creo que va a (10) _____ muy interesante.

Hasta pronto,

Álvaro

6 **La clase de historia** Complete the conversation with the correct form of the verbs in parentheses. (5 × 1 pt. each = 5 pts.)

BRAULIO Hola Ema, ¿(1) _____ (pensar) ir a la clase de historia mañana?

EMA Sí, (2) _____ (querer) saber de qué van a hablar.

BRAULIO Yo siempre me (3) _____ (dormir) en la clase. La

(4) _____ (encontrar) muy aburrida.

EMA No es aburrida, es que (5) _____ (empezar) muy temprano.

7 **Preguntas** Answer these questions in Spanish. Use complete sentences. (5 × 2 pts. each = 10 pts.)

1. ¿Cómo son tus vacaciones ideales (ideal)? _____

_____

2. ¿Qué día es hoy? ¿Qué tiempo hace? _____

_____

3. ¿Cómo eres? _____

_____

4. ¿Cuál es tu horario de clases este semestre? _____

_____

5. ¿Cuál es tu estación del año favorita? _____

_____

Examenes

8 | **Los pasatiempos** Look at the illustration and describe what the different people are doing. Use the present progressive. (5 × 2 pts. each = 10 pts.)

1. _____
   _____
   _____

2. _____
   _____
   _____

3. _____
   _____
   _____

4. _____
   _____
   _____

5. _____
   _____

PARQUE MUNICIPAL

1. José
2. Angélica y Jessica
3. Orlando
4. Mercedes
5. Pablo y Lucía

9 | **Tu familia** Pick a family member and write about him or her. Be sure to cover the topics below.
(3 pts. for vocabulary + 3 pts. for grammar + 1 pt. for style and creativity = 7 pts.)

• What is his or her name?   • What is he or she like?
• What is your relationship with him or her? • What does he or she like to do in his or her free time?
• What does he or she do?

_____
_____
_____
_____
_____
_____
_____
_____
_____
_____
_____

10   **Lectura** Read this pamphlet and answer the questions. When answering with numbers, write out the words for the numerals. (5 × 2 pts. each = 10 pts.)

¡La agencia de viajes Costa del Sol le ofrece los viajes más maravillosos!

Si hace una reservación en el hotel Mar Meliá antes del 15 de abril, el pasaje de avión ES GRATIS.[1]

HOTEL **MAR MELIÁ**

Nuestros huéspedes pueden descansar en la tranquilidad del hotel Mar Meliá y ver desde sus habitaciones el bello paisaje del mar Mediterráneo. Además, el hotel tiene piscina y grandes espacios[2] verdes para tomar el sol.

¿Dónde está?

Al lado de la playa, a 30 km de la ciudad y a 25 km de las montañas.

¿Cuántas habitaciones tiene?

34 habitaciones dobles y 13 habitaciones individuales

¿Dónde comer?

El hotel tiene dos restaurantes. También puede comer en el bar de la piscina.

¿Qué hay?

Piscina, sauna y gimnasio en el propio hotel. Excursiones para visitar las montañas. Y también excursiones para ver los pueblos pesqueros[3] de la región.

> **Tipo de habitación y precio**
> habitación individual: $79 por noche
> habitación doble: $98 por noche

Para hacer reservaciones o si desea más información puede llamar al teléfono 642-81-34.

[1]*free*   [2]*spaces*   [3]*fishing*

---

1. ¿Cuántas habitaciones para una persona hay en el hotel? ¿Cuánto cuestan? _____

   _____

2. ¿Dónde pueden nadar los huéspedes del hotel? _____

   _____

3. ¿Cómo pueden ir a las montañas? _____

   _____

4. ¿Qué se puede ver desde las habitaciones? _____

   _____

5. ¿Te gusta este hotel? ¿Por qué? _____

   _____

11 **Un fin de semana largo** Imagine that you are spending a long weekend at your favorite destination. Write a description of what you are doing, what places you are visiting, and what the weather is like. Use vocabulary from Lessons 1 to 5. Write at least six sentences. (6 pts. for vocabulary + 6 pts. for grammar + 4 pts. for style and creativity = 16 pts.)

_____

_____

_____

_____

_____

_____

_____

_____

_____

_____

_____

_____

_____

_____

_____

_____

_____

_____

_____

_____

_____

_____

_____

_____

_____

examen A

Lecciones 6–10

1 **Escuchar** Read these questions. Then listen to the local news broadcast and indicate the option that best answers each question. (5 × 2 pts. each = 10 pts.)

1. ¿Cuántas horas está abierto el centro comercial los jueves?
   a. ocho horas   b. doce horas   c. diez horas

2. ¿Cuándo fue el periodista al centro comercial?
   a. hace dos días   b. hace un mes   c. hace una semana

3. ¿Qué le falta al centro comercial?
   a. un cine   b. un almacén   c. una tienda de zapatos

4. ¿Cuándo hay oferta en los restaurantes?
   a. en el almuerzo   b. en el desayuno   c. en la cena

5. ¿Por qué compró un regalo para su sobrina?
   a. Es su cumpleaños.   b. Es Navidad.   c. Se casa.

2 **De compras** A friend of yours is going to buy souvenirs, and he is thinking aloud about what he will buy for certain people. Match each gift to the person of your choosing to form five complete sentences. Use direct and indirect object pronouns. Remember, your friend is thinking out loud, so you should use the first person singular form of the verb. (5 × 2 pts. each = 10 pts.)

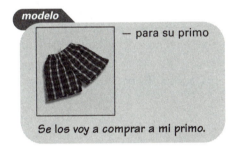

modelo
— para su primo

Se los voy a comprar a mi primo.

 1.    2.    3.    4.    5.

para sus hermanas   para sí mismo (*himself*)   para su novia   para su amigo   para su padre

1. _____

2. _____

3. _____

4. _____

5. _____

Exámenes

3 **Mi sobrino** Your nephew always contradicts you. Read these statements and rewrite them according to what your nephew would probably say. (5 × 2 pts. each = 10 pts.)

> **modelo**
> A mí me gustan todas las películas románticas.
> A mí no me gusta ninguna película romántica.

1. Siempre pido pollo asado con mayonesa cuando como en un restaurante.

   _____

2. También me gusta pedir melocotón para el postre.

   _____

3. Siempre hay algún plato interesante en casi todos los restaurantes de la ciudad.

   _____

4. Todos mis amigos comen frijoles cuando van a restaurantes mexicanos.

   _____

5. Quiero comer algo típico de Costa Rica.

   _____

4 **La fiesta** Your parents threw a party last week. Make up five sentences describing what happened at the party, using an element from each column in each sentence, and the preterite or the imperfect as needed. Do not repeat the expressions from the list. (5 × 2 pts. each = 10 pts.)

> **modelo**
> tía Rosa / molestar / niños de la tía Juana
> A la tía Rosa le molestaban los niños de la tía Juana.

Jorge	aburrir	brindar
los padres	encantar	celebrar con toda la familia
los primos	gustar	champán
Roberto	interesar	pasteles de chocolate
Sandra y Alejandro	molestar	sorpresa para Ana

1. _____

   _____

2. _____

   _____

3. _____

   _____

4. _____

   _____

5. _____

   _____

5 **Una celebración familiar** Antonio's parents celebrated their twenty-fifth wedding anniversary by throwing a party last week. Read the note from Antonio where he tells you everything that went on at the party. Conjugate each verb in parentheses with the appropriate form of the imperfect or the preterite according to the context. (5 × 1 pt. each = 5 pts.)

La semana pasada (1) _____ (ser) la fiesta de aniversario de mis padres. Era una fiesta para sus amigos pero mis amigos y yo también (2) _____ (ir). Cuando eran jóvenes mis padres lo pasaban bien haciendo viajes y visitando a sus amigos. Ahora que son mayores, se relajan de otras formas, pero son muy felices. En la fiesta, mi madre (3) _____ (sorprender) a mi padre con un regalo especial. Mientras todos nosotros (4) _____ (estar) esperando el pastel, una señora le (5) _____ (decir) a mi padre que su regalo estaba afuera (outside). Cuando abrimos la puerta, ¡había un auto nuevo! ¡Qué sorpresa tan maravillosa!

6 **Lo que pasó** Look at the images and write what happened to the characters in complete sentences. Use the elements below and constructions with **se**. (4 × 2 pts. each = 8 pts.)

modelo

Nosotras / botellas de vino

A nosotras se nos cayeron las botellas de vino.

caer	hacer
dañar	perder
enseñar	romper

1. Yo / _ o

_____

_____

3. Tú / pierna

_____

_____

2. Señora Medina / llaves

_____

_____

4. Juanito / helado

_____

_____

7 **¿Qué verbo usaste?** Indicate if the verb used in each sentence is **ser** or **ir**. (5 × 1 pt. each = 5 pts.)

	Ser	Ir
1. Nosotras fuimos a comprar unos lentes de contacto.	○	○
2. Fuiste muy amable conmigo.	○	○
3. Mis padres fueron muy temprano al mercado.	○	○
4. Fui anteayer al centro comercial.	○	○
5. El regalo sorpresa fue espectacular.	○	○

8 **Un día normal** Describe your daily routine and compare it to a friend's. Remember, you can be creative and describe imaginary situations as well. Use comparisons and superlatives and at least five verbs from the list. (4 pts. for vocabulary + 4 pts. for grammar + 2 pts. for style and creativity = 10 pts.)

acostarse	ducharse	levantarse	ponerse
afeitarse	irse	peinarse	secarse

_____

_____

_____

_____

_____

_____

_____

_____

_____

_____

_____

_____

_____

_____

_____

_____

_____

9   **Preguntas** Answer these questions in Spanish. Use complete sentences. (5 × 2 pts. each = 10 pts.)

1. ¿Qué hiciste en tus últimas (*last*) vacaciones? _____

    _____

2. ¿Quién fue la persona más importante en tu vida el año pasado y por qué? _____

    _____

3. ¿Adónde fuiste para celebrar tu último cumpleaños? _____

    _____

4. ¿Qué pediste la última vez que comiste en un restaurante? _____

    _____

5. ¿Por qué empezaste a estudiar español? _____

    _____

10   **Lectura** Read this gossip column from a Spanish magazine. Then answer the questions in complete sentences. (5 × 2 pts. each = 10 pts.)

Rumores

Francisco Ruiz y Verónica Cortés celebraron ayer su fiesta de aniversario de bodas. Esta famosa pareja se conoció en la fiesta de Fin de Año del año 2000 en Cancún. Francisco y Verónica se comprometieron cuatro meses más tarde, en abril del 2001. Poco tiempo después se casaron. La fiesta de ayer, sólo para la familia, fue en el restaurante Olivas. La comida, como siempre en ese restaurante, estuvo sabrosísima. De postre sirvieron pastel de frutas y champán. Después de la cena todos los invitados brindaron por la felicidad de la joven pareja. Fueron a la fiesta casi todos los miembros de las dos familias, menos Carmen, la hermana del feliz esposo, que no pudo asistir. Ayer, durante la fiesta, supimos que Carmen está disfrutando de[1] unas largas vacaciones por el Caribe. ¿Quién sabe? Quizás Carmen quiere olvidar a Pablo, su ex novio. Alguien me dijo que se está divirtiendo con un nuevo amigo.

---

[1]*enjoying*

1. ¿Cuál es el estado civil de Verónica Cortés? _____

    _____

2. ¿Cuándo decidieron casarse Francisco y Verónica? _____

    _____

3. ¿Quiénes fueron invitados a la fiesta? _____

    _____

4. ¿Le gustó la comida al/a la periodista? _____

    _____

5. ¿Por qué no fue Carmen a la fiesta? _____

11 **La última fiesta** Think about the last exciting party you attended. What happened? Anything particularly interesting? Describe what you did. Include some of the things that you used to do at parties when you were a kid, and highlight some of the differences between the way parties used to be when you were younger and how this party was. Be as creative as possible, and pay attention to the combinations of the preterite and the imperfect. (5 pts. for vocabulary + 5 pts. for grammar + 2 pts. for style and creativity = 12 pts.)

_____

_____

_____

_____

_____

_____

_____

_____

_____

_____

_____

_____

_____

_____

_____

_____

_____

_____

_____

_____

_____

_____

_____

_____

_____

examen B   Lecciones 6–10

1 **Escuchar** Read these questions. Then listen to the local news broadcast and indicate the option that best answers each question. (5 × 2 pts. each = 10 pts.)

1. ¿Cuántas horas está abierto el centro comercial los martes?
   a. nueve horas   b. diez horas   c. doce horas
2. ¿Cuándo fue el periodista al centro comercial?
   a. hace dos días   b. hace un mes   c. hace una semana
3. ¿Cuándo hay oferta en los restaurantes?
   a. en la cena   b. en el desayuno   c. en el almuerzo
4. Según lo que escuchaste, ¿cuánto crees que gastó el periodista en regalos para su sobrina y su esposa?
   a. 110 pesos   b. 90 pesos   c. 65 pesos
5. ¿Por qué compró un regalo para su sobrina?
   a. Es Navidad.   b. Es su cumpleaños.   c. Se casa.

2 **Comprando regalos** A friend of yours is going to buy souvenirs in Barcelona, and she is thinking aloud about what she will buy for certain people. Match each gift to the person of your choosing to form five complete sentences. Use direct and indirect objects pronouns. Remember, your friend is thinking out loud, so you should use the first person singular form of the verb. (5 × 2 pts. each = 10 pts.)

modelo

— para su amiga

Se los voy a comprar a mi amiga.

 1.    2.    3.    4.    5.

para sus hermanas   para su novio   para su madre

para sí misma (*herself*)   para su padre

1. _____
2. _____
3. _____
4. _____
5. _____

3 **Polos opuestos** Your friend Arancha always contradicts you. Read the sentences below and write how Arancha would respond in each case. (5 × 2 pts. each = 10 pts.)

> **modelo**
> A mí me gustan todos los platos mexicanos.
> A mí no me gusta ningún plato mexicano.

1. Yo siempre tomo jugo de naranja por las mañanas.

   _____

2. También me gusta comer pasteles de postre.

   _____

3. Algunos platos de la comida peruana son muy interesantes.

   _____

4. Ninguno de mis amigos come frijoles cuando va a un restaurante mexicano.

   _____

5. Quiero cocinar todos los platos típicos españoles.

   _____

4 **La celebración** Your friends threw a party last week. Make up five sentences expressing what went on at the party, using an element from each column in each sentence, and the preterite or the imperfect as needed. Do not repeat the expressions from the list. (5 × 2 pts. each = 10 pts.)

> **modelo**
> Rosa / molestar / música
> A Rosa le molestaba la música.

Josefina	aburrir	cerveza
nosotros	fascinar	el menú
mi novio/a	gustar	brindar con champán
Ronaldo	interesar	la fiesta
Sara y Sergio	molestar	sorpresa

1. _____

   _____

2. _____

   _____

3. _____

   _____

4. _____

   _____

5. _____

   _____

5 **Una carta** It's raining and Silvia, Hernán, and Laura cannot go to the beach. Silvia is writing a letter to her friend Francisco. Fill in the blanks in this letter with the appropriate forms of **ser** or **estar**. (10 × 1 pt. each = 10 pts.)

12 de julio

Hola Francisco,

Te escribo ahora porque hoy (1) _____ lloviendo y nosotros no vamos a ir a la playa.

El hotel (2) _____ en un lugar maravilloso cerca del mar, pero tenemos muy mala suerte

porque llueve casi todos los días. Para colmo (*to top it all*), yo (3) _____ enferma desde

(*since*) el lunes. ¡Este viaje (4) _____ muy aburrido! Nosotros (5) _____

muy cansados, pero ya no podemos cambiar los pasajes.

Ah, y ¿recuerdas a Emilia? Vamos a visitarla. Ella (6) _____ trabajando y estudiando

aquí. Ahora, ella (7) _____ muy enamorada. Su nuevo novio también

(8) _____ muy trabajador. Él (9) _____ programador. Pero bueno... no

hablo más de Emilia. Y tú, ¿cómo (10) _____?

Espero tu carta,

Silvia

6 **El café Tacuba** Complete the conversation with the correct form of the verbs in parentheses. (5 × 1 pt. each = 5 pts.)

PILAR ¿A qué hora (1) _____ (empezar) la película?

SERGIO Creo que (2) _____ (comenzar) a las dos. Tenemos tiempo,

¿(3) _____ (querer) almorzar antes de ir al cine?

PILAR No, (4) _____ (preferir) tomar un café. No tengo hambre.

SERGIO Muy bien, yo (5) _____ (recordar) que el famoso café Tacuba está muy

cerca de aquí.

PILAR ¡Perfecto!

7 **Preguntas** Answer these questions in Spanish. Use complete sentences. (5 × 2 pts. each = 10 pts.)

1. ¿Qué vas a hacer en las próximas vacaciones? _____

_____

2. ¿Cómo es tu familia? Explica tu respuesta. _____

_____

3. ¿Cómo estás hoy? _____

_____

4. ¿Qué materias estás estudiando este semestre? _____

_____

5. ¿Qué tiempo hace hoy? _____

5 **La fiesta** Susana threw a party last night and is telling you all about it. Complete her paragraph with the preterite or imperfect form of each verb in parentheses. (5 × 1 pt. each = 5 pts.)

Como tú no (1) _____ (ir) a la fiesta, tenía que contarte lo que pasó. Ayer

(2) _____ (estar) muy ocupada con las preparaciones, pero salió súper bien. Para alegrar

la casa, puse música típica mexicana y la verdad es que a todos (3) _____ (gustarles)

mucho. Los amigos de mi hermana también (4) _____ (traer) música española y al final

nosotros (5) _____ (hacer) una fiesta hispana, en lugar de una fiesta de cumpleaños.

Pero en fin, lo importante es que lo pasamos muy bien todos. A ver si puedes venir la próxima vez.

6 **Lo que pasó** Look at the images and write what happened to the characters in complete sentences. Use the elements below and constructions with **se**. (4 × 2 pts. each = 8 pts.)

modelo

Nosotras / botellas de vino
A nosotras se nos cayeron las botellas de vino.

caer	olvidar
dañar	pensar
entrar	romper

1. César / auto

_____

_____

3. Pablo / tarea

_____

_____

2. Tú / brazo

_____

_____

4. Yo / pastel

_____

_____

Exámenes

7 **¿Qué verbo usaste?** Indicate if the verb used in each sentence is **ser** or **ir**. (5 × 1 pt. each = 5 pts.)

	Ser	Ir
1. Nosotras fuimos muy malas con el dependiente.	○	○
2. ¿Fuiste la semana pasada al mercado?	○	○
3. Mis padres fueron muy felices en su juventud.	○	○
4. Fui su novia el año pasado.	○	○
5. El suegro de Viviana fue a comprarle un regalo.	○	○

8 **Un día normal** Describe your daily routine and compare it to a friend or relative's. Remember, you can describe an imaginary situation. Use at least five verbs from the list and comparisons and superlatives. (4 pts. for vocabulary + 4 pts. for grammar + 2 pts. for style and creativity = 10 pts.)

cepillarse	despertarse	ducharse	quedarse
despedirse	dormirse	lavarse	vestirse

_____

_____

_____

_____

_____

_____

_____

_____

_____

_____

_____

_____

_____

_____

_____

_____

_____

_____

Exámenes

9 **Preguntas** Answer these questions in Spanish. Use complete sentences. (5 × 2 pts. each = 10 pts.)

1. ¿Qué hiciste para celebrar tu último (*last*) cumpleaños? _____

_____

2. ¿Quién fue tu mejor profesor(a) el semestre pasado? ¿Por qué? _____

_____

3. ¿Adónde fuiste el sábado pasado? _____

_____

4. ¿Qué pediste la última vez que estuviste en un restaurante? _____

_____

5. ¿Por qué decidiste estudiar español y no francés? _____

_____

10 **Lectura** Read this gossip column from a Spanish magazine. Then answer the questions in complete sentences. (5 × 2 pts. each = 10 pts.)

Rumores

El doctor Iglesias Puga, padre del conocido[1] artista español Julio Iglesias, y su joven esposa Ronna Keit celebraron el pasado sábado 22 de mayo el nacimiento de su primer hijo. Es el primer hijo para ella, pero el tercero para él. La interesante pareja —él tiene 87 años y ella tiene 47 años menos que su esposo— se casó el primero de marzo de 2001 en Florida. La fiesta del sábado pasado, para unas 100 personas, fue en el hotel Hilton de Miami. En la cena sirvieron varios platos de mariscos —la comida favorita del feliz papá, y de este periodista— y de postre hubo pastel de frutas y chocolate. Después de la cena espectacular[2] los invitados pudieron bailar durante horas en el bello salón Diamante. Todos estuvieron muy contentos de ver bailar a los nuevos papás. Pero nadie pudo ver al niño después de la cena; su sobrina Chabeli lo llevó a su habitación para dormir. Los nietos del doctor Iglesias, los conocidos jóvenes artistas Enrique y Julio Junior, no pudieron asistir, pero Julio Iglesias sí estuvo allí al lado de su padre y de su nuevo hermanito. Los invitados pidieron oír a Julio, pero él no cantó.

[1]*well-known, famous*   [2]*spectacular*

1. ¿Cuál es el estado civil de Ronna Keit? _____

_____

2. ¿Cuántos años tiene ella? _____

_____

3. ¿Quién es Julio Iglesias? ¿Por qué estuvo en la fiesta? _____

_____

4. ¿Por qué no bailó Chabeli en la fiesta? _____

_____

5. ¿Qué piensa el periodista de la pareja? ¿Por qué? _____

_____

11 **La última celebración** Think about the last celebration that you attended. What was it? What happened? Anything unusual? Write a paragraph describing what happened during this celebration. Include some of the things that you used to do when you went to parties in your younger years, and highlight how some of these things are different from the last celebration you attended. Be as creative as possible, and pay attention to the combinations of the preterite and the imperfect. (5 pts. for vocabulary + 5 pts. for grammar + 2 pts. for style and creativity = 12 pts.)

_____

_____

_____

_____

_____

_____

_____

_____

_____

_____

_____

_____

_____

_____

_____

_____

_____

_____

_____

_____

_____

_____

_____

_____

_____

_____

Exámenes

examen A   **Lecciones 11–15**

1   **Escuchar** Read these questions. Then listen to the radio advertisement and indicate the option that best answers each question. (5 × 2 pts. each = 10 pts.)

1. ¿De qué lugar habla el anuncio (*advertisement*)?
   a. de un gimnasio con restaurante   b. de una discoteca con cibercafé   c. de un salón de belleza

2. ¿Qué ofrece Contactos?
   a. impresora, fax y estéreo   b. ratón, teclado y videocasetera   c. pantallas grandes, impresora y reproductor de DVD

3. ¿En qué calle está Tecnobaile?
   a. en Magnolia   b. en Rosa   c. en Plaza Mayor

4. ¿En qué área de la ciudad está Tecnobaile?
   a. en el sur   b. en el oeste   c. en el centro

5. ¿A qué hora abre Tecnobaile?
   a. A las cuatro.   b. A las cinco.   c. A las seis.

2   **Su rutina** Look at these illustrations. Using the verbs from the list, write two **tú** commands for the person in the first drawing, two **usted** commands for the second drawing, and two **ustedes** commands for the third one. Feel free to use your imagination. Do not repeat verbs. (3 × 3 pts. each = 9 pts.)

modelo

¡Aféitese, por favor! ¡Báñese también!

cepillarse	lavarse	peinarse	quitarse
despertarse	levantarse	maquillarse	vestirse

1.   2.   3.

1. _____

  _____

2. _____

  _____

3. _____

3 **Antes de la fiesta** This is a list of problems you have to deal with to get your house ready for an upcoming party. Suggest a solution to each using a **nosotros/as** command, and then tell your roommates how the situation will be solved using the future. (5 × 2 pts. each = 10 pts.)

> **modelo**
> La luz del jardín está rota.
> Compremos una lámpara. La arreglaremos esta noche.

1. Los muebles de la sala están sucios. _____

2. Sólo tenemos seis vasos y ocho platos. _____

3. Hay mucha basura en el pasillo. _____

4. Los vecinos se acuestan temprano. _____

5. Toda nuestra ropa está sucia. _____

4 **Turistas** Your city is full of tourists who need help. However, your friend Sylvia is very unhelpful and only tells the tourists that what they are looking for does not exist. Write her responses to these peoples' problems, using the subjunctive in adjective clauses. Be creative! (5 × 2 pts. each = 10 pts.)

> **modelo**
> Quiero estacionar mi coche cerca de la Plaza Mayor.
> No hay ningún estacionamiento que esté cerca de la Plaza Mayor.

1. Tengo cheques de viajero. ¿Dónde puedo cambiarlos? _____

2. Quiero visitar a mi sobrina que vive en Jají. ¿Puedo ir en un tren? _____

3. Estoy buscando un centro de reciclaje cerca del centro. ¿Alguna sugerencia? _____

4. Yo me siento muy enferma. Tal vez necesito ir al hospital. _____

5. Quiero comprar una computadora con cederrón. Necesito encontrar el centro comercial. _____

5 **¡Qué indecisa!** Read the note Carmen left for her sister, and complete it by conjugating the verb in parenthesis using an appropriate form of the conditional tense. (5 × 1 pt. each = 5 pts.)

Lola, quiero hablarte sobre los boletos (tickets) para la ópera. Gracias por comprarlos, pero no voy a ir. Yo (1) _____ (ir) a la ópera pero prefiero descansar porque mañana salgo de viaje. Bueno, pensándolo bien... mamá me dijo que a ella le (2) _____ (gustar) ir contigo para ver a esa cantante (singer) tan famosa. Aunque... también me dijo que ella y papá (3) _____ (preferir) ir al cine en vez de ir a la ópera, ya sabes como son los papás... Yo en tu lugar no les (4) _____ (decir) nada porque después, tal vez ellos (5) _____ (sentirse) mal por decirte que no querían ir a la ópera contigo... En fin, que es todo muy complicado. ¡Suerte con esos boletos!

6 **Suposiciones** For each image, write a complete sentence indicating what you think these people have already done, using the present perfect, and one sentence stating something that you think they will do in the near future using the future tense. (3 × 3 pts. each = 9 pts.)

 modelo

Roberto se ha mantenido en forma. Creo que irá al gimnasio a jugar baloncesto.

Roberto

1. Graciela

2. Ana

3. Jorge y sus amigos

1. _____

2. _____

3. _____

7 **Consejos** Read this note from your older sister with suggestions for taking care of your computer. Fill each space with either **por** or **para**, as appropriate. (10 × 1 pt. each = 10 pts.)

Marta:

Debes cuidar tu computadora portátil, la necesitas (1) _____ trabajar. Además, esto es algo que yo no puedo hacer (2) _____ ti, porque nadie más puede ocuparse de tus responsabilidades. (3) _____ eso, debes descargar los programas (4) _____ eliminar virus todas las semanas. También debes guardar tus documentos en un disco, (5) _____ no perder todo tu trabajo si hay algún problema con la electricidad. (6) _____ último, no olvides apagar el monitor (7) _____ la noche antes de acostarte, es importante (8) _____ que tu computadora funcione bien (9) _____ mucho tiempo. Todo esto te lo digo (10) _____ tu bien.

Te llamo mañana,

Cristina

8 **Preguntas** Answer these questions in Spanish. Use complete sentences in your answers, and respond with the appropriate verb tenses, according to the questions. (5 × 2 pts. each = 10 pts.)

1. ¿Qué has hecho para cuidar el medio ambiente?

_____

_____

2. ¿Qué harías para llevar una vida más sana?

_____

_____

3. ¿Cuánto tiempo hace que tienes abierta una cuenta en el banco?

_____

_____

4. ¿Has aprendido algo este semestre de alguno de tus amigos? Explica.

_____

_____

5. ¿Qué quehaceres harás este fin de semana?

_____

_____

Exámenes

9 **Lectura** Juan's parents are going away for the summer and are leaving him in charge of the house and of his two little brothers. Read the note that his mother has written to help him out in case he runs into any kind of trouble. Then, use the information from the reading to answer the questions in complete sentences. (5 × 2 pts. each = 10 pts.)

Querido hijo:

Espero que cuando leas esta nota tu padre y yo ya estemos descansando en nuestro barco, haciendo ese crucero[1] tan esperado por el Caribe. Ya sabemos que te vas a ocupar de todo y que podemos estar tranquilos, pero por si acaso, quería hacerte algunas recomendaciones sobre la casa y sobre el cuidado de tus hermanos.

No te olvides de sacar la basura todas las noches y recuerda que es necesario que separes el vidrio y el plástico y que los lleves al centro de reciclaje de la comunidad. También es importante que mires el correo todos los días, por si llega alguna carta del banco. Creo que ya está todo pagado, menos la luz. Cuando recibas esa carta, ve al banco y diles que saquen el dinero que hay en mi cuenta corriente. Si tus hermanos necesitan dinero para salir o para comprar alguna cosa, puedes sacarlo de mi cuenta de ahorros. El número está escrito en un papel en mi mesita de noche.

Si no tienen bastante comida, pueden ir al supermercado que está junto a la Plaza Mayor. La dependienta de allí los conoce a los tres y les dará lo que necesiten sin pagar. Al final del verano, cuando hayamos calculado el total de todas las compras, papá y yo les pagaremos directamente a los del supermercado.

En fin, hijo, nos alegra muchísimo que te hayas quedado a cuidar de tus hermanos. Realmente necesitábamos estas vacaciones y hemos podido hacer este viaje gracias a ti.

Te queremos muchísimo,

mamá y papá

[1]cruise

1. ¿Cuál es el objetivo de la carta de la madre al hijo? _____

_____

2. ¿Para qué es necesario que el hijo separe el vidrio y el plástico de la basura? _____

_____

3. ¿Cómo pagará el hijo la luz? _____

_____

4. ¿Qué es necesario que haga el hijo en caso de que sus hermanos necesiten dinero? _____

_____

5. ¿Cuándo les pagarán a los del supermercado todo el dinero de las compras del verano? _____

_____

10 **Mis amigos** Your friends Ricardo and Susana are going to visit you in Spain this summer. Write them a letter to get them excited about their trip; let them know what you will do together, using the future tense and give them advice about the trip, using the subjunctive. Pay attention to the use of the indicative and the subjunctive, and be as creative as possible. (7 pts. for vocabulary + 7 pts. for grammar + 3 pts. for style and creativity = 17 pts.)

_____

_____

_____

_____

_____

_____

_____

_____

_____

_____

_____

_____

_____

_____

_____

_____

_____

_____

_____

_____

_____

_____

_____

_____

_____

_____

_____

_____

_____

examen B   **Lecciones 11–15**

1   **Escuchar** Read these questions. Then listen to the radio advertisement and indicate the option that best answers each question. (5 × 2 pts. each = 10 pts.)

1. ¿De qué lugar habla el anuncio (*advertisement*)?
   a. de un restaurante-bar con cibercafé
   b. de un banco con cajero automático
   c. de una clase de gimnasia

2. ¿Qué ofrece Circuitos?
   a. impresora, fax y estéreo
   b. cederrón, cámara de video y reproductor de DVD
   c. monitor, ratón y radio

3. ¿En qué calle está Tecnomanía?
   a. en Catedral
   b. en Patria
   c. en Héroes

4. ¿En qué área de la ciudad está Tecnomanía?
   a. en el centro
   b. en el sur
   c. en el este

5. ¿A qué hora abre Tecnomanía?
   a. A las tres.
   b. A las cuatro.
   c. A las cinco.

2   **La rutina** Look at these illustrations. Using the verbs from the list, write two **tú** commands for the person in the first drawing, two **usted** commands for the second drawing, and two **ustedes** commands for the third one. Feel free to use your imagination. Do not repeat verbs. (3 × 3 pts. each = 9 pts.)

modelo

¡Aféitese, por favor! ¡Báñese también!

| bañarse | ducharse | levantarse | quitarse |
| cepillarse | lavarse | peinarse | vestirse |

1. _____

   _____

2. _____

   _____

3. _____

Exámenes

3 **¿Qué hacemos?** Your roommate is telling you the problems he has faced when trying to do his homework. Suggest a solution to each using a **nosotros/as** command, and then tell your roommate how the situation will be solved using the future. (5 × 2 pts. each = 10 pts.)

> *modelo*
>
> No encuentro los discos compactos.
>
> *Pensemos dónde pueden estar. Los buscaremos por la mañana.*

1. El monitor está muy sucio. _____

   _____

2. Tengo que buscar información para la clase de geografía. _____

   _____

3. Necesito un programa de computación para hacer la tarea. _____

   _____

4. La impresora no funciona. _____

   _____

5. Hay demasiados archivos en la computadora. _____

   _____

4 **Turistas** There are a lot of tourists in town this weekend and they are all asking you questions. Read the situations that the tourists are in and give each one a recommendation using the subjunctive in adjective clauses. Be creative! (5 × 2 pts. each = 10 pts.)

> *modelo*
>
> Mi hotel está muy lejos de la ciudad.
>
> *Busque un hotel que esté más cerca del centro.*

1. Yo quería llamar a mi hija pero mi teléfono celular no funciona. ¿Qué me recomienda?

   _____

2. Pues a mí me gustaría visitar a una amiga que vive aquí pero no sé cómo llegar a su casa. ¿Qué puedo hacer? _____

   _____

3. Yo quiero sacar dinero, pero los bancos están cerrados. ¿Qué hago? _____

   _____

4. A mi mujer le duele mucho la cabeza desde ayer. ¿Qué nos recomienda? _____

   _____

5. Necesito comprar mapas de la ciudad en holandés. ¿Qué me aconseja hacer? _____

   _____

5 **¡Qué inseguro es!** Iker, Raúl's older brother, is very insecure and can never make up his mind about anything. Read the note he left for Raúl, and complete it by conjugating the verbs in parentheses using an appropriate form of the conditional tense. (5 × 1 pt. each = 5 pts.)

Raúl, ¿recuerdas que ayer te dije que (1) _____ (ir) al centro de reciclaje hoy por la mañana? Pues creo que no voy a ir. Ayer llamé al centro de voluntariado (*volunteer*) de la ciudad y les dije que nosotros (2) _____ (dar) mucho dinero este año para ayudar con el problema de la contaminación. El problema es que yo no tengo dinero y ahora no quiero ir. Imagínate que me encuentro con la directora del centro de voluntariado. ¿Qué (3) _____ (poder) hacer yo en una situación así? Creo que me (4) _____ (morir). Ya, ya sé que no debía prometer cosas que no son verdad, pero la directora era tan simpática y tenía una voz tan dulce... que cuando me dijo que me (5) _____ (llamar) para preguntar si quería contribuir... pues yo... ¡Oh, Dios mío!, ahora que lo pienso, le di mi teléfono, ¡me va a llamar!

6 **Supongo que...** For each image, write a complete sentence indicating what you think these people have already done using the present perfect, and one sentence stating something that you think they will do in the near future using the future tense. (3 + 3 pts. each = 9 pts.)

modelo

Roberto se ha mantenido en forma. Creo que irá al gimnasio a jugar baloncesto.

Roberto

1. Isabela y Carlos   2. Manuel y el Dr. Ramos   3. Fernando

1. _____

_____

2. _____

_____

3. _____

_____

Exámenes

7 **Consejos** Read this note from one of your friends with suggestions for staying healthy. Fill each space with either **por** or **para**, as appropriate. (10 × 1 pt. each = 10 pts.)

Rubén:

Debes cuidar tu salud, es muy importante. Además, esto es algo que yo no puedo hacer

(1) _____ ti, porque nadie más puede ocuparse de tu salud tan bien como tú.

(2) _____ eso, debes ponerte las inyecciones (3) _____ la gripe antes del

invierno. También debes cuidar tu alimentación, (4) _____ no enfermarte durante los cambios de

estación, que son los momentos más peligrosos. (5) _____ llevar una vida más sana debes

empezar (6) _____ hacer ejercicio y comer una dieta equilibrada. (7) _____

favor, recuerda mantenerte en forma (8) _____ mejorar tu bienestar general.

(9) _____ último, no olvides descansar ocho horas todas las noches y acostarte a una hora

normal. No se puede funcionar bien durmiendo solamente tres horas (10) _____ noche.

Nos vemos mañana,

Darío

8 **Preguntas** Answer these questions in Spanish. Use complete sentences in your answers, and respond with the appropriate verb tenses, according to the questions. (5 × 2 pts. each = 10 pts.)

1. ¿Qué harás para celebrar tu fiesta de graduación de la universidad?

   _____

   _____

2. ¿Cuál crees que es el mayor beneficio de aprender otro idioma?

   _____

   _____

3. ¿Qué harías para mejorar tu bienestar?

   _____

   _____

4. ¿Hay algo que le puedas aconsejar a un(a) estudiante que empiece ahora en tu universidad? Explica.

   _____

   _____

5. ¿Qué quehaceres harás esta semana?

   _____

   _____

9 **Lectura** Your oldest brother is taking a trip to Germany and is leaving you in charge of the house and your two dogs for almost a month. Read the note that he has written to help you out in case you run into any kind of trouble. Then, use the information from the reading to answer the questions below in complete sentences. (5 × 2 pts. each = 10 pts.)

Espero que cuando leas esta nota todo esté yendo bien y yo me encuentre ya en Alemania paseando y visitando lugares muy interesantes. Tengo muchísima confianza[1] en ti y en lo responsable que eres y sé que me puedo ir tranquilamente, porque tú te quedas aquí. De todas formas, ya que te quiero evitar problemas, quiero darte algunos consejos por si te encuentras en alguna situación inesperada.[2] Bueno, antes que nada quiero recordarte que saques la basura de la casa todas las noches y la pongas enfrente del jardín para que la recojan los empleados de limpieza.[3] No la dejes adentro de la casa porque no es sano, además Huesitos y Tripas la pueden abrir y enfermarse. Recuerda que debes pagar el teléfono el día 2 del mes. Tengo el dinero para eso en la cuenta corriente. Puedes enviar por correo un cheque dos o tres días antes de esa fecha. No se te olvide darles de comer a los perros y también llevarlos a pasear por lo menos dos veces al día. Apaga la computadora después de usarla para que no termine descompuesta si hay un problema con la energía eléctrica.

El número de mi teléfono celular está en la cómoda de mi alcoba, la puse junto a mi tocadiscos compacto, en un papelito amarillo. Si necesitas que hablemos antes de que yo vuelva de Alemania, llámame cuando quieras, pero recuerda que aquí son seis horas más tarde que allí, así que intenta no llamarme mientras esté durmiendo, por favor. En fin, seguro que todo va bien y no tienes ningún problema sin mí.

Un abrazo,

Gustavo

[1]trust   [2]unexpected   [3]cleaning

1. ¿Cuál es el objetivo de la carta de Gustavo? _____
   _____

2. ¿Para qué es necesario sacar la basura? _____
   _____

3. ¿Qué harás para pagar el teléfono a tiempo? _____
   _____

4. ¿Cuándo debes llevar a los perros a pasear? _____
   _____

5. ¿Qué es probable que pase si llamas a Gustavo durante la tarde de aquí? _____
   _____
   _____

Exámenes

10 **Mis padres** Your parents are visiting you in Latin America this summer. They have never been there before. Write them a letter to get them motivated about their trip. Also, relieve their fears by telling them the things you will do together, using the future tense and give them advice about the trip using the subjunctive. Pay attention to the use of the indicative and the subjunctive and be as creative as possible. (7 pts. for vocabulary + 7 pts. for grammar + 3 pts. for style and creativity = 17 pts.)

PRUEBA A

Hola Marisa. Soy Jaime, el conductor del autobús. ¿Cómo estás? Yo estoy regular. Oye, hay un problema. Hay tres maletas y una grabadora en el autobús. Las maletas son de los pasajeros de Puerto Rico. Pero, ¿de quién es la grabadora? Son las diez de la mañana y mi número de teléfono es el 24-30-12. Muchas gracias.

PRUEBA B

Hola, Carmen. Soy don Francisco, el conductor del autobús. ¿Cómo estás? Yo estoy bien. Oye, hay un problema. Hay dos maletas y tres grabadoras en el autobús. Las maletas son de los turistas del Ecuador. Pero, ¿de quién son las grabadoras? Son las doce del mediodía y el número de teléfono es el 25-13-07. Perdón y gracias.

PRUEBA C
1. ¿Cómo te llamas?
2. ¿Cómo estás?
3. ¿De dónde eres?
4. ¿A qué hora es la clase de español?
5. ¿Cuántos profesores hay en la clase?

PRUEBA D
1. ¿Qué tal?
2. ¿Qué hora es?
3. ¿Cómo se llama tu profesor(a) de español?
4. ¿Cuántas chicas hay en la clase?
5. ¿Hay chicos en la clase?

Lección 2

PRUEBA A

Buenos días. Me llamo Enrique Sánchez y soy el profesor de química. Ahora deseo hablar sobre el curso. A ver, la clase es los lunes, miércoles y viernes de 10 a 11 de la mañana. Necesitan preparar la tarea todas los días y estudiar mucho para la clase. También necesitan practicar todos los lunes en el laboratorio. El laboratorio está cerca de la biblioteca. Bueno, ¿desean preguntar algo?

PRUEBA B

Buenas tardes, soy la profesora Molina. Enseño biología y soy la profesora este semestre. Ahora deseo hablar sobre el curso. A ver, la clase es los martes y los jueves de 12 a 1 de la tarde. Necesitan preparar la tarea todos los días y estudiar mucho para esta clase. También necesitan practicar todos los miércoles en el laboratorio. El laboratorio está cerca de la librería. Bueno, ¿desean preguntar algo?

PRUEBA C
1. ¿Qué día es hoy?
2. ¿Trabajas los sábados?
3. ¿Practicas mucho el español?
4. ¿Te gusta la clase de español?
5. ¿A qué hora termina la clase de español?

PRUEBA D
1. ¿Qué clases tomas este semestre?
2. ¿Qué días es tu clase de español?
3. ¿Estudias en la biblioteca?
4. ¿A qué hora llegas a casa o a la residencia los lunes?
5. ¿Qué días descansas?

Listening Scripts

Lección 3

PRUEBA A

Esteban es de México y vive en Ecuador. Tiene treinta años y es muy inteligente. Estudia química en la universidad y por las tardes trabaja como programador. Tiene que trabajar mucho todos los días. Cuando termina de trabajar, asiste a sus clases. Su novia se llama Matilde y tiene veinticuatro años. Ella comprende que Esteban tiene que estudiar mucho porque ella también es muy trabajadora. Esteban y Matilde descansan los sábados y los domingos.

PRUEBA B

Manuela es estudiante de matemáticas en la universidad. Es de Colombia y tiene veinticinco años. Manuela trabaja en la biblioteca por las tardes y por eso no tiene mucho tiempo para salir con sus amigos. Su compañera de apartamento se llama Tina y es una chica muy simpática. Por las mañanas Tina asiste a clases de japonés y por las tardes trabaja en un café. Manuela y Tina son muy buenas amigas. Comen en la cafetería todos los días y asisten a clase de yoga los sábados.

PRUEBA C
1. ¿Dónde vives?
2. ¿Cuántos años tienes?
3. ¿Te gusta leer el periódico?
4. ¿Qué lenguas extranjeras comprendes?
5. ¿Tienes ganas de aprender español este semestre?

PRUEBA D
1. ¿Cómo eres?
2. ¿Cuántos hermanos o hermanas tienes?
3. ¿Qué debes preparar esta tarde?
4. ¿Qué aprendes en la clase de español?
5. ¿Qué profesión te gusta?

Lección 4

PRUEBA A

¿Le gusta practicar deportes? El lugar que necesita es el Club Cosmos, en el centro de la ciudad. Tenemos actividades para los aficionados a todos los deportes: puede jugar al golf, practicar la natación y jugar al tenis. También hay una piscina, dos gimnasios y una cafetería donde usted puede pasar sus ratos libres. Si quiere más información, puede venir al club. Cerramos a las doce de la noche.

PRUEBA B

¿Desea pasar más tiempo con su familia? ¿Les gusta practicar deportes o pasear en bicicleta? El lugar que usted y su familia necesitan es el Club Excursionista. Pueden pasar un fin de semana en las montañas. Tenemos diversiones para toda la familia. En el Club Excursionista hay dos piscinas, dos gimnasios y un restaurante. Cerca del club hay un parque donde pueden pasear en bicicleta y caminar. Si quiere más información, puede escribir un mensaje electrónico.

PRUEBA C
1. ¿Qué vas a hacer mañana?
2. ¿Dónde piensas comer hoy?
3. ¿Qué vas a hacer este fin de semana?
4. ¿Cuál es tu película favorita?
5. ¿Te gusta practicar deportes?

PRUEBA D
1. ¿Qué vas a hacer esta noche?
2. ¿Qué piensas comer hoy?
3. ¿Sales los fines de semana?
4. ¿A qué hora empieza la clase de español?
5. ¿Qué te gusta hacer los fines de semana?

PRUEBA A

Si deseas ir de vacaciones a Puerto Rico este verano, tu agencia de viajes es la Agencia Sol y Playa. En nuestra agencia puedes conseguir las vacaciones que necesitas. ¿Tienes poco tiempo libre? Puedes pasar un fin de semana en San Juan de Puerto Rico. En nuestra agencia tenemos pasajes de ida y vuelta. ¿Quieres un mes de vacaciones? Puedes conseguir unas magníficas vacaciones en barco, visitando las magníficas playas del mar Caribe. Si te gusta hacer excursiones, puedes acampar dos semanas en la playa Boquerón. La Agencia Sol y Playa es para ti; ¡Puerto Rico te espera!

PRUEBA B

Si deseas ir de vacaciones a Puerto Rico, tu agencia de viajes es la Agencia El Gran Sol. En nuestra agencia puedes conseguir las vacaciones que necesitas. ¿Tienes poco tiempo libre? Puedes pasar un fin de semana paseando por San Juan de Puerto Rico. En nuestra agencia vendemos un pasaje de ida y vuelta con habitación de hotel y excursiones a museos y lugares históricos. ¿Quieres dos semanas de vacaciones? Puedes conseguir unas fabulosas vacaciones acampando en la playa Boquerón y haciendo excursiones por los bonitos paisajes de la isla. La Agencia El Gran Sol es para ti; ¡Puerto Rico te espera!

PRUEBA C	PRUEBA D
1. ¿Cuál es la fecha de hoy?	1. ¿En qué estación del año estamos?
2. ¿Qué tiempo hace hoy?	2. ¿Qué te gusta hacer cuando llueve?
3. ¿Qué quieres hacer en las vacaciones?	3. ¿Cómo son tus vacaciones ideales?
4. ¿Qué prefieres: viajar en avión o viajar en tren?	4. Para tus vacaciones, ¿prefieres dormir en un hotel o acampar? ¿Por qué?
5. ¿Cómo estás hoy?	5. ¿Qué estás haciendo ahora mismo?

Lección 6

PRUEBA A

Bienvenidos al almacén El Caribe. En nuestras exclusivas tiendas de moda van a encontrar toda la ropa que ustedes necesitan para esta primavera. No tienen que gastar mucho dinero porque nuestros clientes siempre consiguen las mejores rebajas. En la tienda para niños, venden pantalones de todos los colores por sólo 200 pesos y camisetas por sólo 150. También tienen vestidos para niñas desde 230 pesos. En la tienda para hombres, tienen chaquetas y pantalones desde 1.500 pesos. También hay corbatas, zapatos y cinturones que hacen juego con toda su ropa. En la tienda de señoras, pueden comprar los vestidos más elegantes desde 700 pesos.

PRUEBA B

Bienvenidos al centro comercial El Prado. En nuestras exclusivas tiendas van a encontrar toda la ropa que necesitan para este invierno y pueden ir a la moda a precios de ganga. En la tienda para niños Globos, vendemos pantalones y camisetas por sólo 175 pesos y vestidos para niñas desde 225 pesos. También tenemos abrigos de todos los colores para los días de frío. En la tienda de señoras Detalles, pueden comprar los vestidos más elegantes desde 700 pesos. También hay medias, sombreros y guantes que hacen juego con todo. En la tienda para hombres Modas Martino, tenemos chaquetas y pantalones desde 1.800 pesos. También hay una excelente rebaja en cinturones y corbatas.

PRUEBA C	PRUEBA D
1. ¿A qué hora llegaste ayer a tu casa?	1. ¿A qué hora te levantaste esta mañana?
2. ¿Te prestan dinero tus amigos?	2. ¿Te regala ropa tu familia?
3. ¿En qué año empezaste a estudiar en la universidad?	3. ¿Cuándo empezaste a estudiar en la universidad?
4. ¿Qué ropa llevas ahora?	4. ¿Qué ropa te gusta llevar en verano?
5. ¿Dónde comiste ayer?	5. ¿Dónde gastaste diez dólares la semana pasada?

Lección 7

PRUEBA A

Mañana martes me voy a Perú por una semana. Me fascina viajar, pero siempre me pongo muy nervioso cuando tengo que irme. Me preocupa no tener tiempo para preparar todo lo que necesito porque algunas veces no me acuerdo de llevar cosas importantes. Todavía me falta comprar el champú, la crema de afeitar y una toalla pequeña para el viaje. A ver, mañana me levanto a las siete, después me ducho, me visto y salgo a comprar las cosas que faltan. Luego vuelvo, como algo y llamo un taxi. Ah, también tengo que llevar un despertador.

PRUEBA B

Mañana jueves me voy a Panamá por dos semanas. Me encanta viajar y me pongo especialmente contento cuando visito a mis amigos. Pero me molestan los viajes muy largos, por eso siempre me duermo en el avión y cuando me despierto, estoy en mi destino. Todavía me falta comprar regalos para mis amigos. Me preocupa no tener tiempo para preparar todo lo que necesito.

PRUEBA C

1. ¿A qué hora te levantaste hoy?
2. ¿Adónde fuiste para tus vacaciones?
3. ¿Te preocupas por tus amigos?
4. ¿Te molesta la música para estudiar?
5. ¿Te enojas mucho?

PRUEBA D

1. ¿A qué hora te acostaste ayer?
2. ¿Prefieres ducharte o bañarte?
3. ¿Te preocupas por tus clases?
4. ¿Cuál fue tu película favorita el año pasado?
5. ¿Adónde fuiste ayer después de la clase de español?

Lección 8

PRUEBA A

Buenas tardes. Les voy a explicar los platos que ofrecemos hoy para el almuerzo. Para empezar tenemos cuatro deliciosas sopas: sopa de salmón, sopa de espárragos, sopa de verduras y también una rica sopa de champiñones. También tenemos bistec con verduras, un excelente jamón con patatas y, bueno, yo personalmente les recomiendo la carne de res con pimienta y limón. El plato del día es marisco asado. Para beber, los jugos naturales son nuestra especialidad o, si lo desean, les puedo traer el menú de vinos.

PRUEBA B

Buenas noches. Les voy a explicar los platos que ofrecemos hoy para la cena. Para empezar tenemos sabrosos entremeses. Yo personalmente les recomiendo el jamón y los camarones. También ofrecemos cuatro deliciosos primeros platos: arroz con mariscos, pasta con espárragos, arvejas con jamón y también una sabrosa sopa de verduras. El dueño siempre recomienda la carne de res con pimientos. El plato del día es pollo asado. Para beber, los jugos de frutas son nuestra especialidad o, si lo desean, les puedo traer agua mineral, refrescos o el menú de vinos.

PRUEBA C

1. ¿Qué almorzaste ayer?
2. ¿Quién come más que tú?
3. ¿Conduces para ir a clase?
4. ¿Les prestas tus libros a tus amigos?
5. ¿Sabes hablar francés?

PRUEBA D

1. ¿Qué platos mexicanos conoces?
2. ¿Qué te gusta beber cuando cenas en un restaurante?
3. ¿Quién te conoce mejor en tu familia?
4. ¿Qué desayunaste esta mañana?
5. ¿Cuándo cocinas?

PRUEBA A

Hola, Ana: soy Yolanda. Llamo para darte las gracias por venir a mi fiesta de cumpleaños ayer. Ya tengo dieciocho años y soy mayor de edad. ¡Qué bien! La verdad, me divertí mucho en la fiesta y todo salió muy bien. Ese restaurante colombiano es uno de los mejores y la comida fue muy buena. Me gustaron mucho los postres: el flan y el pastel de chocolate. Pero lo que me encantó fue el regalo sorpresa de mis padres: ¡un carro nuevo! Pero bueno, ya vi que bailaste mucho con mi primo Ricardo. Él me llamó hoy y creo que le interesa conocerte más. Así que llámame pronto y nos vamos los tres a pasear en el nuevo Toyota.

PRUEBA B

Hola, Paco: soy Rúper. Llamo para darte las gracias por venir a mi fiesta ayer. Ya me gradué. ¡Qué bien! No lo puedo creer. ¿Te divertiste? Yo sí. Me divertí mucho con todos. Gracias también por recomendarme ese restaurante argentino. Me encantó la comida y los postres estuvieron riquísimos. Y ¿qué te pareció el regalo sorpresa de mis padres? ¡Una moto! Tenemos que probarla. Tú puedes pasear a mi hermana Noemí en mi moto nueva. Ya vi que hablaste mucho con ella en la fiesta. Creo que a ella también le interesa conocerte más. Te llamo otra vez mañana y nos vamos los tres a tomar algo.

PRUEBA C

1. ¿Qué hiciste ayer?
2. ¿Estudió alguien contigo para esta prueba?
3. ¿Pudiste dormir bien ayer?
4. ¿Te dieron algún regalo el día de tu cumpleaños?
5. ¿Cuándo supiste que ibas a venir a esta universidad?

PRUEBA D

1. ¿Con quién te llevas muy bien en tu familia?
2. ¿Cuándo es tu cumpleaños?
3. ¿Con quién saliste el fin de semana pasado?
4. ¿Tuviste una cita el mes pasado?
5. ¿Cómo te gusta celebrar tu cumpleaños?

PRUEBA A

¿Tiene fiebre? ¿Le duele la garganta? Si tiene una infección de garganta, necesita antibióticos para volver a estar sano. El antibiótico en pastillas Netol es la solución. Si quiere un medicamento efectivo y no le gustan las inyecciones, a usted le van a interesar nuestras pastillas. Muchos médicos las recomiendan a sus pacientes para curar las infecciones de garganta. Debe conseguir la receta del medicamento en el consultorio de su médico. Si está embarazada debe hablar con su médico antes de tomar Netol. No puede tomar Netol si es alérgico a los antibióticos. Debe dejar de tomar las pastillas Netol si siente que está mareado. Para más información sobre este nuevo medicamento, llame al número 600 20 40.

PRUEBA B

¿Le duele la garganta? ¿Siente que está congestionado? ¿Cree que tiene un resfriado? Si responde que sí, quizás usted es alérgico y no lo sabe. Si tiene estos síntomas y piensa que puede ser alérgico, necesita ir al consultorio de su médico para un examen. Si el médico le dice que es alérgico, le puede preguntar por el nuevo medicamento AirFlex. Las pastillas AirFlex le van a ayudar a olvidarse de todos los síntomas. Tiene que tomar una pastilla por la mañana, y puede llevar una vida sana. Si un día se olvida de tomar las pastillas, no debe preocuparse. El efecto de AirFlex va a seguir con usted hasta la próxima pastilla. Si está embarazada debe hablar con su médico antes de tomar AirFlex. Si quiere más información, sólo tiene que llamar al 392 04 93.

PRUEBA C

1. ¿Cuánto tiempo hace que estudias español?
2. ¿Se te pierden las cosas con frecuencia? ¿Qué cosas?
3. ¿Qué hacías durante las vacaciones cuando eras pequeño/a?
4. ¿Te pusieron una inyección alguna vez?
5. ¿Te enfermabas mucho cuando eras pequeño/a?

PRUEBA D

1. ¿Con que frecuencia vas al médico?
2. ¿Se te olvidan las cosas frecuentemente? ¿Qué cosas?
3. ¿Qué hacías cuando eras pequeño/a y te sentías enfermo/a en clase?
4. ¿Te rompiste alguna parte del cuerpo alguna vez?
5. ¿Tenías problemas para dormir cuando eras niño/a?

PRUEBA A

¿Ya conoce usted Teletrón? ¿Ya tiene nuestros servicios en su casa? Si no es así, no debe esperar ni un minuto más para conocer este nuevo sistema que va a cambiar su opinión de la televisión. Teletrón es un servicio de televisión por cable que le permite ver más de 200 programas al prender su televisor. Nuestros programas incluyen opciones para toda la familia: deportes, juegos, películas y programas especiales para los más pequeños todas las tardes de lunes a viernes. Además, con Teletrón, usted puede grabar sus programas favoritos y guardarlos para verlos en su tiempo libre. Si desea más información, puede visitar nuestro sitio web, en *www.teletron.tv* y en unas horas va a ver Teletrón desde el sofá de su sala.

PRUEBA B

¿Tienes problemas con tu dirección electrónica? ¿No tienes bastante espacio para guardar todos tus correos? ¡No pierdas tiempo! Entra ya a *www.navegarenlared.com* y crea tu dirección electrónica con 15 MB de espacio. No tienes que pagar antes del 12 de diciembre. Además, en nuestro sitio web puedes leer todo lo nuevo en tecnología y deportes, mirar películas, imprimir fotos de tus artistas favoritos o descargarlas en tu computadora. No esperes más y crea tu dirección electrónica con 15 MB hoy mismo ¡y sin pagar!

PRUEBA C

1. ¿Qué hacen tus amigos/as y tú cuando alguno/a tiene un problema?
2. ¿Dónde te encuentras con tus amigos los fines de semana?
3. ¿Qué hiciste el primer día de clases?
4. ¿Qué hacen tus papás y tú cuando regresas a casa después de pasar varias semanas lejos?
5. ¿Qué hacen los recién casados cuando termina la ceremonia de la boda?

PRUEBA D

1. ¿Qué hacen tus papás y tú cuando se ven después de varios meses?
2. ¿Qué hacen los novios al final de una cita?
3. ¿Qué hacen tus amigos/as y tú cuando tienen algo muy importante que contarse?
4. ¿Dónde te encuentras con tus compañeros/as cuando van a estudiar juntos?
5. ¿Qué hiciste al terminar la clase pasada?

PRUEBA A

Víctor, cariño, soy mamá. Mira, estoy en casa de la tía Rosa y necesito unas cosas de casa. ¿Me las traes, por favor? Voy a estar aquí hasta la hora de comer. Mira, en el altillo hay un cuadro pequeño de color rojo, lo necesito urgentemente. También necesito una manta que está en el armario de mi dormitorio. Tiene unos dibujos de animalitos. Necesito también el cartel que hay en la sala, detrás del sofá. Ya sabes cuál es, ¿verdad? Bueno, puedes llamarme a mi teléfono celular si tienes problemas para encontrar algo. Muchas gracias, hijo, eres el mejor.

PRUEBA B

Hola chicas, no puedo ayudarlas a limpiar la casa para la fiesta de esta noche, pero tengo unas sugerencias sobre lo que deben hacer. Deben limpiar la sala y pasar la aspiradora. Beatriz, sacude los muebles y lava las cortinas por favor, están sucias porque yo las ensucié ayer mientras comía chocolate. Rosa, es necesario que hagas todas las camas, la mía también, porque no tuve tiempo esta mañana. Saquen las mantas del altillo, esta noche va a hacer bastante frío y las necesitamos. Ah, por cierto, saquen mi ropa de la lavadora y pónganla en la secadora. Esta noche necesito estar guapa y tener ropa limpia porque mi chico favorito va a venir a la fiesta. Y. . . bueno, creo que eso es todo. Yo voy a llegar a casa treinta minutos antes de la fiesta. Son las mejores compañeras de apartamento, ¿lo sabían? Chao, chao.

PRUEBA C

1. De todos los quehaceres domésticos, ¿qué es lo que menos te gusta hacer?
2. ¿Qué les dices a los amigos de tus padres si te dicen que quieren ver tu cuarto?
3. ¿Cuáles son los quehaceres que tienes que hacer después de comer?
4. ¿Qué le dices a tu jefe cuando te ordena sacudir los muebles de la oficina?
5. ¿Cómo les contestas a tus profesores si te ordenan plancharles las camisas?

PRUEBA D

1. De todos los quehaceres domésticos, ¿qué es lo que más te gusta hacer?
2. ¿Qué les dices a los amigos de tu madre si te dicen que quieren verte cocinar?
3. ¿Cuáles son los quehaceres que tienes que hacer todos los días?
4. ¿Qué le dices a tu jefe si te ordena limpiar su oficina?
5. ¿Cómo le contestas a tu profesor de español si te pide un café?

PRUEBA A

¿Quieres venir a un lugar donde puedas descansar y practicar ecoturismo? En el Camping Bahía Azul de Colombia tenemos exactamente lo que buscas. Algunas de las actividades que puedes hacer mientras nos visitas incluyen: ir de excursión por el valle, pasear por el río para descubrir las especies de plantas y peces que están en peligro de extinción, visitar la central de energía solar Conersol. Para que no pierdas la oportunidad de pasar unos días aquí, es necesario que nos llames al 930 29 38. Con tal de que hagas tu reservación antes del 31 de mayo, vas a pasar unos días maravillosos. Y si visitas nuestro sitio web en www.campingbahiaazul.com puedes conseguir un boleto a mitad de precio. Sólo abrimos de junio a septiembre para que los animales que viven en el parque puedan seguir aquí sin que nadie los moleste. Ven, ¡te esperamos!

PRUEBA B

Bienvenidos a nuestro programa de ecología. Hoy vamos a hablar de los bosques. Es muy importante que conservemos los bosques por tres factores: el primero es que las plantas limpian el aire que todos respiramos y las necesitamos para que nos den aire puro. El segundo factor es que muchos animales están en peligro de extinción porque viven en los bosques. El tercer y último factor es que no podemos olvidar que las medicinas se hacen muchas veces de las plantas y árboles de los bosques. Hoy día, hay regiones que están muy afectadas por la contaminación. Los expertos dicen que ya se perdió el 80% de los bosques del planeta, pero los gobiernos no hacen casi nada para evitar su destrucción. Todos sabemos que tenemos que parar la deforestación. Pero, ¿cómo conseguirlo? ¡Debemos reciclar!

PRUEBA C

1. ¿Para qué es importante separar el aluminio del plástico en la basura?
2. ¿Cuándo fue la última vez que hiciste algo por el medio ambiente? ¿Qué hiciste?
3. ¿Qué puedes hacer tú para conservar energía en tu casa?
4. ¿Qué puede hacer el gobierno para parar la deforestación?
5. ¿Qué puedes hacer para mantener limpia tu ciudad?

PRUEBA D

1. ¿Para qué necesitamos reciclar el papel que usamos?
2. ¿Cuándo fue la última vez que hiciste algo por mantener limpia tu ciudad? ¿Qué hiciste?
3. ¿Qué puedes hacer tú para que no haya tantos animales en peligro de extinción?
4. ¿Qué es necesario que hagamos para poder beber el agua de nuestros ríos?
5. ¿Cuál es el mayor problema medioambiental de tu ciudad? ¿Por qué?

PRUEBA A

1. Normalmente vamos a la panadería para comprar dulces.
2. Cuando necesite un préstamo, iré al buzón.
3. Para ahorrar dinero, es necesario tener una cuenta de ahorros.
4. Cuando me enfermo, voy a la farmacia para comprar medicamentos.
5. En los supermercados se puede abrir una cuenta corriente.

PRUEBA B

1. Las cuentas de ahorros sirven para ayudarte a ahorrar.
2. En la carnicería sólo venden cosas verdes.
3. Cuando no encuentre un lugar en la calle para mi carro, lo estacionaré en la panadería.
4. Si no tengo dinero, puedo ir al banco a pedir un préstamo.
5. Cuando voy de vacaciones, siempre uso cheques de viajero para mis compras.

PRUEBA C

1. ¿Adónde vas cuando necesitas dinero para tus compras?
2. ¿Adónde llevas tu ropa cuando no está limpia?
3. ¿Qué debes poner en el sobre antes de mandar una carta?
4. ¿Cómo puedes pagar por algo cuando no tienes dinero en efectivo?
5. ¿Qué digilencias harás este fin de semana?

PRUEBA D

1. ¿Adónde vas para enviar una carta por correo tradicional?
2. Si tu mamá quiere estar guapa para una fiesta, ¿adónde va?
3. ¿De qué cuenta viene el dinero que sacas del cajero automático?
4. ¿Qué diligencias harás esta semana?
5. ¿Cómo puedes pagar por algo si no quieres hacer pagos cada mes?

PRUEBA A

¡Atención, atención! Acaba de llegar a tu ciudad el gimnasio que has estado esperando toda tu vida. ¿Te preguntas qué tiene de especial el Club Metropolitano? Lo tiene todo, desde un gimnasio completamente equipado con todo lo necesario para hacer ejercicio hasta unos clientes maravillosos. Nuestros entrenadores han sido preparados por los mejores profesores y pueden ayudarte a conseguir tus objetivos, no importa cuáles sean. ¿Qué has hecho por tu salud últimamente? ¿Has estado a dieta? ¿Has pasado hambre? Ya no es necesario que lo hagas nunca más porque el Club Metropolitano tiene la solución perfecta. Cuando visites nuestro club verás que hemos pensado en cada detalle para hacerte la vida más fácil. Tenemos un nutricionista para cada cinco personas, así que puedes estar seguro de que recibirás una atención personalizada cada día. Y además, durante los meses de abril, mayo y junio podrías participar en las actividades del club sin pagar nada. Sí, has oído bien, tres meses completamente gratis. ¡Te esperamos!

PRUEBA B

¡Por fin hemos llegado a tu ciudad y hemos venido para quedarnos! ¿Sabes quiénes somos? Somos el Club Bosque y Mar. ¿No has oído hablar de nosotros? Pues seguro que has visto algunos de nuestros clubes, pero no sepas que son gimnasios. ¿Cómo es posible? Nuestros gimnasios son centros para aliviar la tensión y el estrés, y todos están cerca del bosque o del mar. En nuestras cintas caminadoras puedes perder grasa mientras escuchas el sonido del viento entre los árboles. En nuestras salas de pesas puedes desarrollar tus músculos mientras escuchas música a cualquier hora del día. Y después, cuando termines de entrenarte, podrías visitar la sauna, el jacuzzi, la piscina, el café, el cine ¡o la playa! ¿Piensas que no puedes hacer ejercicio por falta de tiempo? Pues, ahora puedes comer con tus amigos, ponerte en forma, descansar, ir al cine o ver un concierto, todo sin salir de nuestro club. ¡Ven hoy mismo! ¡No te lo pierdas!

PRUEBA C

1. ¿Qué has hecho este semestre para comer una dieta sana?
2. ¿Has intentado adelgazar o engordar alguna vez? Explica tu experiencia.
3. ¿Has aumentado de peso este año? ¿Por qué?
4. La pirámide de comida se ha hecho muy popular. ¿Qué impacto ha tenido en tu vida?
5. ¿Qué harías para aliviar tu estrés este semestre?

PRUEBA D

1. ¿Qué has hecho este año para comer una dieta equilibrada?
2. La dieta Atkins tiene muchas proteínas. ¿Harías una dieta así? ¿Por qué?
3. ¿Qué has hecho para aliviar la tensión cuando has tenido exámenes?
4. ¿Qué harías para mejorar tu bienestar?
5. ¿Has desayunado proteínas antes de venir a clase hoy? ¿Por qué?

EXAMEN A

Puerto Rico es maravilloso. Les va a gustar mucho, estoy seguro. Cuando yo estuve allí, me lo pasé muy bien. El Viejo San Juan es muy bonito. Yo fui con mi esposa y fue un viaje muy divertido. Nos quedamos en el hotel Paraíso, donde todas las mañanas desayunábamos mirando el mar. Si les gusta ir de compras, hay tiendas para todos. Para comer, les recomiendo un restaurante en el centro que se llama Don José. Mi playa favorita cerca de San Juan es Ocean Park. Es una de las playas más hermosas y tiene muchas actividades durante los fines de semana.

EXAMEN B

Puerto Rico es una isla bellííííísima. Yo volví de allí el mes pasado y éste fue mi tercer viaje. En mi primer viaje visité las playas más conocidas. En mi segundo viaje conocí un poco más el interior, visité muchos museos interesantísimos y compré libros de historia y cultura puertorriqueñas. Pero en este último viaje me divertí muchísimo más porque ahora ya sé donde ir de compras y a mí . . . ¡¡me encanta ir de compras!! También me encanta el paisaje. Estoy segura que a ustedes también les va a encantar esta hermosa e interesante isla. Para comprar regalos, les recomiendo una tienda en el Viejo San Juan que se llama Perlas. Allí pueden encontrar regalos para todos a muy buenos precios.

Lecciones 8–15

EXAMEN A

Buenas tardes y bienvenidos a la Tercera Conferencia de Tecnología en Nuestro Mundo. Hoy vamos a hablar de los temas más interesantes y actuales relacionados con la tecnología que usamos todos los días, tanto en las universidades como en nuestro tiempo libre.

Primero, empezaremos con una presentación del profesor Joaquín Sánchez, quien ha estudiado la influencia de la tecnología en la vida de los estudiantes de la universidad y ha descubierto que los estudiantes que tienen acceso a Internet pasan más tiempo descargando música que preparando proyectos para sus clases. Por eso, él hablará, entre otras cosas, de Internet como un recurso que no sólo se usa para la educación, sino también para la diversión.

Continuaremos con un debate entre la doctora Maribel Vargas y el doctor Felipe Garrido, dos médicos con dos opiniones muy diferentes. La Dra. Vargas ha escrito un libro en el que explica cómo la tecnología ha ayudado a muchas personas a mantenerse en forma y llevar una vida más sana, mientras que el Dr. Garrido ha declarado en la última reunión de la Asociación Nacional de Médicos que el exceso de tecnología ha ayudado a crear una generación de sedentarios que se quedan en casa "atrapados" en mundos artificiales.

EXAMEN B

Buenas tardes y bienvenidos a la Primera Conferencia de Tecnología en América del Sur.

Hoy vamos a hablar de los temas más interesantes y actuales relacionados con la tecnología que usamos todos los días, tanto en las universidades como en nuestro tiempo libre.

Primero, empezaremos con una presentación del profesor Ernesto Beltrán, quien ha estudiado la influencia de la tecnología en la vida de los estudiantes de la universidad y ha descubierto que los estudiantes que tienen acceso a Internet pasan más tiempo mandando y leyendo correo electrónico que preparando proyectos para sus clases. Por eso, él hablará, entre otras cosas, de Internet como un recurso que no sólo se usa para la educación, sino también para la diversión.

Continuaremos con un debate entre la doctora Verónica Mendoza y el doctor Emilio Medina, dos médicos con dos opiniones muy diferentes. La Dra. Mendoza ha escrito un libro en el que explica cómo la tecnología ha ayudado a muchas personas a mantenerse en forma y llevar una vida más sana, mientras que el Dr. Medina ha declarado en la última reunión de la Asociación Nacional de Médicos que el exceso de tecnología ha ayudado a crear una generación de sedentarios que se quedan en casa "atrapados" en mundos artificiales.

EXAMEN A

Bueno, amigos, ya estamos en Quito. Ahora pueden descansar unas horas en sus habitaciones. Esta noche vamos a ir a pasear por la ciudad. Por las noches normalmente hace más fresco. Si quieren salir sin el grupo, deben tener cuidado. Tienen que tener siempre un mapa y el número de teléfono del hotel. El número de teléfono es el 22–37–89. Mañana por la mañana tenemos que salir temprano para ir al parque; no está muy lejos de aquí. Es un parque maravilloso donde van a poder pasear en bicicleta, patinar o tomar el sol. Bueno, esto es todo. Nos vemos más tarde.

EXAMEN B

Bueno amigos, ya estamos en la Ciudad de México. Ahora tienen unas horas para descansar en sus habitaciones. Esta tarde vamos a ir a visitar los monumentos más importantes. Por la noche, todos vamos a ir a un restaurante muy bueno. Deben recordar que en la Ciudad de México siempre hace fresco por las noches. Si quieren salir sin el grupo deben tener cuidado. Deben llevar siempre un mapa y el número de teléfono del hotel. El número de teléfono es el 53–32–13. Por la mañana tenemos que salir del hotel a las nueve. Vamos a ir al museo de arte Diego Rivera. Y bueno, eso es todo. Nos vemos más tarde.

EXAMEN A

Hoy les traemos noticias de un centro comercial que acaba de abrir en Buenos Aires. Se llama Recoleta y parece interesar tanto a los turistas como a las personas que viven cerca de allí. ¿Qué tiene de especial? A los clientes les gustan sus almacenes variados, sus restaurantes y su ambiente elegante. Si conducen, es fácil quedarse cerca del centro comercial. Si prefieren ir en transporte público, hay dos autobuses que llegan a Recoleta desde otras partes de la ciudad. El centro tiene un buen horario: abre de nueve de la mañana a nueve de la noche todos los días de la semana excepto los domingos, cuando cierra a las seis de la tarde.

La semana pasada, tuve la oportunidad de visitar el nuevo centro comercial y me encantó. Hay tiendas de todo tipo que venden una excelente selección de ropa, zapatos, electrodomésticos, muebles y artículos de regalo. ¡Lo único que parece faltar es un cine! Visité muchas tiendas, pero de todas, mi favorita fue Regalos de Amor. Allí compré un regalo para mi sobrina, quien celebra su cumpleaños pronto, y también compré algo para mi esposa para nuestro décimo aniversario de bodas. Por gastar más de 120 pesos, me regalaron una botella de champán.

Recoleta es un oasis de diversión en medio de la gran ciudad. Esta semana hay una oferta en los restaurantes: si invitas a cenar a un amigo, pagas un precio fijo de 50 pesos.

EXAMEN B

Hoy les traemos noticias de un centro comercial que acaba de abrir en Buenos Aires. Se llama San Telmo y parece interesarles tanto a los turistas como a las personas que viven cerca de allí. ¿Qué tiene de especial? A los clientes les gustan sus almacenes variados, sus restaurantes y su ambiente elegante. Si conducen, es fácil quedarse cerca del centro comercial. Si prefieren ir en transporte público, hay tres autobuses que llegan a San Telmo desde otras partes de la ciudad. El centro tiene un buen horario: abre de las ocho de la mañana a las ocho de la noche todos los días de la semana excepto los domingos, cuando cierra a las cinco de la tarde.

Anteayer tuve la oportunidad de visitar el nuevo centro comercial y me encantó. Hay tiendas de todo tipo que venden una buena selección de ropa, zapatos, electrodomésticos, muebles y artículos de regalo. ¡Lo único que parece faltar es un cine! Visité muchas tiendas, pero de todas, mi favorita fue Sorpresas Dulces. Allí compré un regalo para mi sobrina, quien se casa la semana que viene, y también compré algo para mi esposa para su cumpleaños. Por gastar más de 100 pesos, me regalaron una botella de champán.

San Telmo es un oasis de diversión en medio de la gran ciudad. Esta semana hay una oferta en los restaurantes: si invitas a almorzar a un amigo, pagas un precio fijo de 40 pesos.

EXAMEN A

Hola, amigos. ¿Han escuchado hablar de la nueva discoteca Tecnobaile? En Tecnobaile pueden escuchar la más amplia variedad de música mientras bailan y disfrutan de nuestras bebidas naturales hechas con extractos de frutas tropicales. También tenemos el cibercafé Contactos en el segundo piso, para quienes prefieren navegar en Internet mientras disfrutan de nuestra exclusiva selección de cafés y tés. En Contactos les ofrecemos las computadoras más modernas, con pantallas grandes, impresora y reproductor de DVD. Además de la conexión más rápida con la red.

¡Dénse prisa! Es importante que vengan a conocernos para que alivien el estrés y la tensión de la vida en la ciudad. Aquí podrán olvidarse de sus problemas y hasta podrán adelgazar bailando al ritmo de su música favorita.

¿Quieren saber dónde está Tecnobaile? De la estación del metro Central sigan derecho dos cuadras hacia el norte por la calle Rosa y doblen a la izquierda en la calle Magnolia; Tecnobaile está en el número 362, a una cuadra de la Plaza Mayor, ¡en el corazón de la ciudad!

No esperen más y vengan hoy mismo, abrimos a las 4 de la tarde y cerramos a las 2 de la mañana. Recuerden, Tecnobaile y Contactos, donde la tecnología vive.

EXAMEN B

Hola, amigos. ¿Han escuchado hablar del nuevo restaurante-bar Tecnomanía? En Tecnomanía pueden escuchar la más amplia variedad de música mientras bailan o disfrutan de los platos de nuestro menú de vanguardia. También tenemos el cibercafé Circuitos en la planta baja, para quienes prefieren navegar en Internet mientras disfrutan de nuestra exclusiva selección de cafés y postres. En Circuitos les ofrecemos las computadoras más modernas, con cederrón, cámara de video y reproductor de DVD. Además de la conexión más rápida con la red.

¡Dénse prisa! Es importante que vengan a conocernos para que alivien el estrés y la tensión de la vida en la ciudad. Aquí podrán olvidarse de sus problemas y hasta podrán adelgazar bailando al ritmo de su música favorita.

¿Quieren saber dónde está Tecnomanía? De la estación del metro Catedral sigan derecho una cuadra hacia el oeste por la calle Héroes y doblen a la derecha en la calle Patria; Tecnomanía está en el número 708, a dos cuadras de la Plaza Mayor, ¡en el corazón de la ciudad!

No esperen más y vengan hoy mismo, abrimos a las 5 de la tarde y cerramos a las 3 de la mañana. Recuerden, Tecnomanía y Circuitos, donde la tecnología vive.

Listening Scripts

Fotonovela Video Test Items   Lección 1

1 **¿De dónde son?** Write where the video characters are from, according to what they said in the video. Use complete sentences; one of the countries may be used more than once.

1. **ÁLEX** 2. **DON FRANCISCO** 3. **INÉS** 4. **JAVIER** 5. **MAITE**

Ecuador   España   México   Puerto Rico

1. _____
2. _____
3. _____
4. _____
5. _____

Fotonovela Video Test Items   Lección 2

1 **Las materias** Using what you remember from the **Fotonovela** and the list of classes below, briefly describe the course loads of two of the four video characters. Mention some of the classes that each takes, and whether or not he or she likes the classes.

INÉS   **ÁLEX**   **MAITE**   **JAVIER**

1. arte
2. literatura y periodismo
3. geografía, historia y sociología
4. historia y computación

_____
_____
_____
_____
_____
_____
_____

1   **La familia** Look at the photo and, using what you remember from the **Fotonovela** and the words from the word bank, briefly describe Javier's family.

alto/a	grande	simpático/a	viejo/a
bonito/a	pequeño/a	trabajador(a)	

_____

_____

_____

_____

_____

_____

Fotonovela Video Test Items   Lección 4

1   **¿Qué pasó?** Look at the video stills and write the conversation that is taking place. Use the information you remember from the video and your imagination. Use at least five words from the word bank.

correr	excursión	ir	nadar	salir
deportes	gustar	montaña	noche	ser

_____

_____

_____

_____

_____

_____

_____

_____

_____

1   **¿Qué pasó?** Look at the stills and write the conversation that is taking place. Use the information you remember from the video and your imagination. Use the present progressive at least twice.

_____

_____

_____

_____

_____

_____

Fotonovela Video Test Items   **Lección 6**

1   **¿Qué pasó?** Look at the photos and, using what you remember from the **Fotonovela** and your imagination, write about what happened in each of these moments. What did Inés and Javier buy? Were they happy with their purchases? Were the items cheap or expensive? Use the preterite.

_____

_____

_____

_____

_____

_____

Fotonovela Video Test Items   Lección 7

1 **La vida diaria** Answer these questions based on what you remember from the **Fotonovela**.

1. ¿Le gustan a Javier los mercados al aire libre?

   _____

2. ¿Se despierta Álex temprano cuando está en México?

   _____

3. ¿Se levanta Javier temprano?

   _____

4. ¿Por qué tiene Javier problemas para levantarse temprano?

   _____

5. ¿Qué va a hacer Álex por la mañana, antes de ducharse?

   _____

Fotonovela Video Test Items   Lección 8

1 **Platos** Here is a list of food. Using your imagination and what you remember from the **Fotonovela**, recreate a dialogue mentioning some of the dishes that Doña Rita, the owner of the **El Cráter** restaurant, offered to the video characters.

arroz con pollo	caldo de patas	fajitas	lomo a la plancha
bistec con papas	ceviche de camarón	jamón cocido	tortillas de maíz

_____

_____

_____

_____

_____

_____

_____

_____

_____

_____

_____

1 **¿Qué pasó?** Look at the still and describe what is taking place. Use the information you remember from the video and your imagination. Use at least four words from the list.

chocolate	cuenta	propina
cumplir	dulces	sorpresa

_____
_____
_____
_____
_____
_____

_____
_____
_____

Fotonovela Video Test Items

Lección 10

1 **¿Qué pasó?** Look at the stills and write the conversation that is taking place. Use the information you remember from the video and your imagination. Use at least five words from the list.

caerse	de niño/a	embarazada	poner una inyección	receta
consultorio	doler	lastimarse	radiografía	tobillo

_____
_____
_____
_____
_____
_____
_____
_____

Fotonovela Video Test Items   Lección 11

1 **¿Qué pasó?** Look at the stills and write the conversation that is taking place. Use what you remember from the video and your imagination.

_____

_____

_____

_____

_____

_____

_____

_____

Fotonovela Video Test Items   Lección 12

1 **¿Qué pasó?** Look at the stills and write the conversation that is taking place. Use what you remember from the video and your imagination.

_____

_____

_____

_____

_____

_____

_____

_____

1 **¿Qué pasó?** Look at the stills and write the conversation that is taking place. Use what you remember from the video and your imagination.

_____

_____

_____

_____

_____

_____

_____

Fotonovela Video Test Items

Lección 14

1 **¿Qué pasó?** Look at the stills and write the conversation that is taking place. Use what you remember from the video and your imagination.

_____

_____

_____

_____

_____

_____

_____

_____

_____

_____

Optional Test Sections

1 **¿Qué pasó?** Look at the stills and write the conversation that is taking place. Use what you remember from the video and your imagination.

_____

_____

_____

_____

_____

_____

_____

_____

1   **Protagonistas** Choose one of the events that has happened to the characters and describe it, using the preterite tense. Use the information you remember from the video and your imagination.

_____

_____

_____

_____

_____

_____

_____

_____

Fotonovela Video Test Items   **Lecciones 8–15**

1   **El problema** Look at these stills from one segment of the video and write a short dialogue based on the stills. Make sure to use complete sentences and all appropriate punctuation marks.

_____

_____

_____

_____

_____

_____

_____

_____

Fotonovela Video Test Items   Lecciones 1–5

1 **Protagonistas** Pick one of the characters and write about him or her. What is his or her personality like? What does he or she like to do? Use the information you remember from the video and your imagination.

_____

_____

_____

_____

_____

_____

_____

_____

Fotonovela Video Test Items   Lecciones 6–10

1 **¿Qué pasó?** Look at these stills from one segment of the video, and use what you remember as well as your imagination to write a short dialogue for each still. Make sure to use complete sentences and all appropriate punctuation marks.

_____

_____

_____

_____

_____

_____

_____

_____

1 **¿Qué pasó?** Look at these stills from two segments of the video, and use what you remember as well as your imagination to write a short dialogue for each still. Make sure to use complete sentences and all appropriate punctuation marks.

_____

_____

_____

_____

_____

_____

_____

_____

_____

_____

_____

1   **¿Cierto o falso?** Indicate whether these items are **cierto** or **falso**, based on what you learned about the United States and Canada. Correct the false statements.

	Cierto	Falso
1. La comida mexicana es muy popular en los Estados Unidos.	○	○
2. La Pequeña Habana es un barrio (*neighborhood*) de Cuba.	○	○
3. El desfile puertorriqueño (*Puerto Rican Parade*) se celebra en Miami.	○	○
4. Los *Latin American Achievement Awards* son de Canadá.	○	○
5. Las enchiladas y las quesadillas son platos de Puerto Rico.	○	○
6. El cali-mex es una variación de la comida mexicana en los Estados Unidos.	○	○

1   **España** Choose the word or words that best complete each sentence.

1. _____ es un plato típico de España.

    a. La paella   b. El tomate   c. La fajita

2. La Unión Europea _____ para tener (*to have*) una política común en los países de Europa.

    a. termina   b. trabaja   c. viaja

3. La moneda (*currency*) de la Unión Europea es _____.

    a. el peso   b. el franco   c. el euro

4. La Universidad de _____ es la más antigua (*oldest*) de España.

    a. Madrid   b. Salamanca   c. Barcelona

5. Salamanca es famosa por sus _____.

    a. edificios (*buildings*)   b. platos   c. turistas

6. El Prado es _____ famoso.

    a. un pueblo (*town*)   b. un artista   c. un museo

1 **¿Cierto o falso?** Indicate whether these items are **cierto** or **falso,** based on what you learned about Ecuador. Correct the false statements.

	Cierto	Falso
1. El Cotopaxi es un volcán.	○	○
2. Muchas personas van a las islas Galápagos por sus playas.	○	○
3. Charles Darwin estudió (*studied*) en Cotopaxi.	○	○
4. Las islas Galápagos son famosas por sus tortugas (*tortoises*).	○	○
5. Oswaldo Guayasamín es un famoso político ecuatoriano.	○	○
6. Los Andes dividen el Ecuador en varias regiones.	○	○
7. Los turistas no practican deportes (*sports*) en la Sierra.	○	○
8. La Mitad del Mundo es un monumento ecuatoriano.	○	○

Panorama Textbook Section Test Items   **Lección 4**

1 **¿Cierto o falso?** Indicate whether these items are **cierto** or **falso.** Correct the false statements.

	Cierto	Falso
1. Los incas dominaron (*dominated*) en México del siglo (*century*) XIV al XVI.	○	○
2. Frida Kahlo era (*was*) la esposa de Octavio Paz.	○	○
3. Puedes ver obras (*works*) de Diego Rivera en el Museo de Arte Moderno de la Ciudad de México.	○	○
4. D.F. es otro (*another*) nombre para la Ciudad de México.	○	○
5. La base de la comida mexicana es el jalapeño.	○	○
6. Hay muchas ruinas en la Ciudad de México.	○	○
7. La ciudad de Monterrey es el centro económico y cultural de México.	○	○
8. La Ciudad de México está situada en Tenochtitlán, la capital de la cultura azteca.	○	○

1   **Conectar** Match the corresponding elements, based on what you learned about Puerto Rico.

_____ 1. Su uso es obligatorio en los documentos oficiales.

_____ 2. Actor puertorriqueño.

_____ 3. Protegía la bahía (*protected the bay*) de San Juan.

_____ 4. Es un río subterráneo.

_____ 5. Se hizo (*became*) estado libre asociado en 1952.

_____ 6. Gracias a él, los científicos (*scientists*) pueden estudiar la atmósfera.

_____ 7. Tiene origen puertorriqueño y cubano.

_____ 8. Orquesta de salsa famosa.

a. Puerto Rico

b. el Gran Combo de Puerto Rico

c. Camuy

d. El Morro

e. el inglés

f. la salsa

g. el Observatorio de Arecibo

h. Raúl Juliá

1   **Completar** Use the items from the list to complete the sentences, based on what you learned about Cuba.

Alicia Alonso	español	*Grammy*	el tabaco
Celia Cruz	Fidel Castro	peso	los taínos

1. _____ es considerada la reina (*queen*) de la música salsa.

2. Celia Cruz siempre cantó en _____.

3. La tribu de _____ vivía (*lived*) en la isla cuando llegaron los españoles.

4. _____ bailó en el Ballet de Nueva York.

5. _____ es un producto importante para la economía cubana.

6. Celia Cruz ganó un _____ en mil novecientos noventa.

Panorama Textbook Section Test Items   Lección 7

1 **Conectar** Match the words from the second column with the sentences in the first, based on what you learned about Perú. There are two extra options.

_____ 1. Es una música con influencias africanas y españolas.

_____ 2. Es un animal importante para la economía peruana.

_____ 3. Es una ciudad antigua del imperio inca.

_____ 4. Son un gran misterio.

_____ 5. Es la capital del Perú.

_____ 6. La iglesia de San Francisco tiene influencia de esta cultura.

a. árabe
b. Lima
c. Barranco
d. Machu Picchu
e. andina
f. Iquitos
g. alpaca
h. las Líneas de Nazca

Panorama Textbook Section Test Items   Lección 8

1 **¿Cierto o falso?** Indicate whether these items are **cierto** or **falso**, based on what you learned about Guatemala. Correct the false statements.

	Cierto	Falso
1. El español es la única lengua de Guatemala.	○	○
2. Los artesanos guatemaltecos utilizan mosquitos para poner color en las telas (*fabrics*).	○	○
3. El quetzal es un tipo de pájaro (*bird*).	○	○
4. El gobierno mantiene una reserva ecológica para los quetzales.	○	○
5. La capital de Guatemala es Quetzaltenango.	○	○
6. Antigua Guatemala es internacionalmente famosa por su celebración de Semana Santa (*Holy Week*).	○	○
7. Los mayas usaron el cero antes que los europeos.	○	○
8. El *huipil* indica el pueblo de origen de la persona que lo lleva.	○	○

1   **Conectar**   Match the corresponding elements from these two columns to form five sentences about Chile.

1. Pablo Neruda _____

2. La isla de Pascua _____

3. El Parque Nacional de Villarrica _____

4. En los Andes _____

5. El vino chileno _____

a. constituye una parte importante de la actividad económica del país.

b. es un sitio popular para practicar el esquí.

c. es famosa por las estatuas (*statues*) enormes.

d. fue un gran poeta.

e. hay observatorios para observar las estrellas.

Panorama Textbook Section Test Items   **Lección 10**

1   **¿Cierto o falso?**   Indicate whether these items are **cierto** or **falso,** based on what you learned about Costa Rica and Nicaragua. Correct the false statements.

	Cierto	Falso
1. El 98% de la población (*population*) costarricense es muy homogénea.	○	○
2. Los turistas no pueden ir a los parques naturales de Costa Rica.	○	○
3. Costa Rica fue el primer país centroamericano en desarrollar (*develop*) la industria del café.	○	○
4. Ernesto Cardenal fue ministro de cultura de Nicaragua.	○	○
5. La única especie de tiburón de agua dulce (*freshwater shark*) del mundo vive en el lago Nicaragua.	○	○
6. El español, el misquito y el francés son los idiomas de Nicaragua.	○	○

1 **¿Cierto o falso?** Indicate whether these statements are **cierto** or **falso**, based on what you learned about Argentina and Uruguay. Correct the false statements.

	Cierto	Falso
1. La Avenida 9 de Julio en Buenos Aires es la calle más ancha (*widest*) del mundo.	○	○
2. El cuarenta por ciento de la población total de Argentina vive en la Patagonia.	○	○
3. El tango es uno de los símbolos culturales más importantes de la Argentina.	○	○
4. En Uruguay, el pollo es una parte esencial de la dieta diaria.	○	○
5. El deporte más popular en Uruguay es el béisbol.	○	○
6. El Carnaval de Montevideo dura (*lasts*) cuarenta días.	○	○

1 **Completar** Complete these statements with correct information according to what you learned in your textbook about Panamá and El Salvador.

1. La lengua materna del 14% de los panameños es _____.

2. El _____ conecta el océano Pacífico con el océano Atlántico.

3. Una forma de arte textil que viene de Panamá es _____.

4. El Salvador es el país más pequeño de _____.

5. La costa de El Salvador es un gran centro de _____ por la consistencia de sus olas (*waves*).

6. El Parque Nacional Montecristo es el punto donde se unen (*join*) Guatemala, El Salvador y _____.

Panorama Textbook Section Test Items   Leccíon 13

1   **Completar** Complete each one of the following statements with the correct information, based on what you learned about Colombia and Honduras in this chapter.

1. _____ es conocida por el Festival de Música del Caribe y el Festival Internacional de Cine.

2. La moneda oficial de colombia es _____ .

3. _____ es el autor del libro *Cien años de soledad*.

4. La principal exportación de Honduras en la actualidad son

_____ .

5. El templo Rosalila está en _____ .

6. _____ es la capital de Honduras.

Panorama Textbook Section Test Items   Leccíon 14

1   **¿Cierto o falso?** Indicate whether these statements are **cierto** or **falso**, based on what you learned about Venezuela and La República Dominicana. Correct the false statements.

	Cierto	Falso
1. El Salto Ángel es la catarata (*waterfall*) más alta del mundo.	○	○
2. El maíz representa más del 70% de las exportaciones del país.	○	○
3. Simón Bolívar es conocido como "El Libertador".	○	○
4. El merengue tiene su origen en la República Dominicana.	○	○
5. El baloncesto es un deporte muy practicado en la República Dominicana.	○	○
6. El Alcázar de Colón es un palacio construido por el hijo de Cristóbal Colón.	○	○

1   **¿Cierto o falso?** Indicate whether these statements are **cierto** or **falso**, based on what you learned about Bolivia and Paraguay. Correct the false statements.

	Cierto	Falso
1. El aimará y el quechua son dos idiomas oficiales en Bolivia.	○	○
2. El lago Titicaca es el lago navegable más largo del mundo.	○	○
3. Tiahuanaco es un sitio arqueológico de ruinas preincaicas.	○	○
4. El ñandutí es la forma artesanal (*craft*) más conocida de Paraguay.	○	○
5. El río Paraná tiene unos 1.520 km navegables.	○	○
6. En Paraguay, las personas que no van a votar (*vote*) tienen que pagar una multa (*fine*) al gobierno.	○	○

Panorama Textbook Section Test Items　Lecciones 1–7

1　Conectar Match the descriptions to the corresponding places.

_____ 1. Machu Picchu es una ciudad antigua del imperio inca.

_____ 2. Celia Cruz nació en esta isla.

_____ 3. La Pequeña Habana es un barrio (*neighborhood*) de este país.

_____ 4. Aquí está el Museo del Prado.

_____ 5. Se hizo estado libre asociado en 1952.

_____ 6. Las islas Galápagos, famosas por sus tortugas (*tortoises*), son de este país.

_____ 7. Los *Latin American Achievement Awards* son de este país.

_____ 8. Frida Kahlo nació en este país.

a. Cuba
b. Ecuador
c. España
d. Estados Unidos
e. México
f. Perú
g. Puerto Rico
h. Canadá

Panorama Textbook Section Test Items　Lecciones 8–15

1　¿Cierto o falso? Read these statements and for each one indicate whether it is **cierto** or **falso**.

	Cierto	Falso
1. El tango es uno de los símbolos culturales más importantes de Argentina.	○	○
2. En Panamá no circulan los billetes de dólares estadounidenses.	○	○
3. Santa Fe de Bogotá es la capital de Colombia.	○	○
4. Simón Bolívar fue un personaje importante en la liberación de México.	○	○
5. Los indígenas quechua y aimará constituyen gran parte de la población de Bolivia.	○	○
6. Los ríos Paraguay y Paraná sirven de frontera entre Paraguay y Costa Rica.	○	○
7. El merengue tiene sus raíces (*roots*) en la República Dominicana.	○	○
8. El café representa el 95% de las exportaciones de Costa Rica.	○	○
9. Casi la mitad de la población de Uruguay vive en Montevideo.	○	○
10. Las bananas son, hoy en día, la principal exportación de Honduras.	○	○
11. En El Salvador sólo se habla español.	○	○
12. Ernesto Cardenal es un escritor (*writer*) muy famoso de Nicaragua.	○	○
13. El quetzal es un símbolo muy importante en Guatemala.	○	○
14. La isla de Pascua, en Chile, es famosa por sus ciudades cosmopolitas.	○	○

1 **Conectar** Match the descriptions in the first column to the countries in the second.

_____ 1. Su capital es San Juan.

_____ 2. Los aztecas dominaron (*dominated*) este país.

_____ 3. Su universidad de Salamanca es muy antigua (*old*).

_____ 4. Aquí celebran el día del orgullo puertorriqueño.

_____ 5. El volcán Cotopaxi está en este país.

_____ 6. Los grupos musicales Dominicanada, Bamba, Norteño
y Rasco son de este país.

a. Ecuador

b. España

c. Estados Unidos

d. México

e. Puerto Rico

f. Canadá

1 **Conectar** Match the items in the first column to the countries in the second.

_____ 1. Machu Picchu

_____ 2. el quetzal

_____ 3. Pablo Neruda

_____ 4. San José

_____ 5. Alicia Alonso

_____ 6. las huellas de Acahualinca

a. Chile

b. Nicaragua

c. Costa Rica

d. Perú

e. Guatemala

f. Cuba

1   **¿Cierto o falso?** Read these statements and for each one indicate whether it is **cierto** or **falso**. Correct the false statements.

	Cierto	Falso
1. El 90% de los paraguayos habla guaraní.	○	○
2. Se dice que Argentina es el país menos "europeo" de Latinoamérica.	○	○
3. La zona colonial de Santo Domingo es famosa por la belleza de sus playas.	○	○
4. Gabriel García Márquez es un famoso escritor (*writer*) colombiano.	○	○
5. El charango es una pequeña guitarra andina.	○	○
6. El fútbol no es popular en Uruguay.	○	○
7. La playa *La Libertad* en El Salvador tiene condiciones perfectas para el *surfing*.	○	○
8. El sitio arqueológico más importante de Honduras es Tiahuanaco.	○	○
9. Panamá significa "lugar de muchos pájaros".	○	○
10. Simón Bolívar es conocido como "El Libertador".	○	○

Optional Test Sections

1   **Los hispanos en Nueva York y Montreal** Using the video stills as a guide, write in English what you remember about this lesson's **Panorama cultural** video segments.

1.

_____

_____

_____

2.

_____

_____

_____

3.

_____

_____

_____

Panorama cultural Video Test Items   Lección 2

1   **El Festival de San Fermín** Using what you remember from the video, complete these sentences with words from the list.

| celebran | detrás de | mañana | turistas |
| delante de | llevan | noche | viajan |

1. En España _____ muchas fiestas tradicionales.
2. Muchísimas personas _____ a Pamplona para ver los encierros *(the running of the bulls)*.
3. En los encierros, muchas personas corren *(run)* _____ diecisiete toros *(bulls)*.
4. Los encierros empiezan *(begin)* a las ocho de la _____ .
5. Los participantes de los encierros _____ periódicos *(newspaper)* para defenderse de los toros.
6. Los hombres de la comunidad y muchos _____ participan en los encierros.

1 **Las islas Galápagos** Using what you remember from the video, complete these sentences with words from the list.

cerca	tiene	turistas	viven
observan	tienen	vive	

1. En las islas Galápagos _____ muchos animales.
2. El archipiélago _____ fascinantes especies de animales.
3. Algunas tortugas (*some turtles*) _____ más de (*more than*) 100 años.
4. La islas Galápagos están _____ de la costa (*coast*) del Ecuador.
5. Las islas Galápagos reciben a muchos _____.

Panorama cultural Video Test Items   Lección 4

1 **Teotihuacán** Look at the video still and select the option that best completes each sentence.

1. Las personas están en _____.
   a. Chichén Itzá   b. Teotihuacán   c. la capital mexicana
2. Ellos _____ en las pirámides.
   a. toman el sol   b. estudian arqueología   c. nadan
3. Se está celebrando _____.
   a. la cultura indígena   b. el equinoccio (*equinox*)   c. la independencia
4. A las cinco de la mañana la gente comienza a _____.
   a. bailar   b. cantar   c. escalar (*climb*)
5. Todos quieren sentir la energía _____ en sus manos.
   a. de las pirámides   b. del sol   c. de Tenochtitlán

1 **El Viejo San Juan** Describe the video stills, using what you remember from the video segment. Write at least three sentences in Spanish for each still.

_____

_____

_____

_____

_____

_____

_____

_____

_____

_____

_____

Panorama cultural Video Test Items
Lección 6

1 **La santería** Select the option that best completes each sentence.

1. La santería es una práctica religiosa muy _____ en países latinoamericanos.
   a. nueva   b. aburrida   c. común

2. Los _____ son las personas que practican la santería.
   a. taínos   b. cubanos   c. santeros

3. Las personas visitan a los santeros para _____ con ellos.
   a. recordar   b. conversar   c. comer

4. Los Eggún son los hombres y mujeres _____ en la santería.
   a. más viejos   b. importantes   c. inteligentes

5. En las reuniones, los Eggún y las familias _____.
   a. bailan   b. escriben   c. aprenden

6. La santería es una de las tradiciones cubanas más _____.
   a. antiguas   b. modernas   c. simpáticas

1   **Los deportes de aventura** Complete the paragraph with the words from the list.

caminar con llamas	el fútbol	ir de excursion	pasear en bicicleta
el Camino Inca	ir de compras	la pesca	*sandboard*

En Perú practican muchos deportes de aventura. Muchas personas van a Pachacamac a

(1) _____ de montaña. Muchos aficionados al (2) _____

van a la región de Ocucaje y es muy común (3) _____ a la Cordillera Blanca.

Un deporte tradicional es (4) _____: las personas van por varios días hasta

Machu Picchu. Esta ruta se llama (5) _____ y tiene cuarenta y tres kilómetros.

Otro deporte tradicional es (6) _____ en pequeñas canoas. ¡Este deporte es

muy antiguo!

Panorama cultural Video Test Items   **Lección 8**

1   **¿Cierto o falso?** Look at the video stills and indicate whether each statement is **cierto** or **falso**. Correct the false statements.

1. Esta ciudad es la capital de Guatemala.

   _____

2. En las calles de esta ciudad hay ruinas donde los turistas pueden sentir la atmósfera del pasado.

   _____

3. Para las celebraciones de Semana Santa (*Holy Week*) las mujeres hacen hermosas alfombras (*carpets*).

   _____

4. Chichicastenango es una ciudad más grande que Antigua.

   _____

5. Todos los días hay un mercado al aire libre en las calles y plazas de la ciudad.

   _____

6. Todos los productos tienen precios fijos y los clientes no tienen que regatear al hacer sus compras.

   _____

Panorama cultural Video Test Items · Lección 9

1 **La isla de Pascua** Imagine that you went to this island and that you are writing an e-mail to a friend. Describe the island writing at least six sentences in Spanish.

Para:	De:	Asunto (*subject*):

Panorama cultural Video Test Items · Lección 10

1 **Costa Rica y Nicaragua** Select the option that best completes each sentence.

1. _____ está en la costa del mar Caribe.
   a. El Parque Nacional Tortuguero   b. La Reserva Biológica Monteverde   c. El bosque nuboso
2. Muchos turistas _____ en Monteverde.
   a. bucean   b. pescan   c. acampan
3. Se _____ sacar fotografías en el Parque Tortuguero.
   a. prohíbe   b. pueden   c. deben
4. La laguna (*lagoon*) de Masaya es una de las más _____ de Nicaragua.
   a. pequeñas   b. grandes   c. azules
5. La _____ más importante de Masaya es el Torovenado.
   a. comida   b. bebida   c. fiesta
6. A Masaya se le conoce como la capital del _____ nicaragüense.
   a. bienestar   b. folklore   c. medio ambiente
                                                       (*environment*)

1   **Argentina y Uruguay** Describe the video stills, using what you remember from the video. Write at least three sentences in Spanish for each still.

_____

_____

_____

_____

_____

_____

1   **Panamá y El Salvador** Identify the five errors in this e-mail, using what you remember from the video. Rewrite the e-mail and correct the false information.

Para: Catalina	De: Margarita	Asunto _(subject)_ Panamá y El Salvador

¡Hola prima!
Estoy de vacaciones en Panamá, un país suramericano muy bonito. Ahora estamos en el archipiélago de Las Perlas. Ahora hace mucho calor, pero nos dijeron que hace mucho frío en noviembre y diciembre. Nuestro hotel está en la isla Contadora, la isla más chica del archipiélago.

La próxima semana vamos a ir a El Salvador donde voy a probar las arepas que son el plato tradicional salvadoreño. Las pupusas se hacen con maíz, mate, aceite y sal. Nos dijeron que va a ser muy difícil encontrar un lugar donde vendan las pupusas. Luego te cuento cómo nos fue.

Saludos, Margarita

_____

_____

_____

_____

_____

_____

Optional Test Sections

1   **Colombia y Honduras** Write the letter of the item in second column that is most logically associated with each item in the first.

_____ 1. Carnaval de Barranquilla   a. el cóndor

_____ 2. Rosalila   b. símbolos de la cultura maya

_____ 3. Parque Amaracayu   c. Museo de Escultura Maya

_____ 4. Parque Arqueológico de Copán   d. carrozas (_floats_) decoradas

_____ 5. Parque Nevado del Huila   e. templo dentro de una pirámide

_____ 6. el Sol, la Luna, el maíz   f. donde vive el delfín rosado

Panorama cultural Video Test Items   **Lección 14**

1   **Venezuela y la República Dominicana** Write a promotional brochure for either Venezuela or the Dominican Republic. Use at least six items from the list.

Venezuela		**La República Dominicana**	
Autana	playas	bachata	influencia indígena
Auyantepuy	Porlamar	discotecas	merengue
catarata	Roraima	_El Bachatón_	música
hoteles de primera clase	Salto Ángel	Festival de merengue	salsa
isla Margarita	Tepuyes	fiestas nacionales	tendencias europeas

¡Visita _____!

_____

_____

_____

_____

_____

_____

_____

1　**Bolivia y Paraguay**　All of these statements about the video segments are false. Rewrite them and correct the false information.

1. El salar de Uyuni es el lago de azúcar más grande del mundo.

   _____

2. Se cree que la sal, en exceso, ayuda a las personas que sufren de enfermedades de los huesos.

   _____

3. En los hoteles ofrecen a sus huéspedes tratamientos para adelgazar.

   _____

4. El mate es una carne típica de Paraguay, Argentina y Uruguay.

   _____

5. La yerba mate es una planta que crece en el desierto de América del Sur.

   _____

6. El mate es usado por personas que quieren engordar.

   _____

Panorama cultural Video Test Items   Lecciones 1–7

1 **¿Cierto o falso?** Indicate whether these statements are **cierto** or **falso**. Correct the false statements.

1. En el estado de Nueva York hay mucha población hispana de origen puertorriqueño.

_____

2. Ana María Seifert vive en Montreal.

_____

3. En la actividad central del Festival de San Fermín muchas personas corren delante de diecisiete toros.

_____

4. En las islas Galápagos no viven personas.

_____

5. El Castillo de San Felipe del Morro es un sitio histórico nacional de México.

_____

6. Regla es un barrio de La Habana donde se practica la santería.

_____

7. Caminar con coyotes es un deporte tradicional de Perú.

_____

Panorama cultural Video Test Items   Lecciones 8–15

1 **Completar** Pick the option that best completes each sentence.

1. Todos los _____ hay un mercado al aire libre en las calles de Chichicastenango.
   a. sábados y domingos   b. lunes y martes   c. jueves y domingos
2. _____ se considera un museo al aire libre del tango.
   a. Caminito   b. La Boca   c. Buenos Aires
3. La isla de Pascua es famosa por sus _____.
   a. esculturas (*sculptures*)   b. playas   c. restaurantes
4. En Bolivia se sabe que el contacto en exceso con la sal es muy _____.
   a. bueno   b. malo para la salud   c. bueno para adelgazar
5. La República Dominicana es _____ país más grande del Caribe.
   a. el   b. el segundo   c. el tercer
6. Las civilizaciones precolombinas comenzaron sus actividades comerciales con

   _____.
   a. el dinero   b. los regalos   c. el maíz
7. El arqueólogo hondureño Ricardo Agurcia descubrió un templo _____ de una
   pirámide.
   a. cerca   b. dentro   c. a un lado
8. La bebida suramericana llamada *mate* tiene sabor_____.
   a. dulce   b. salado (*salty*)   c. amargo (*bitter*)

Panorama cultural Video Test Items   Lecciones 1–5

1 **Preguntas** Answer the questions in Spanish with complete sentences.

1. ¿Qué celebran en agosto los dominicanos en Nueva York? _____

_____

2. ¿Qué tipo de servicios ofrecen el canal de televisión Telelatino, la revista *Picante* y el periódico *El correo canadiense*? _____

_____

3. ¿Qué hacen los turistas en las islas Galápagos? _____

_____

4. ¿Qué hacen los chicos y chicas de la comunidad el catorce de julio en la estación de autobuses de Pamplona? _____

_____

5. ¿Qué es Teotihuacán? _____

_____

6. ¿Qué es el Viejo San Juan? _____

_____

Panorama cultural Video Test Items   Lecciones 6–10

1 **Seleccionar** Write the letter of the item from the second column that is the best match for each item the first.

_____ 1. El Camino Inca   a. Las ruinas de Machu Picchu

_____ 2. Chichicastenango   b. La isla de Contadora

_____ 3. Antigua   c. El centro comercial indígena

_____ 4. La isla de Pascua   d. Tradición cubana antigua

_____ 5. Tortuguero   e. Fue la capital de Guatemala

_____ 6. Masaya   f. Las tortugas (*turtles*) marinas

_____ 7. Las Perlas   g. Las esculturas Moai

_____ 8. La santería   h. Lugar de los venados (*deer*)

1 **Completar** Fill in the blanks with the appropriate word(s) from the list.

africanas	Copán	lago	Parque Amaracayu
La Boca	dinero	maíz	Porlamar
bucear	estancias	mate	Rosalila

1. La capital comercial de la isla Margarita es _____.

2. El salar de Uyuni es el _____ de sal más grande del mundo.

3. Las islas de San Blas son un lugar excelente para _____.

4. El barrio _____ se considera un museo al aire libre.

5. La música dominicana tiene influencias indígenas, europeas y _____.

6. El ingrediente principal de las pupusas es el _____.

7. El delfín rosado vive en el _____.

8. Ricardo Agurcia descubrió en Copán el templo _____.

9. La palabra _____ significa *calabaza* en la lengua quechua.

10. Las _____ son ranchos con pequeños hoteles.

Alternate Listening Sections for **Pruebas A** and **B**

If you prefer that your students complete a personalized task for the listening section, use these substitute scripts, and adapt **Pruebas A** and **B** to accommodate them.

Lección 1

1   **Escuchar**   You will hear five personal questions. Answer each one in Spanish using complete sentences.

1. ¿Cómo se llama usted?
2. ¿Cómo está usted?
3. ¿De dónde es usted?
4. ¿A qué hora es la clase de español?
5. ¿Cuántos estudiantes hay en la clase?

Lección 2

1   **Escuchar**   You will hear five personal questions. Answer each one in Spanish using complete sentences.

1. ¿Qué música escuchas?
2. ¿Qué materias tomas?
3. ¿Te gusta bailar?
4. ¿Qué llevas en la mochila?
5. ¿Trabajas los domingos?

Lección 3

1   **Escuchar**   You will hear five personal questions. Answer each one in Spanish using complete sentences.

1. ¿Tienes hambre ahora?
2. ¿Tienes sobrinos o sobrinas?
3. ¿Crees que eres trabajador(a)?
4. ¿Crees que tienes suerte?
5. ¿Te gusta comer en la cafetería de la universidad?

Lección 4

1   **Escuchar**   You will hear five personal questions. Answer each one in Spanish using complete sentences.

1. ¿Qué vas a comer hoy?
2. ¿Qué vas a hacer el sábado?
3. ¿Qué piensas hacer esta noche?
4. ¿Dónde te gusta pasar tu tiempo libre?
5. ¿Te gusta ir al cine?

Lección 5

1   **Escuchar**   You will hear five personal questions. Answer each one in Spanish using complete sentences.

1. ¿Qué tiempo crees que va a hacer el fin de semana?
2. ¿Cómo estás hoy?
3. ¿Qué quieres hacer en las vacaciones?
4. ¿Qué prefieres: las vacaciones en la playa o en la montaña?
5. ¿Cuál es la fecha de hoy?

Lección 6

1   **Escuchar**   You will hear five personal questions. Answer each one in Spanish using complete sentences.

1. ¿Cuántas horas estudiaste para la prueba de español?
2. ¿Qué libro que leíste el año pasado te gustó más?
3. ¿Te compraron un regalo el mes pasado?
4. ¿A qué hora volviste a casa el fin de semana pasado?
5. ¿Viste ayer la televisión?

Lección 7

1

Escuchar You will hear five personal questions. Answer each one in Spanish using complete sentences.

1. ¿Te gusta quedarte en casa los domingos?
2. ¿Te enojas con tus amigos?
3. ¿Te molesta oír música cuando estudias?
4. ¿A qué hora te fuiste ayer a tu casa?
5. ¿Tienes algún amigo en Perú?

Lección 8

1

Escuchar You will hear five personal questions. Answer each one in Spanish using complete sentences.

1. ¿Merendaste algo ayer?
2. ¿Estudian tus amigos más que tú?
3. ¿Por qué escogiste estudiar español?
4. ¿Les recomiendas algún restaurante a tus compañeros?
5. Según tú, ¿cuál es el mejor restaurante de tu ciudad?

Lección 9

1

Escuchar You will hear five personal questions. Answer each one in Spanish using complete sentences.

1. ¿Cuándo supiste que ibas a venir a esta universidad?
2. ¿Condujiste ayer para volver a tu casa?
3. ¿Pudiste estudiar para esta prueba?
4. ¿Le diste un regalo a tu mejor amigo/a por su cumpleaños?
5. ¿Qué hiciste el fin de semana pasado?

Lección 10

1

Escuchar You will hear five personal questions. Answer each one in Spanish using complete sentences.

1. ¿Se te olvidan las cosas con frecuencia? ¿Qué?
2. ¿Qué hacías los fines de semana del año pasado?
3. ¿Te resfriabas mucho cuando eras pequeño/a?
4. ¿Te duele la cabeza alguna vez?
5. ¿Cuántos años hace que terminaste la escuela?

Lección 11

1

Escuchar You will hear five personal questions. Answer each one in Spanish using complete sentences.

1. ¿Para qué utilizas más la tecnología en tu vida?
2. ¿Tus amigos y tú se encuentran para hablar más a menudo en Internet o en persona?
3. Si un(a) amigo/a te regala su computadora nueva, ¿crees que vas a seguir usando la tuya?
4. ¿Cuáles son algunas desventajas de la tecnología?
5. ¿Por qué crees que a las personas muy mayores no les gustan mucho los avances tecnológicos?

Lección 12

1

Escuchar You will hear five personal questions. Answer each one in Spanish using complete sentences.

1. ¿Qué características quieres que tenga tu casa ideal?
2. ¿Te molesta tener que participar en los quehaceres domésticos?
3. ¿Qué le recomiendas a un(a) amigo/a que no sabe qué tipo de casa quiere?
4. ¿Cuáles son las cosas más importantes para ti cuando pones la mesa para comer?
5. ¿Crees que es necesario estudiar para aprender a hacer los quehaceres domésticos de una casa?

Lección 13

1 **Escuchar** You will hear five personal questions. Answer each one in Spanish using complete sentences.

1. ¿Para qué es necesario reciclar?
2. ¿Qué puedes hacer en caso de que el agua de los ríos de tu región esté contaminada?
3. ¿Por qué es una lástima que haya tantos animales en peligro de extinción?
4. ¿Hay algo que puedas hacer tú para que se reduzca la contaminación en tu ciudad?
5. ¿Qué debemos hacer antes de que se terminen nuestros recursos naturales?

Lección 14

1 **Escuchar** You will hear five personal questions. Answer each one in Spanish using complete sentences.

1. ¿Encontrarás la mesa puesta y la comida preparada cuando llegues a casa?
2. ¿Abrirás una cuenta en el banco este año?
3. ¿Qué servicios quieres que ofrezca la cafetería de la universidad?
4. ¿Enviarás alguna carta este mes?
5. ¿Qué harás este año para ahorrar dinero?

Lección 15

1 **Escuchar** You will hear five personal questions. Answer each one in Spanish using complete sentences.

1. ¿Has comido una dieta equilibrada este semestre? ¿Cómo?
2. ¿Habías pensado en la importancia de la nutrición antes de estudiar esta lección?
3. ¿Qué harías para conseguir tu peso ideal?
4. ¿Has pensado en estudiar algo relacionado con la salud o el ejercicio? ¿Por qué?
5. ¿Has tratado de llevar una vida sana? ¿Cómo?

Alternate Listening Sections for **Exámenes A** and **B**

Lecciones 1–7

1 | **Escuchar** You will hear five personal questions. Answer each one in Spanish using complete sentences.

1. ¿Qué vas a hacer después del examen?
2. ¿Qué haces por la mañana después de levantarte?
3. ¿A qué hora volviste ayer a tu casa?
4. ¿Adónde fuiste las vacaciones pasadas?
5. ¿Qué materias te gustan más?

Lecciones 8–15

1 | **Escuchar** You will hear five personal questions. Answer each one in Spanish using complete sentences.

1. ¿Qué es lo más interesante que has hecho este semestre?
2. ¿Para qué crees que sería bueno vivir en otro país durante un año o más?
3. ¿Qué harás en tu próximo cumpleaños?
4. ¿Qué harías para proteger el medio ambiente?
5. ¿Qué es lo primero que harás cuando empiecen las vacaciones?

Lecciones 1–5

1 | **Escuchar** You will hear five personal questions. Answer each one in Spanish using complete sentences.

1. ¿Cómo eres?
2. ¿Qué te gusta hacer durante las vacaciones?
3. ¿Dónde comiste ayer?
4. ¿Qué haces los fines de semana?
5. ¿Qué vas a hacer este fin de semana?

Lecciones 6–10

1 | **Escuchar** You will hear five personal questions. Answer each one in Spanish using complete sentences.

1. ¿Qué hiciste ayer por la tarde?
2. Para ti, ¿qué es lo más importante cuando compras ropa?
3. ¿Qué haces normalmente por las mañanas?
4. ¿Cuántas veces al año visitas a tu doctor(a)?
5. ¿Qué hacías cuando te enfermabas de niño/a?

Lecciones 11–15

1 | **Escuchar** You will hear five personal questions. Answer each one in Spanish using complete sentences.

1. ¿Qué es lo mejor que te ha pasado este semestre?
2. Cuando termines tus estudios, ¿para qué usarás tu español?
3. ¿Por qué piensas que es bueno tener un teléfono celular?
4. ¿Vivirías en otro país? ¿Por qué?
5. ¿Qué le recomiendas a un(a) estudiante de español que es muy tímido/a?

answers to tests

Lección 1

Prueba A

1 1. Cierto 2. Falso 3. Falso 4. Falso 5. Cierto

2 Answers will vary.

3 1. lápices 2. mujer 3. pasajeros 4. chicas
5. estudiantes

4 1. Son las nueve y media/treinta de la mañana.
2. es a las diez y cuarto/quince de la mañana.
3. es a las dos y veinticinco de la tarde. 4. es a
las cinco menos cuarto/quince de la tarde.
5. Es a las ocho de la noche.

5 1. buenas 2. te 3. llamo 4. dónde 5. Soy
6. qué 7. la 8. nada 9. Nos 10. luego/pronto

6 Answers will vary.

7 1. El nombre de la chica es Mariana. 2. En el
cuaderno hay números de teléfono. 3. El chico
es de España. 4. El número de teléfono del
chico es el veinticinco, catorce, veintitrés.

8 Answers will vary.

Prueba B

1 1. Falso 2. Falso 3. Falso 4. Falso 5. Cierto

2 Answers will vary.

3 1. autobuses 2. profesor 3. diccionarios
4. computadora 5. cuadernos

4 Son las nueve y veinte de la noche. 2. es a las
once de la mañana. 3. es a las tres menos
cuarto/quince de la tarde. 4. es a las cuatro y
media/treinta de la tarde. 5. Es a las diez de la
noche.

5 1. días 2. llamas 3. me 4. tú 5. Mucho
6. gusto 7. Eres 8. soy 9. A 10. vemos

6 Answers will vary.

7 1. El nombre del chico es Javier. 2. El chico es
del Ecuador. 3. En la maleta hay un
diccionario, un mapa, una grabadora y dos
cuadernos. 4. El número de teléfono de Sarah
es el treinta y cuatro, veintinueve, cero seis.

8 Answers will vary.

Prueba C

1 Answers will vary.

2 1. La clase de biología es a las nueve de la
mañana. 2. La clase de literatura es a las once

menos cuarto/quince de la mañana. 3. La
clase de geografía es a las doce (del del día).
4. El laboratorio es a las tres y cuarto/quince
de la tarde. 5. La clase de matemáticas es a las
cinco y media/treinta de la tarde.

3 1. El nombre del conductor es Armando.
2. En el autobús hay cinco maletas. 3. Las
maletas son de los estudiantes de los Estados
Unidos. 4. Es la una de la tarde. 5. El
número de teléfono es el veinticuatro, treinta,
doce.

4 Answers will vary.

Prueba D

1 Answers will vary.

2 1. La clase de biología es a las nueve y
media/treinta de la mañana. 2. La clase de
literatura es a las once y cinco de la mañana.
3. La clase de geografía es a la una y veinte
de la tarde. 4. El laboratorio es a las dos y
cuarto/quince de la tarde. 5. La clase de
matemáticas es a las cinco de la tarde.

3 1. Hay dos maletas. 2. Hay cuatro
grabadoras. 3. Las maletas son de los turistas
de México. 4. Son las seis de la tarde.
5. El número de teléfono de Eduardo es el
veintitrés, cero seis, quince.

4 Answers will vary.

Lección 2

Prueba A

1 1. Falso 2. Falso 3. Cierto 4. Cierto 5. Falso

2 Answers will vary.

3 Answers will vary slightly. 1. dónde está el
libro de periodismo 2. Te gusta estudiar
periodismo/Te gusta el periodismo 3. Por qué
te gusta el periodismo 4. Quién enseña la
clase de periodismo 5. Cuántas chicas hay en
la clase

4 1. Hay setenta y ocho estudiantes en las clases
del profesor García. 2. Hay cuarenta y tres
estudiantes en residencias estudiantiles.
3. Cuarenta y seis estudiantes hablan español.

4. Treinta y dos estudiantes hablan otras lenguas. 5. Cincuenta y siete estudiantes estudian español.

5 1. estoy 2. gusta 3. Estudio 4. terminan 5. regreso 6. trabaja 7. enseña 8. hablamos 9. miramos 10. llegas

6 Answers will vary.

7 1. La cafetería está al lado de la biblioteca. 2. Hay nueve estudiantes en la cafetería. 3. Mira a los estudiantes (que caminan por el *campus*). 4. Estudia en la cafetería porque la compañera de cuarto está en la residencia con unas chicas. 5. El examen es el jueves a las tres de la tarde.

8 Answers will vary.

Prueba B

1 1. Falso 2. Falso 3. Falso 4. Falso 5. Cierto

2 Answers will vary.

3 Answers will vary slightly. 1. dónde está el diccionario 2. Te gusta estudiar español/Te gusta el español 3. Por qué estudias español 4. Quién enseña la clase de español/Quién es el profesor 5. Cuántos estudiantes hay en la clase

4 1. Hay noventa y seis estudiantes en las clases de la profesora Ríos. 2. Hay treinta y tres estudiantes en residencias estudiantiles. 3. Treinta y cinco estudiantes hablan español. 4. Sesenta y un estudiantes hablan otras lenguas. 5. Treinta y un estudiantes estudian español.

5 1. estoy 2. gusta 3. está 4. Estudio 5. trabajo 6. enseño 7. preparamos 8. escuchamos 9. practicar 10. llegas

6 Answers will vary.

7 1. La biblioteca está al lado de la residencia estudiantil. 2. En la biblioteca hay once estudiantes. 3. (Juan Antonio/Él) camina a la cafetería y toma un café. 4. (Juan Antonio/Él) estudia en la biblioteca porque su compañero de cuarto está en la residencia (y Juan Antonio necesita preparar el examen). 5. El examen es el viernes a las 10 de la mañana.

8 Answers will vary.

Prueba C

1 Answers will vary.

2 Answers will vary.

3 1. Estudia en la biblioteca del Departamento de español. 2. Está en la biblioteca porque no hay muchos estudiantes/porque necesita estudiar (para el examen de psicología). 3. Mira a los estudiantes (que caminan a clase). 4. El examen es el martes a las 10 de la mañana. 5. Desea llegar a la residencia a las ocho para tomar algo y escuchar música.

4 Answers will vary.

Prueba D

1 Answers will vary.

2 Answers will vary.

3 1. Estudia en el cuarto de la residencia estudiantil. 2. Estudia aquí porque la compañera de cuarto no está aquí; ella trabaja hoy./Necesita estudiar para el examen de historia. 3. No, no desea estudiar en la biblioteca porque siempre hay muchos estudiantes. 4. El examen es mañana, lunes, a las cuatro de la tarde. 5. Camina a la cafetería (que está muy cerca) y toma un café.

4 Answers will vary.

Lección 3

Prueba A

1 1. Falso 2. Falso 3. Cierto 4. Falso 5. Falso

2 Order of answers will vary. David es el abuelo de Graciela. Lupe es la tía de Graciela. María es el la madre de Graciela. Ramón es el hermano de Graciela. Ernesto es el primo de Graciela. Descriptions of family members will vary.

3 1. Mis 2. nuestro 3. mi 4. tus 5. mi

4 1. vive 2. abre 3. son 4. tienen 5. asiste 6. comparten 7. escribe 8. recibe 9. comprenden 10. debe

5 Answers will vary.

6 1. Tiene veintitrés años. 2. Trabaja en la cafetería por las tardes. 3. Necesita estudiar química porque desea ser médico. 4. Su madre es médica. 5. Adrián vive con Vicente.

7 Answers will vary.

Prueba B

1 1. Cierto 2. Falso 3. Falso 4. Falso 5. Falso

2 Order of answers will vary. José Antonio es el sobrino de Luis Miguel. Pilar es la hija de Luis Miguel. Raquel es la cuñada de Luis Miguel. Eduardo es el hermano de Luis Miguel. Juan Carlos es el padre de Luis Miguel. Descriptions of family members will vary.

3 1. mi 2. mi 3. tu 4. tus 5. su

4 1. vivimos 2. escribe 3. lee 4. asisto 5. corremos 6. bebemos 7. comemos 8. debo 9. viene 10. comprendo

5 Answers will vary.

6 1. (Anabel/Ella) es de Argentina. 2. Comparte su apartamento con su amiga Rosana. 3. Prepara la tarea en la biblioteca o en la cafetería. 4. No, no trabaja los domingos. 5. No, es fácil vivir con Rosana porque es fácil compartir sus problemas con ella.

7 Answers will vary.

Prueba C

1 Answers will vary.

2 Order of answers will vary. Joaquín es el primo de Manuela. Pilar es la prima de Manuela. Ana María es la tía de Manuela. Eduardo es el padre de Manuela. Juan Carlos es el abuelo de Manuela. Descriptions of family members will vary.

3 1. Tiene veinte años. 2. Trabaja en la biblioteca porque tiene tiempo para leer y estudiar. 3. Necesita estudiar inglés porque desea ser periodista. 4. Su madre es periodista. 5. Rosa comparte el cuarto de la residencia con Mónica.

4 Answers will vary.

Prueba D

1 Answers will vary.

2 Order of answers will vary. Luis Miguel es el cuñado de Eduardo. José Antonio es el hijo de Eduardo. Pilar es la sobrina de Eduardo. Raquel es la esposa de Eduardo. Sofía es la madre de Eduardo. Descriptions of family members will vary.

3 1. (Raúl/Él) es mexicano/de México. 2. (Raúl/Él) debe estudiar mucho porque también trabaja por las tardes. 3. Su padre es artista. 4. (Raúl/Él) vive en un apartamento con su viejo amigo, Peter. 5. Habla con Peter en español porque Peter desea estudiar un año en España (y necesita practicar).

4 Answers will vary.

Lección 4

Prueba A

1 1. c 2. b 3. a 4. a 5. a

2 Answers will vary.

3 1. Vemos 2. prefiero 3. quiero 4. Pienso 5. entiendes 6. vamos 7. podemos 8. comienza/empieza 9. supongo 10. volvemos

4 Answers will vary.

5 1. Consigue un poco de tiempo libre. 2. Maite está en un parque de la ciudad. 3. Tiene ganas de descansar. 4. Álex y Maite piensan ir al museo. 5. Quiere almorzar en un pequeño café que hay en la plaza Mayor. 6. Don Francisco piensa que las cabañas son muy bonitas.

6 Answers will vary.

Prueba B

1 1. c 2. a 3. c 4. c 5. b

2 Answers will vary.

3 1. Quieres 2. prefiero 3. podemos 4. Pienso 5. juega 6. entiendo 7. supongo 8. vamos 9. comienza/empieza 10. vuelve

4 Answers will vary.

5 1. Rubén está en la cafetería de la universidad. 2. Luisa, Marta y él quieren salir. 3. Prefiere pasar tiempo en el gimnasio y después leer una revista. 4. Van a ir al museo y después a comer en un bonito restaurante del centro. 5. Va a estudiar a la biblioteca. 6. Tiene un examen de historia.

6 Answers will vary.

Prueba C

1 Answers will vary.

2 Answers will vary.

3 1. Está en la parque del centro de la ciudad. 2. Hay partidos cada fin de semana. 3. Puedo leer mi correo electrónico en el café. 4. Puedo practicar la natación, el ciclismo, el tenis, el béisbol, el vóleibol y el baloncesto. 5. Answers will vary.

4 Answers will vary.

Prueba D

1 Answers will vary.

2 Answers will vary.

3 1. El Club Ciudad Azul está en el centro de la ciudad. 2. Puedo practicar la natación, el baloncesto y el tenis. 3. Puedo leer el periódico en la biblioteca. 4. El número de teléfono es veinticuatro, noventa y ocho, cincuenta. 5. Answers will vary.

4 Answers will vary.

Lección 5

Prueba A

1 1. c 2. a 3. a 4. b 5. a

2 Answers will vary.

3 1. La biblioteca está en el primer piso. 2. La habitación cuarenta y nueve está en el cuarto piso. 3. El restaurante Vistas está en el quinto piso. 4. El gimnasio está en el tercer piso. 5. La cafetería está en el segundo piso.

4 1. Toda la familia las hace. 2. Juan los pone en el automóvil. 3. Mariselis los lleva. 4. Su hijo, Emilio, las pide. 5. La abuela, Rosa, lo busca. 6. Juan los tiene. 7. Mariselis los va a comprar (va a comprarlos). 8. La abuela y Mariselis los quieren visitar (quieren visitarlos).

5 1. Está 2. es 3. está 4. Estás 5. es 6. está 7. son 8. está 9. somos 10. estoy

6 Answers will vary.

7 1. Puedes pasar unas buenas vacaciones viajando en barco al Caribe y visitando las bonitas playas puertorriqueñas. 2. Las personas que prefieren las ciudades deben ir a San Juan. 3. El hotel El

Gran Sol está abierto todo el año. 4. Los huéspedes del hotel pueden pasear por la (interesante) ciudad. 5. Las diversiones del hotel son pescar, ir de excursión, montar a caballo y nadar.

8 Answers will vary.

Prueba B

1 1. b 2. a 3. c 4. b 5. b

2 Answers will vary.

3 1. La biblioteca está en el segundo piso. 2. La habitación sesenta y dos está en el quinto piso. 3. El restaurante Vistas está en el cuarto piso. 4. El gimnasio está en el primer piso. 5. La agencia de viajes Sol está en el tercer piso.

4 1. Vicente las pone en el automóvil. 2. Isabel los lleva. 3. Su hijo, José Manuel, la tiene. 4. Su hija, Anabel, lo busca. 5. Vicente los tiene. 6. La abuela e Isabel/Ellas quieren visitarlos/los quieren visitar. 7. Vicente e Isabel quieren escribirlas/las quieren escribir. 8. Todos quieren tomarlo/lo quieren tomar.

5 1. Está 2. es 3. está 4. Estás 5. está 6. está 7. son 8. somos 9. está 10. estoy

6 Answers will vary.

7 1. Las personas activas pueden nadar, bucear, hacer excursiones y montar a caballo. 2. (Si estás cansado/a) Puedes tomar el sol y pescar. 3. Por la tarde puedes visitar la ciudad y por la noche puedes cenar en restaurantes y bailar en las discotecas. 4. Puedes visitar el hotel Mar Azul todos los meses; está abierto todo el año. 5. En el hotel hay excursiones en barco, excursiones a caballo y clases de salsa.

8 Answers will vary.

Prueba C

1 Answers will vary.

2 Answers will vary.

3 1. El restaurante Latino está en el cuarto piso. 2. La habitación veintidós está en el segundo piso. 3. La biblioteca está en el quinto piso. 4. La cafetería está en el primer piso. 5. El gimnasio está en el tercer piso.

4 1. Los huéspedes del hotel Casals pueden ir en autobús a la playa. 2. En el Viejo San Juan hay

cafés, monumentos y restaurantes. 3. El
hotel Morro está abierto todo el año. 4. Los
huéspedes del hotel pueden tomar el sol en
la playa. 5. Las diversiones del hotel son
pescar, ir de excursión, montar a caballo y
nadar.

5 Answers will vary.

Prueba D

1 Answers will vary.

2 Answers will vary.

3 1. El restaurante Tostones está en el sexto
piso. 2. La habitación cuarenta y tres está
en el cuarto piso. 3. La biblioteca está en el
segundo piso. 4. La cafetería está en el
primer piso. 5. La agencia de viajes Sol está
en el tercer piso.

4 1. Los huéspedes del hotel Conquistador
pueden ir a la playa en autobús. 2. En el
Viejo San Juan hay museos, monumentos y
muy buenos restaurantes. 3. Puedes visitar
el hotel Coquí todos los meses del año
porque está abierto todo el año. 4. Los
huéspedes del hotel Coquí pueden nadar y
bucear. 5. En el hotel Coquí hay clases de
salsa, excursiones en bicicleta y excursiones
a caballo.

5 Answers will vary.

Lección 6

Prueba A

1 1. c 2. b 3. a 4. b 5. a

2 Answers will vary.

3 1. éstas 2. ésa 3. aquélla 4. aquélla
5. Éstos 6. ésos 7. aquéllos

4 1. abrió 2. llegamos 3. tomamos
4. visitamos 5. volvimos 6. compré
7. recibió 8. vi 9. gastó 10. salimos

5 Answers will vary.

6 1. La ropa para la temporada de primavera-
verano tiene muchos colores y es muy
cómoda. 2. Los vestidos tienen variedad de
estilos y colores. 3. El vestido verde y
amarillo cuesta doscientos cincuenta pesos.
4. Los zapatos que cuestan ciento cuarenta y
seis pesos son de color marrón. 5. La

chaqueta cuesta trescientos sesenta y dos
pesos.

7 Answers will vary.

Prueba B

1 1. b 2. a 3. a 4. c 5. b

2 Answers will vary.

3 1. aquéllos 2. éstos 3. ésa 4. Ésa
5. aquélla 6. Aquélla 7. éste

4 1. llegamos 2. abrió 3. esperamos
4. empezamos 5. compró 6. mostró
7. encontré 8. vi 9. salimos 10. cerraron

5 Answers will vary.

6 1. La moda viene en muchos colores para
darle color a los días fríos. 2. Las nuevas
botas son de color verde y rosado. 3. El
abrigo largo cuesta trescientos catorce pesos.
4. Es de color verde. 5. La chaqueta de
hombre cuesta doscientos cincuenta y dos
pesos.

7 Answers will vary.

Prueba C

1 Answers will vary.

2 Answers will vary.

3 1. La ropa viene en colores marrón y negro y
es muy cómoda. 2. Pueden llevar trajes de
pantalón y chaqueta. 3. El impermeable
negro cuesta doscientos dieciséis pesos.
4. El abrigo que cuesta cuatrocientos treinta
y siete pesos es rojo. 5. Pueden llevar los
pantalones marrones para ir al trabajo.

4 Answers will vary.

Prueba D

1 Answers will vary.

2 Answers will vary.

3 1. La moda de primavera-verano viene en
colores morado y azul y en estilos muy
cómodos pero elegantes. 2. Pueden llevar
zapatos y bolsas de muchos estilos. 3. El
vestido cuesta doscientos treinta y nueve
pesos. 4. Las sandalias rojas cuestan ciento
treinta y cinco pesos. 5. Las camisetas para
hombre cuestan ciento veintinueve pesos.

4 Answers will vary.

Lección 7

Prueba A

1 1. Cierto 2. Falso 3. Cierto 4. Falso
5. Falso

2 Answers will vary.

3 Answers will vary.

4 1. nada 2. algo 3. siempre 4. alguna
5. ninguno

5 Answers will vary.

6 1. Sí, le interesa el trabajo del/de la periodista.
2. No. Le molesta/No le gusta levantarse
temprano. 3. Necesita/Se viste en diez minutos.
4. Al llegar a casa, se quita la ropa, se pone el
pijama y se acuesta. 5. La rutina de Fernando
León no le gusta a nadie.

7 Answers will vary.

Prueba B

1 1. Falso 2. Falso 3. Falso 4. Cierto 5. Cierto

2 Answers will vary.

3 Answers will vary.

4 1. nada 2. algo 3. Siempre 4. algunos
5. ningún

5 Answers will vary.

6 1. No siempre le gusta/No le gusta su estilo de
vida/su horario/su rutina. 2. Se quita la ropa, se
pone el pijama y se acuesta. 3. A sus hijos no
les gusta la rutina de su padre. 4. Le fascina
escribir novelas. 5. Quiere cambiar de trabajo
porque puede/quiere trabajar en casa y estar
cerca de su familia.

7 Answers will vary.

Prueba C

1 Answers will vary.

2 Answers will vary.

3 Answers will vary.

4 1. Pamela y su hermana fueron a Latinoamérica
de vacaciones. 2. Primero fueron a Ecuador.
3. En México, Pamela fue sola a Acapulco,
Mérida y Cancún. Su hermana fue sola a
Monterrey, Guadalajara y Puebla. 4. Fueron a

Puerto Rico y Cuba antes de terminar su viaje.
5. El lugar favorito de Pamela fue La Habana.
El lugar favorito de su hermana fueron las islas
Galápagos.

5 Answers will vary.

Prueba D

1 Answers will vary.

2 Answers will vary.

3 Answers will vary.

4 1. Enrique y su hermano fueron a España y
Latinoamérica de vacaciones. 2. En España,
Enrique fue solo a Salamanca, Zaragoza y
Barcelona. Su hermano fue solo a Ibiza,
Mallorca y Menorca. 3. En Puerto Rico fueron
a San Juan, Ponce, Arecibo y la isla de Vieques.
4. Fueron a Perú antes de terminar su viaje.
5. El lugar favorito de Enrique fue Machu
Picchu. El lugar favorito de su hermano fue
San Juan.

5 Answers will vary.

Lección 8

Prueba A

1 1. b 2. a 3. a 4. c 5. b

2 Answers will vary.

3 Answers will vary.

4 1. Se lo 2. Me los 3. Se los 4. se las 5. Se lo

5 1. se vistió 2. pidió 3. prefirió 4. sirvió
5. siguieron 6. se sintieron 7. se despidieron
8. volvieron

6 Answers will vary.

7 1. Este estudio se hizo para conocer los hábitos
de los estudiantes universitarios. 2. Los
estudiantes desean estar bien, practicar deportes
y estar delgados. 3. Sí, les gusta el tipo de
comida que les dan en las universidades. 4. Al
mediodía, muchos estudiantes comen un
sándwich y toman un refresco. 5. Los hábitos
de los estudiantes no son buenos.

8 Answers will vary.

Prueba B

1 1. c 2. b 3. a 4. a 5. b

2 Answers will vary.

3 Answers will vary.

4 1. se lo 2. se lo 3. Me la 4. se la 5. me la

5 1. nos vestimos 2. prefirió 3. consiguió
4. pedimos 5. sirvió 6. pudimos 7. nos
sentimos 8. volvimos

6 Answers will vary.

7 1. Le gusta mucho España y este verano
quiere ir con Eduardo. 2. Lo que más le
gustó fue la comida, el aceite de oliva y la
gente. 3. Es natural porque está preparada
de una manera muy simple, con ajo, perejil y
aceite de oliva. 4. Piensa que son una buena
oportunidad para conocer gente y conversar.
5. Pienso que Eduardo es el novio de Clara
porque en su carta, ella dice: "llevo la misma
ropa de siempre, la que a ti te gusta" y "por
eso te quiero".

8 Answers will vary.

Prueba C

1 Answers will vary.

2 Answers will vary.

3 1. Hicieron esta encuesta para saber cómo
comen los estudiantes universitarios.
2. Los días de trabajo, los estudiantes
normalmente comen caminando y en muy
poco tiempo/quince minutos. 3. Durante la
semana, muchos estudiantes comen
sándwiches y toman refrescos. 4. Piensan
que la comida de las cafeterías es buena para
lo que necesitan. 5. Los fines de semana
toman más tiempo para comer y prueban
comidas nuevas.

4 Answers will vary.

Prueba D

1 Answers will vary.

2 Answers will vary.

3 1. El almuerzo norteamericano es más
pequeño./Los norteamericanos toman menos
tiempo para almorzar. 2. Toman dos o tres
horas para comer y descansar. 3. La comida
principal para los mexicanos es el almuerzo.
4. No es popular porque les gusta sentarse y
comer sin prisa/descansar antes de regresar
al trabajo. 5. No la llevan a casa. La
comida se queda en el plato.

4 Answers will vary.

Lección 9

Prueba A

1 1. a 2. b 3. a 4. c 5. c

2 Answers will vary.

3 1. Qué 2. Qué 3. quiso 4. pudo 5. quiero
6. Sabes 7. pude 8. conozco 9. conocí
10. pudiste

4 1. se casaron 2. se comprometieron
3. celebraron 4. pudieron 5. dieron
6. conduje 7. se puso 8. dijo 9. tuvieron
10. trajo

5 1. Alejandro y Lucía se casaron. 2. Después
de la iglesia, todos fueron a una fiesta en un
restaurante. 3. Todos los amigos de la
familia fueron a la fiesta. 4. Cenaron en el
restaurante El Pardo. 5. Miguel Ángel y
Carmen están casados.

6 Answers will vary.

Prueba B

1 1. a 2. c 3. c 4. b 5. a

2 Answers will vary.

3 1. Qué 2. qué 3. pudimos 4. supo
5. quiso 6. cuál 7. cuál 8. conozco
9. conocí 10. sabes

4 1. estuve 2. quiso 3. Hubo 4. se puso
5. dio 6. traje 7. dijo 8. nos reímos 9. nos
divertimos 10. tuvimos

5 1. Los hijos de César y Estela invitaron a
toda la familia y amigos de sus padres y los
sorprendieron con una fiesta. 2. Después de
la cena todos fueron a bailar a la Sala Conde
Luna. 3. El bautizo fue en la catedral de
Santa María. 4. Doña Esmeralda es la
madre de Liliana Obregón y la abuela de
María Esmeralda. 5. Elena Cárdenas es la
tía de María Esmeralda./María Esmeralda es
la sobrina de Elena Cárdenas.

6 Answers will vary.

Prueba C

1 Answers will vary.

2 Answers will vary.

3 1. Albeto Araneda está en la niñez.
2. Quieren compartir su alegría por el nacimiento de su hijo. 3. A la cena fueron invitados muchos periodistas y profesores. 4. Los invitados se divirtieron mucho.
5. Amalia Rodríguez es divorciada.

4 Answers will vary.

Prueba D

1 Answers will vary.

2 Answers will vary.

3 1. No. Ésta es la segunda vez que Javier se casa. 2. Iván y Susana son los hijos de Javier y su primera esposa, Marta. Marta es la ex esposa de Javier. 3. Doña Matilde está en la vejez. 4. Organizó una fiesta sorpresa para celebrar el cumpleaños/los noventa y un años de doña Matilde. 5. Nieves habló de la interesante y larga vida de su madre, y también recordó la vida de su padre.

4 Answers will vary.

Lección 10

Prueba A

1 1. Es una pastilla 3. Es un medicamento es para la garganta. 4. Se necesita receta para comprarlo.

2 Answers will vary. Sample answers: 1. Adela se rompió la pierna. Debe descansar.
2. Francisco tiene un resfriado. Debe ir al médico. 3. Pedro se torció el tobillo. Debe ir al hospital. 4. Cristina tiene dolor de cabeza. Debe tomar aspirinas. 5. Félix tiene fiebre. No debe salir de casa.

3 1. maravillosamente 2. gradualmente
3. inmediatamente 4. Últimamente
5. constantemente

4 1. estaba 2. sonó 3. Era 4. preguntó
5. quería 6. dijo 7. podía 8. tenía 9. dolía
10. decidió

5 Answers will vary.

6 1. Estas instrucciones las deben leer los pacientes que piensan que están enfermos pero que no tienen síntomas. 2. La cafeína es mala para las mujeres embarazadas. 3. Hacer ejercicio es bueno para el corazón. 4. Hay que ir al médico una vez al año. 5. Sí, hay que desayunar bien por las mañanas.

7 Answers will vary.

Prueba B

1 2. Las personas que piensan que son alérgicas deben ir al médico. 5. En el anuncio se habla de un nuevo medicamento. 6. Necesita conseguir una receta para comprar las pastillas AirFlex.

2 Answers will vary. Sample answers: 1. Juan se rompió el brazo. Debe visitar al médico.
2. Jorge tiene mucha fiebre. Debe quedarse en casa y tomar aspirinas. 3. Adriana tiene dolor de estómago. Debe beber mucha agua.
4. Carlos y Pepa tienen dolor de cabeza. Deben tener más cuidado y no deben correr sin mirar. 5. A Sergio le duele el oído. Debe visitar al médico y tomar medicamentos.

3 1. fabulosamente 2. constantemente
3. Felizmente 4. frecuentemente
5. perfectamente

4 1. estaba 2. se oyó 3. dijo 4. podía
5. preguntó 6. hizo 7. respondió 8. se rompió 9. preparaba 10. estaba

5 Answers will vary.

6 1. Nuestros padres nos llevaban al dentista todos los años. 2. No se deben tomar porque no son buenas para los dientes. 3. Debe cepillarse los dientes después de las comidas, al levantarse y antes de acostarse. 4. Se debe ir al médico si hay un problema con la salud.
5. Se debe visitar al dentista por lo menos dos veces al año.

7 Answers will vary.

Prueba C

1 Answers will vary.

2 Answers will vary. Sample answers: 1. Víctor se torció el tobillo. Debe ir al hospital. No debe correr. 2. El señor Ayala tiene un resfriado. Debe visitar al médico y tomar antibióticos. 3. La señora Naranjo tiene dolor de cabeza. Debe tomar aspirinas. 4. Gabriela se rompió la pierna. Debe descansar.
5. Armando tiene dolor de muelas. Debe ir al dentista más a menudo.

3 1. Deben leer estas instrucciones los pacientes que tienen un resfriado. 2. La revista prohíbe el café, la leche y el yogur. 3. Possible answer: Algunos síntomas son que la persona tiene dolor de cabeza, estornuda y le duele la garganta. 4. Debes decirle si eres alérgico/a. 5. Hay que ir un vez al año.

4 Answers will vary.

Prueba D

1 Answers will vary.

2 Answers will vary. Sample answers: 1. Adela se rompió la pierna. Debe descansar. 2. Francisco tiene un resfriado. Debe ir al médico. 3. Pedro se torció el tobillo. Debe ir al hospital. 4. Cristina tiene dolor de cabeza. Debe tomar aspirinas. 5. Félix tiene fiebre. No debe salir de casa.

3 1. Se quiere dar información sobre los dolores de cabeza. 2. El 90% de los dolores de cabeza se deben a la tensión. 3. Las migrañas son dolores de cabeza más fuertes. 4. Possible answer: No debe tomar alcohol y debe descansar. 5. Se debe visitar al/a la médico/a.

4 Answers will vary.

Lección 11

Prueba A

1 Answers will vary slightly. 1. El anuncio de Teletrón es para un servicio de televisión por cable. 2. El sistema de Teletrón ofrece más de 200 programas. 3. Los programas de Teletrón incluyen opciones para toda la familia. 4. De lunes a viernes, todas las tardes Teletrón ofrece programas especiales para los más pequeños. 5. Cuando se desea más información, se puede visitar su sitio web en *www.teletron.tv*.

2 Answers will vary slightly. 1. Es la impresora nuestra. Es para imprimir documentos. 2. Es la pantalla mía. Es para ver lo que escribes en la computadora. 3. Es el cederrón suyo. Es para descargar programas de computación. 4. Es el teclado tuyo. Es para escribir. 5. Es el ratón suyo. Es para hacer clic en la pantalla.

3 1. por 2. descompuesto 3. taller 4. arranca 5. capó 6. tanque 7. gasolina 8. teléfono 9. para 10. mecánicos

4 Answers will vary.

5 1. Sí, le gusta. Dice que sus clases son muy interesantes y está aprendiendo mucho. 2. Toni es un poco tonto y le gusta dar órdenes. 3. El curso dura ocho semanas en total. 4. María aprendió a cambiar llantas y a revisar el aceite. 5. Tiene que llenar una solicitud. 6. ¡No me des órdenes!

6 Answers will vary.

Prueba B

1 Answers will vary slightly. 1. El anuncio que escuchaste es de un sitio web. 2. Para obtener tu dirección electrónica tienes que visitar su sitio web. 3. En este sitio web puedes leer sobre tecnología y deportes. 4. Puedes crear tu dirección electrónica sin pagar antes del 12 de diciembre. 5. Hablando de espacio, esta dirección electrónica te ofrece 15 MB.

2 Answers will vary slightly. 1. Es el carro tuyo. Es para conducir por las calles. 2. Es la llave mía. Es para arrancar el carro. 3. Es el mecánico suyo. Él arregla los carros. 4. Es la gasolinera suya. Es donde se llena el tanque. 5. Es la calle nuestra. Vivimos en el número 256.

3 1. portátil 2. reproductor de DVD 3. cederrón 4. pantalla 5. para 6. por 7. impresora 8. dirección electrónica 9. sitio web 10. Internet

4 Answers will vary.

5 1. Está tomando estas clases porque ahora vive en un pueblo donde es necesario ir en carro a todas partes. 2. No se llevan bien porque don Antonio es un poco antipático. 3. Answers will vary, but should indicate agreement with Don Antonio's commands. 4. Answers will vary but students should indicate that they have known each other since elementary school. 5. Quiere organizar la fiesta para celebrar que tiene la licencia (que pasó el examen). 6. José es mayor.

6 Answers will vary.

Prueba C

1 Answers will vary. Sample answers: 1. Mis amigas y yo nos escuchamos cuando tenemos un problema. 2. Mis amigos y yo nos encontramos en el parque Loreto. 3. Mis compañeros, mi profesora y yo nos presentamos el primer día de clases. 4. Mis papás y yo nos abrazamos después de pasar varias semanas lejos de casa. 5. Los recién casados se besan cuando termina la ceremonia de la boda.

2 Answers will vary slightly. 1. Es el estereo de Marisa. El suyo es más grande que el mío. 2. Es la calculadora de Roberto. La suya es nueva. 3. Es el radio de Sergio y Mariam. El suyo es amarillo. 4. Es tu cámara de video. La tuya es moderna. 5. Es el televisor nuestro. El nuestro es caro.

3 1. No se escriben frecuentemente porque Susana no sabe qué pasó en la vida de Carmen hace meses. 2. Se encontraron en un café de su ciudad. 3. A Carmen le encanta la tecnología porque ha cambiado su vida. 4. Según dice Carmen, Susana y Rubén no se conocen, no se llevan ni bien ni mal. 5. La boda de Carmen va a ser tradicional. Ella dice que prefiere hacer algunas cosas como antes.

4 Answers will vary.

Prueba D

1 Answers will vary. Sample answers: 1. Mis papás y yo nos abrazamos cuando nos vemos después de varios meses. 2. Los novios se besan al final de una cita. 3. Mis amigas y yo nos hablamos por teléfono cuando tenemos algo muy importante que contarnos. 4. Mis compañeros y yo nos encontramos en casa de Margarita cuando vamos a estudiar juntos. 5. Mis compañeros, mi profesor y yo nos despedimos al terminar la clase pasada.

2 Answers will vary slightly. 1. Es el carro de Eminem. El suyo es rojo. 2. Es el cederrón de Bill Gates. El suyo es lento. 3. Es el sitio web de Penélope cruz. El suyo es español. 4. Es nuestro ratón. El nuestro está descompuesto. 5. Es tu impresora. La tuya funciona bien.

3 1. Lo primero que hicieron fue saludarse y presentarse. 2. Lo que le pareció más interesante fue que se escuchaban con mucha atención. 3. Goozee83 se fue. 4. La próxima cita de Ramón va a ser en el mismo café virtual. 5. Piensa que su próxima cita va a ser mejor porque le gusta el nombre de usuario de la chica.

4 Answers will vary.

Prueba A

1 1. Falso 2. Falso 3. Cierto 4. Falso 5. Falso

2 Answers will vary slightly. 1. Es una copa. Se usa para beber vino. 2. Es un tenedor. Se usa para comer ensalada. 3. Es una taza. Es para tomar café. 4. Es una servilleta. Es para limpiarse las manos después de comer. 5. Es una cuchara. Es para comer sopa.

3 1. que 2. lo que 3. que 4. quien 5. que/quienes 6. que/quien 7. que 8. Lo que 9. que/quienes 10. lo que

4 Answers will vary.

5 1. Este artículo es para personas que compraron una casa o un apartamento. 2. Dan más luz a una casa. 3. Se pueden encontrar ideas para decorar comprando revistas. 4. Sí, recomienda escuchar a los amigos pero hay que hacer cosas según el gusto personal. 5. Es importante que la persona se sienta bien porque tiene que vivir allí. 6. Dice que es importante que la persona no haga cambios si no está seguro/a.

6 Answers will vary.

Prueba B

1 1. Falso 2. Falso 3. Falso 4. Cierto 5. Falso

2 Answers will vary slightly. 1. Es una cómoda. Se pone la ropa adentro. 2. Es una cafetera. Es para preparar café. 3. Es una tostadora. Es para preparar pan. 4. Es una mesita de noche. Se usa para poner cosas cerca de la cama. 5. Es una lámpara. Es para tener luz.

3 1. lo que 2. Lo que 3. Quienes 4. lo que 5. lo que 6. que 7. que 8. Lo que 9. quienes 10. que

4 Answers will vary.

5 1. Este artículo es para hombres viudos o divorciados. 2. Lo primero que deben hacer es abrir las ventanas. 3. Se recomiendan productos desinfectantes para los baños. 4. Los quehaceres que no es necesario hacer cada día son limpiar las ventanas y lavar la estufa. 5. Es importante hacer una lista de los quehaceres para organizar el trabajo. 6. Pueden llamar al Centro Limpio y un equipo del Centro Limpio puede limpiar la casa.

Answers

6 Answers will vary.

Prueba C

1 Answers will vary.

2 Answers will vary. Sample answers: 1. Es una sala. En la sala pasen la aspiradora y limpien la mesa. 2. Es un dormitorio/una alcoba. En el dormitorio hagan la cama y arreglen el armario. 3. Es una cocina. En la cocina laven los platos y laven el suelo.

3 1. Lo más importante al diseñar el dormitorio son las necesidades de los estudiantes. 2. El segundo piso tiene cinco baños. 3. Es necesario que haya lavadoras y secadoras en el sótano para lavar la ropa por la noche. 4. El presidente piensa que los estudiantes prefieren comer comida rápida. 5. Es necesario que la luz sea automática porque cuesta mucho dinero.

4 Answers will vary.

Prueba D

1 Answers will vary.

2 Answers will vary. Sample answers: 1. Es un baño. En el baño barran el suelo y laven las toallas. 2. Es una sala. En la sala sacudan los muebles y ordenen los libros. 3. Es una alcoba/un dormitorio. En la alcoba hagan la cama y laven la ventana.

3 1. Se describen apartamentos para alquilar o para comprar. 2. Hay una entrada privada para cada apartamento. 3. El anuncio recomienda que no traiga sus muebles. 4. Para una familia grande lo que se recomiendan los apartamentos *deluxe*. 5. La luz es parte del alquiler del apartamento.

4 Answers will vary.

Lección 13

Prueba A

1 Answers will vary slightly. 1. El camping está en Colombia. 2. Algunas de las actividades que puedes realizar allí son excursiones por el valle y paseos por el río. 3. Para hacer una reservación tienes que llamar al 930 29 38. 4. Puedes conseguir tu boleto a mitad de precio visitando su página web. 5. El camping está abierto durante el verano, de junio a septiembre.

2 Answers will vary. Sample answers: 1. Temo que tengamos problemas con la contaminación en el futuro. Ojalá que encontremos otro tipo de energía pronto. 2. Es una lástima que nuestros parques estén así. Espero que la situación mejore pronto. 3. Es terrible que cacen a los animales. Espero que todos trabajemos para proteger a los animales en peligro de extinción.

3 1. sepas 2. sea 3. haya 4. encuentren/tengan 5. tengan/encuentren 6. viven 7. destruya 8. quieren 9. hables 10. se preocupen

4 1. abierto 2. rotas 3. contaminado 4. muertos 5. protegido 6. afectados

5 Answers will vary. 1. El objetivo es informar a la gente que es importante que ayuden a conservar el medio ambiente. 2. Si no puedes solucionar el problema solo/a, el cartel te pide que trabajes con tus amigos y familiares. 3. Algunas de las recomendaciones que se incluyen son no usar agua innecesaria y no tirar basura en la calle. 4. Se recomienda reciclar el vidrio, el plástico y el aluminio. 5. Se aconseja organizar grupos de reciclaje en la comunidad. 6. Si no colaboramos, es probable que nuestros hijos no puedan jugar al aire libre en el futuro.

6 Answers will vary.

Prueba B

1 Answers will vary slightly. 1. El programa va a tratar de la ecología y los bosques. 2. Las plantas son necesarias para que podamos respirar aire puro. 3. Lo que pasa con muchos animales es que están en peligro de extinción. 4. Hay regiones que están afectadas por la contaminación. 5. Para parar la deforestación debemos reciclar.

2 Answers will vary. Sample answers: 1. Es una lástima que los niños no puedan respirar aire puro. Ojalá que la contaminación se reduzca en el futuro. 2. Es terrible que haya basura en la playa. Espero que la situación mejore pronto. 3. Temo que estos animales no vayan a vivir aquí mucho tiempo. Ojalá que encuentren un lugar mejor pronto.

3 1. cambie 2. usemos 3. protejamos
4. desarrollemos 5. resolvamos 6. reciclamos
7. reduzcamos 8. controla 9. contaminen
10. destruyan

4 1. escrito 2. roto 3. destruido
4. contaminado 5. protegidas 6. cuidadas

5 Answers will vary. 1. El mensaje principal del artículo es reducir la contaminación del medio ambiente. 2. Las personas dicen que a menos que los otros países dejen de contaminar, no pueden hacer nada. 3. Tú puedes hacer muchas cosas específicas, como reciclar y no usar productos contaminantes. 4. Debes examinar las cosas antes de ponerlas en la basura para ver si hay algo que se pueda reciclar. 5. Se recomienda usar el papel dos veces, una por cada lado, y plantar árboles. 6. Es posible que tus hijos no tengan lugares para jugar en el futuro.

6 Answers will vary.

Prueba C

1 Answers will vary.

2 Answers will vary. Sample answers: 1. A menos que reduzcamos la contaminación del aire, no vamos a poder respirar. Ojalá que tengamos aire puro en el futuro. 2. Es terrible que haya tantos animales en peligro de extinción. Debemos proteger a los animales para que tengan dónde vivir. 3. Es ridículo que el agua y el aire estén contaminados. Debemos preocuparnos por el medio ambiente para que nuestros hijos puedan respirar aire puro en el futuro.

3 Answers will vary slightly. 1. El tema central de la carta de Luisa es la situación del parque. 2. Laura dice que el agua está contaminada. 3. Luisa cree que es necesario organizar un programa para desarrollar el ecoturismo. 4. Es importante que todos conozcan la situación del parque para que ayuden a mejorar su estado. 5. Espero que sus ideas ayuden a resolver el problema.

4 Answers will vary.

Prueba D

1 Answers will vary.

2 Answers will vary somewhat. Sample

answers: 1. Es terrible que el agua esté contaminada. Ojalá que los pájaros encuentren un lugar mejor para vivir. 2. Es terrible que haya tanto peligro por la energía nuclear. Espero que encontremos otras formas de energía en el futuro. 3. Las vacas no van a poder comer a menos que vayan a vivir a otro lugar. Ojalá que las vacas encuentren un valle con aire puro y agua limpia.

3 Answers will vary slightly. 1. Carlos le escribe a Sergio para que sepa lo que está haciendo con Greenpeace. 2. Los de Greenpeace le explicaron al gobierno el problema de las aguas para que el gobierno haga algo. 3. Sergio dice que las aguas del mar Mediterráneo están contaminadas. 4. Es necesario que todas las personas sepan cuál es la situación para que se reduzca la basura en las playas. 5. Si Sergio quiere participar debe decirle a Carlos qué dos semanas puede ir a trabajar con ellos.

4 Answers will vary.

Lección 14

Prueba A

1 1. ilógico 2. ilógico 3. lógico 4. lógico
5. ilógico

2 Answers will vary slightly. 1. Caminemos derecho por la calle El Matadero. Doblemos a la derecha en la calle Sucre y sigamos derecho dos cuadras hasta la esquina con la calle Escalona. Allí está el Café Primavera.
2. Caminemos hacia el este por la calle 2 de Mayo y doblemos a la derecha en la calle Bella Vista. El estacionamiento está antes de llegar a la terminal. 3. Caminemos hacia el este por la calle Sta. Rosalía. Doblemos a la derecha en la calle Bella Vista. La terminal está allí.

3 Answers will vary.

4 1. iré 2. abriré 3. empezarás 4. haremos
5. visitarán 6. Viajaremos 7. pasearemos

5 Answers will vary.

6 Answers will vary slightly. 1. El objetivo del mensaje del banco CAPITAL es describir sus servicios. 2. Pueden abrirse cuentas de ahorros y cuentas corrientes. 3. La información sobre cómo abrir una cuenta está escrita en los carteles del banco. 4. Las cuentas son para personas que tienen mucho trabajo y poco tiempo. 5. El banco tendrá preparado su café.

7 Answers will vary.

Prueba B

1 1. lógico 2. ilógico 3. ilógico 4. lógico 5. lógico

2 Answers will vary slightly. 1. Caminemos tres cuadras hacia el norte por la calle Bolívar hasta la calle 2 de Mayo. Allí está la farmacia. 2. Doblemos a la derecha en la calle Bella Vista. Sigamos derecho hasta llegar a la calle 2 de Mayo. Doblemos a la izquierda y caminemos tres cuadras hasta llegar a la calle Miranda. El estacionamiento está allí. 3. Caminemos dos cuadras hacia el este por la calle Escalona y doblemos a la derecha en la calle Sucre. Caminemos dos cuadras y doblemos a la izquierda en la calle Comercio. Allí está la plaza.

3 Answers will vary.

4 1. tendrás 2. iré 3. llevaré 4. visitaremos 5. Aceptarán 6. pediré 7. pagaré

5 Answers will vary.

6 Answers will vary slightly. 1. No hay otro servicio como el de COUR porque es el mejor. 2. Una persona que desea enviar un paquete debe llamar por teléfono o visitar el sitio web de COUR. 3. No es necesario escribir etiquetas porque ya están preparadas. 4. Las oficinas centrales de COUR están en la calle Murcia, a dos pasos del centro. 5. Es fácil ver el letrero de COUR porque estará iluminado.

7 Answers will vary.

Prueba C

1 Answers will vary.

2 Answers will vary. Sample answers: 1. Vamos a la panadería. Compremos un pastel para tus papás. Escojamos el de chocolate. 2. Vamos al banco. Cobremos el cheque y usemos el cajero automático. 3. Vamos al supermercado. Compremos comida para la semana y paguemos en efectivo. 4. Vamos a la lavandería. Lavemos nuestra ropa y sequemos las mantas. 5. Vamos al correo. Compremos estampillas y enviemos un paquete.

3 Answers will vary.

4 Answers will vary.

Prueba D

1 Answers will vary.

2 Answers will vary. Sample answers: 1. Vamos a la pescadería. Compremos pescado y escojamos mariscos. 2. Vamos al supermercado. Caminemos por todos los pasillos y compremos comida. 3. Vamos a la zapatería. Compremos unos zapatos para ti y unas botas para mí. 4. Vamos al buzón. Enviemos una carta para el tío Ernesto y una postal para la tía Carolina. 5. Vamos al cajero automático. Depositemos dinero en la cuenta corriente de mamá y saquemos dinero de mi cuenta de ahorros.

3 Answers will vary.

4 Answers will vary.

Lección 15

Prueba A

1 Answers will vary slightly. 1. Para hacer ejercicio, el gimnasio tiene todo lo necesario. 2. Los entrenadores del club han sido preparados por los mejores profesores. 3. Ya no es necesario estar a dieta porque el club tiene la solución perfecta. 4. En el Club han preparado cada detalle para hacerte la vida más fácil. 5. Cada nutricionista tiene un grupo de cinco personas. 6. Para participar en las actividades del club durante abril, mayo y junio no tienes que pagar nada.

2 Answers will vary. Sample answers: 1. Gabriela había hecho ejercicios de estiramiento por 15 minutos. El año pasado había adelgazado. Había llevado una vida sana este año. 2. Nicolás había sido sedentario por cinco horas. No había hecho ejercicio ese día. Había aumentado de peso en los últimos meses. 3. Gustavo había levantado pesas antes de recibir un masaje. Había sufrido muchas presiones. 4. Alicia y sus amigos habían hecho ejercicios aeróbicos por una hora. Antes se habían calentado. Habían levantado pesas algunos días.

3   1. habías adelgazado   2. he tomado   3. he decidido   4. había venido   5. He trabajado   6. He hecho   7. he aceptado   8. habías ido   9. había tenido   10. ha dado

4   Answers will vary.

5   1. Este artículo habla de la salud de los norteamericanos.   2. La salud de una de cada tres personas está en peligro porque necesitan adelgazar.   3. Es importante visitar a su nutricionista para que le prepare una dieta con proteínas.   4. Aconseja que compre una y la ponga en la puerta de su refrigerador.   5. Si antes no había practicado deportes en su vida, puede asistir a clases con entrenadores en algún gimnasio.   6. Antes de acostarse, es importante que cada persona sepa que ha hecho algo para estar en forma.

6   Answers will vary.

Prueba B

1   Answers will vary slightly. 1. Seguro que has visto estos clubes sin saber que son gimnasios. 2. Estos gimnasios siempre están cerca del bosque o cerca del mar.   3. Mientras estás en la cinta caminadora puedes escuchar el viento entre los árboles.   4. Puedes levantar pesas mientras escuchas música a cualquier hora. 5. Cuando termines de hacer ejercicio, puedes visitar la sauna o el jacuzzi.   6. Además de hacer ejercicio en el club, puedes descansar o ir al cine.

2   Answers will vary. Sample answers: 1. María Eugenia había hecho ejercicio en la cinta caminadora por media hora. Había estado a dieta y nunca había sudado tanto en toda su vida.   2. Armando había levantado pesas por 10 minutos. No había sido un teleadicto. Había entrenado con un entrenador. 3. Francisco y sus amigas habían hecho ejercicios de estiramiento y ejercicios aeróbicos. Habían sido activos por mucho tiempo. No habían sido drogadictos.   4. Óscar se había entrenado y había hecho mucho ejercicio. No había llevado una vida sedentaria.

3   1. había conocido   2. Has terminado   3. nos hemos graduado   4. habías estudiado   5. he tratado   6. he olvidado   7. habías pasado 8. te has casado   9. Has tenido   10. hemos decidido

4   Answers will vary.

5   1. Este artículo habla de las personas que fuman.   2. Una persona que no ha hecho nada por su salud debe comenzar ahora.   3. Cada vez que una persona ha fumado, ha contaminado el aire que todos respiramos. 4. No importa por cuánto tiempo una persona ha sido adicta a la nicotina.   5. Si ha tratado de no fumar y ha fracasado, la persona debe pedir consejos.   6. El artículo dice que se han sentido mejor y su salud ha mejorado.

6   Answers will vary.

Prueba C

1   Answers will vary.

2   Answers will vary. Sample answers: 1. Roger ha recibido un masaje. Cuando llegó allí, ya había levantado pesas.   2. Sandra y sus amigas han hecho ejercicios aeróbicos. Ellas ya habían hecho ejercicios de estiramiento cuando llegaron a la clase.   3. Mercedes ha corrido por una hora. Cuando llegó al parque, ya había hecho gimnasia.   4. Sebastián ha levantado pesas. Ya se había calentado cuando llegó al gimnasio.   5. Raquel ha hecho ejercicios de estiramiento. Cuando llegó allí ya había hablado con su entrenador.

3   Answers will vary slightly. 1. Había ido porque estaba muy preocupado por su salud. 2. Ramiro dice que fuma porque había intentado no fumar y no pudo.   3. Creo que Ramiro había llevado una vida sedentaria antes de ir al consultorio. No ha ido al gimnasio.   4. Ramiro dice que el doctor no le ha recomendado ningún medicamento. 5. El doctor Mira se ha enojado con Ramiro porque no se preocupa por su salud.

4   Answers will vary.

Prueba D

1   Answers will vary.

2   Answers: Answers will vary. Sample answers: 1. Javier se ha entrenado. Cuando llegó al gimnasio, ya se había calentado.   2. Rosendo ha jugado al baloncesto. Ya había hecho ejercicios de estiramiento cuando llegó al partido. 3. Roberto ha engordado. Cuando llegó al restaurante, ya había comido unos dulces.

4. Mariela ha levantado pesas. Ya había hecho gimnasia cuando llegó allí. 5. Lorena ha estado a dieta. Cuando llegó a la fiesta, ya había cenado una ensalada.

3 Answers will vary slightly. 1. Samuel no ha comido porque quiere adelgazar. 2. Samuel ha hecho mucho ejercicio y ha comido poco. 3. Antes de ahora Samuel había hecho ejercicio. 4. No ha hablado con un nutricionista porque no come bien. 5. Su salud había sido buena. No había tenido problemas de salud.

4 Answers will vary.

Lecciones 1–7

Examen A

1 1. cierto 2. falso 3. falso 4. falso 5. cierto

2 Answers will vary.

3 Answers will vary.

4 1. estás 2. estoy 3. estás 4. es 5. es 6. está 7. soy 8. Son 9. están 10. está

5 1. Francisco lo lee. 2. Irene la escribe en la pizarra. 3. Sabrina los quiere estudiar/quiere estudiarlos. 4. Julio y Manuel lo practican. 5. La profesora las contesta.

6 1. me ducho 2. se despiertan 3. se baña 4. se viste 5. nos despedimos 6. nos vamos 7. te levantas

7 Answers will vary.

8 1. Cuestan dos mil trescientos quince pesos. 2. Cuestan mil cuatrocientos cincuenta pesos. 3. Cierra a las nueve de la noche de lunes a viernes y cierra a las ocho de la noche los sábados. 4. Tienen los números treinta y cinco a treinta y ocho.

9 Answers will vary.

10 1. Sí, a Perla le gustó el hotel. 2. Sus padres fueron de compras con Perla. 3. Marcos fue de pesca el miércoles. 4. Playa Paraíso es un lugar muy interesante y divertido. 5. Se levantar temprano porque fueron de excursión al campo.

11 Answers will vary.

Examen B

1 1. cierto 2. falso 3. falso 4. cierto 5. falso

2 Answers will vary.

3 Answers will vary.

4 1. estás 2. estoy 3. Estás 4. soy 5. es 6. es 7. es 8. es 9. estamos 10. es

5 1. Francisco y Manuel lo practican. 2. Irene la quiere estudiar/quiere estudiarla. 3. Julio las escribe en la pizarra. 4. Sabrina lo lee. 5. La profesora los enseña.

6 1. me cepillo 2. me ducho 3. me pongo 4. se sientan 5. nos despedimos 6. nos vamos 7. te acuestas

7 Answers will vary.

8 1. Cuestan mil trescientos quince pesos. 2. Cuestan mil doscientos sesenta pesos. 3. Cierra a las diez de la noche de lunes a viernes y cierra a las ocho de la noche los sábados. 4. Tienen los números treinta y seis a cuarenta.

9 Answers will vary.

10 Some answers will vary. 1. Sí, a Tamara le gustó el paisaje. 2. Diana y Lorenzo fueron de compras con Tamara. 3. El viernes montaron a caballo. 4. Montaña Azul es un lugar muy hermoso y tranquilo. 5. Se levantaron temprano porque fueron de excursión a la montaña.

11 Answers will vary.

Lecciones 8–15

Examen A

1 1. c 2. a 3. b 4. c 5. b

2 Answers will vary. Sample answer: Por la mañana, Manuel hizo unos quehaceres en casa. Planchaba, cocinaba y lavaba la ropa en su cocina cuando alguien le llamó por teléfono. Por la tarde, fue al parque con su novia. Reían, hablaban y comían cuando empezó a llover.

3 1. menor 2. menos 3. que 4. más 5. más 6. que 7. mejor 8. peor 9. tan 10. como

4 1. por 2. para 3. para 4. por 5. por

5 1. se lo 2. se lo 3. se la 4. Se las 5. me los/te los

6 Answers will vary. Sample answers: 1. Miremos los documentos y borremos los que no necesitemos. 2. No conduzcan tan rápido por la carretera. 3. Ponte una inyección contra la gripe o ve a ver a tu médico. 4. Reciclen el vidrio y el plástico de su casa. 5. Dile que estás a dieta y no puedes comer nada de lo que ella cocina.

7 Answers will vary.

8 1. Felipe y Rosi ayudarían a los niños pobres de la ciudad. 2. Juan haría un viaje por el mundo. 3. Jaime y yo nos mudaríamos a una casa nueva. 4. Yo pondría dinero en proyectos ecológicos. 5. Todos pagaríamos nuestras tarjetas de crédito.

9 1. fui 2. me divertí 3. quería 4. tenía
5. tomábamos 6. hablábamos 7. entró 8. nos
miramos 9. fuera 10. conocimos

10 Answers will vary. Sample answers: 1. El
objetivo de esta carta es aconsejar a los
estudiantes nuevos sobre la ciudad. 2. Es
importante que los estudiantes sepan que
algunos bancos ofrecen cuentas especiales para
ellos. 3. Para ir desde el edificio principal hasta
la Plaza Mayor es necesario que caminen dos
cuadras. 4. Es necesario llenar el formulario
327 para poder estacionar el carro en el garaje.
5. Los estudiantes que necesiten llamar a la
policía en una emergencia pueden consultar la
sección de información del periódico de la
universidad para encontrar el número.

11 Answers will vary.

Examen B

1 1. a 2. b 3. c 4. c 5. a

2 Answers will vary. Sample answers: Angélica
hablaba por teléfono cuando pasó una luz
roja. Angélica manejaba muy rápido cuando su
carro paró.

3 1. mayor 2. más 3. que 4. menos 5. más
6. que 7. peor 8. mejor 9. tan 10. como

4 1. para 2. por 3. para 4. para 5. por

5 1. se lo 2. se lo 3. te la 4. Me las 5. te lo

6 Answers will vary. Sample answers: 1. Compra
algunos discos de Pavarotti o de Kiri Te
Kanawa. 2. Llama a un(a) compañero/a de
clase y pídele sus libros. 3. Reciclen la
basura de su edificio. 4. Compremos otra
computadora con tus ahorros. 5. Hagan la
cama y los quehaceres domésticos.

7 Answers will vary.

8 1. Andrés y yo haríamos un viaje por Asia y
Europa. 2. Daniel depositaría dinero en su
cuenta de ahorros. 3. Mariam y Robert se
mudarían a una casa más grande. 4. Yo
compraría un apartamento en la playa.
5. Todos ayudaríamos a la gente pobre del
barrio.

9 1. ocurrió 2. caminaba 3. vi 4. era
5. hablamos 6. me pareció 7. di 8. llamará
9. seguimos 10. leí

10 Answers will vary. Sample answers: 1. El
objetivo de esta carta es aconsejar a los
residentes nuevos sobre la vida en el edificio.
2. Los estudiantes que quieran leer las
instrucciones del libro del residente pueden
pedirle una copia del libro a la recepcionista.
3. Una de las cosas que no se deben olvidar en
el gimnasio es apagar las luces al salir.
4. Para encontrar los números de teléfono de
emergencia, los residentes pueden leer los
carteles que están junto al ascensor de cada
piso. 5. Es importante que no usen el cajero
automático por las noches para prevenir
problemas.

11 Answers will vary.

Lecciones 1–5

Examen A

1 1. a 2. c 3. c 4. c 5. b

2 Answers will vary.

3 1. El cine Estrella está cerca del Museo de
Bellas Artes. 2. El Museo de Bellas Artes está
entre el cine Estrella y el Gimnasio Barcelona.
3. El restaurante Portofino está a la derecha
del café Asturias. 4. El Café Asturias está
debajo del gimnasio Barcelona. 5. El abuelo y
la abuela están delante del café Asturias.

4 1. Tienes hambre 2. tengo ganas 3. tengo
sueño 4. tengo calor 5. Tienes razón

5 1. está 2. está 3. estoy 4. es 5. estamos
6. está 7. está 8. es 9. es 10. estás

6 1. empieza 2. comienza 3. quieres 4. prefiero
5. recuerdo

7 Answers will vary.

8 Answers will vary slightly. 1. Armando está
tomando sol en la playa. 2. Paola está
nadando en el mar. 3. El señor Barrera está
montando a caballo. 4. Gabriela está sacando
fotos. 5. Francisco y Gustavo están jugando al
vóleibol.

9 Answers will vary.

10 1. El hotel se llama Playa Feliz. 2. El número de
teléfono es, tres cuarenta y cinco, dieciocho,
cuarenta y siete. 3. Possible answer: En el hotel

hay excursiones para visitar el parque nacional y ver las playas de los pueblos vecinos. 4. Debo hacer la reservación antes del 15 de marzo. 5. Answers will vary.

11 Answers will vary.

Examen B

1 1. b 2. a 3. a 4. c 5. b

2 Answers will vary.

3 1. El reloj está a la derecha de los libros. 2. Los cuadernos están encima de los lápices. 3. Los lápices están detrás de/encima de las computadoras. 4. El reloj está a la izquierda de las plumas. 5. Las mochilas están debajo de las computadoras.

4 1. Tengo frío 2. tengo ganas 3. tengo miedo 4. Tienes razón 5. tienes hambre

5 1. están 2. está 3. es 4. está 5. estamos 6. estamos 7. es 8. está 9. está 10. ser

6 1. piensas 2. quiero 3. duermo 4. encuentro 5. empieza

7 Answers will vary.

8 1. José está leyendo el periódico. 2. Angélica y Jessica están jugando al fútbol. 3. Orlando está paseando en bicicleta. 4. Mercedes está sacando fotos. 5. Pablo y Lucía están caminando/paseando.

9 Answers will vary.

10 1. Hay trece habitaciones para una persona. Cuestan ciento setenta y cinco dólares por noche. 2. Los huéspedes pueden nadar en la playa y en la piscina del hotel. 3. Pueden ir a las montañas con las excursiones del hotel./El hotel ofrece excursiones a las montañas. 4. Desde las habitaciones se puede ver el bello paisaje del mar Mediterráneo. 5. Answers will vary.

11 Answers will vary.

Lecciones 6–10

Examen A

1 1. b 2. c 3. a 4. c 5. a

2 Answers will vary.

3 1. Nunca pido pollo asado con mayonesa cuando como en un restaurante. 2. Tampoco me gusta pedir melocotón para el postre. 3. Nunca hay ningún plato interesante en ningún restaurante de la ciudad. 4. Ninguno de mis amigos come frijoles cuando va a un restaurante mexicano. 5. Yo no quiero comer nada típico de Costa Rica.

4 Answers will vary.

5 1. fue 2. fuimos 3. sorprendió 4. estábamos 5. dijo

6 1. A mí se me dañó el auto. 2. A la señora Medina se le perdieron las llaves. 3. A ti se te rompió la pierna. 4. A Juanito se le cayó el helado.

7 1. ir 2. ser 3. ir 4. ir 5. ser

8 Answers will vary.

9 Answers will vary.

10 1. Verónica Cortés es casada. 2. Decidieron casarse en abril del 2001. 3. Casi todos los miembros de la familia fueron a la fiesta. 4. Sí, les gustó mucho. 5. Carmen está de vacaciones en el Caribe.

11 Answers will vary.

Examen B

1 1. c 2. a 3. c 4. a 5. c

2 Answers will vary.

3 1. Yo nunca tomo jugo de naranja por las mañanas. 2. Tampoco me gusta comer pasteles de postre. 3. Ningún plato de la comida peruana es interesante. 4. Todos mis amigos comen frijoles cuando van a un restaurante mexicano. 5. No quiero cocinar ningún plato típico español.

4 Answers will vary.

5 1. fuiste 2. estaba 3. les gustó 4. trajeron 5. hicimos

6 1. A César se le dañó el auto. 2. A ti se te rompió el brazo. 3. A Pablo se le olvidó la tarea. 4. A mí se me cayó el pastel.

7 1. ser 2. ir 3. ser 4. ser 5. ir

8 Answers will vary.

9 Answers will vary.

10 Answers may vary. 1. Ronna Keit es casada. 2. Ella tiene 40 años. 3. Julio Iglesias es un artista español. Estuvo en la fiesta porque es el hijo del doctor Iglesias Puga. 4. Chabeli no bailó porque llevó al bebé a su habitación a dormir. 5. Piensa que es interesante porque el esposo es mucho mayor que la esposa.

11 Answers will vary.

Lecciones 11–15

Examen A

1 1. b 2. c 3. a 4. c 5. a

2 Answers will vary. Sample answers:
1. Cepíllate el pelo. Despiértate. 2. Cepíllese los dientes. Lávese la cara. 3. Quítense la ropa sucia. Lávense la cara.

3 Answers will vary. Possible answers:
1. Limpiemos los muebles. Los sacudiremos muy bien. 2. Vamos al centro comercial. Compraremos vasos, platos y servilletas. 3. Saquemos la basura. Aspiraremos el pasillo y la sala. 4. Hagamos la fiesta temprano. El domingo les llevaremos un poco de pastel a los vecinos. 5. Lavemos la ropa. La plancharemos mañana.

4 Answers will vary. Sample answers: 1. No hay ningún lugar donde pueda cambiarlos.
2. No hay ningún tren que vaya a ese pueblo.
3. No hay nadie que recicle en esa ciudad.
4. No hay ningún hospital que esté abierto hoy.
5. No hay ningún centro comercial en esta ciudad.

5 1. iría 2. gustaría 3. preferirían 4. diría 5. se sentirían

6 Answers will vary. Sample answers: 1. Graciela ha depositado dinero. Creo que hará un viaje al Caribe. 2. Ana ha barrido el suelo de la sala. Creo que limpiará la cocina. 3. Jorge y sus amigos han hecho ecoturismo. Creo que reciclarán la basura de sus casas.

7 1. para 2. por 3. Por 4. para 5. para 6. Por 7. por 8. para 9. por 10. por

8 Answers will vary.

9 Answers will vary. Sample answers: 1. El objetivo de la carta es darle recomendaciones a su hijo antes de salir para su viaje. 2. Es necesario que separe el vidrio y el plástico para llevarlos al centro de reciclaje. 3. Para pagar la luz, el hijo irá al banco y les dirá que saquen dinero de la cuenta corriente de su madre. 4. En caso de que sus hermanos necesiten dinero, el hijo debe buscar el número de la cuenta de ahorros de su madre y sacarlo de allí. 5. Les pagarán cuando hayan calculado el total de las compras, al final del verano.

10 Answers will vary.

Examen B

1 1. a 2. b 3. b 4. a 5. c

2 Answers will vary. Sample answers:
1. Dúchate. Vístete. 2. Cepíllese el pelo. Péinese. 3. Lávense la cara. Quítense la ropa sucia.

3 Answers will vary. Possible answers:
1. Apaguemos el monitor. Lo limpiaremos muy bien. 2. Naveguemos en Internet. Buscaremos sitios web de geografía. 3. Compremos el programa. Lo descargaremos después.
4. Arreglemos la impresora. Imprimiremos la tarea por la noche. 5. Guardemos los archivos en discos compactos. Los borraremos de la computadora.

4 Answers will vary. Sample answers: 1. Llámela con un teléfono que funcione. 2. Hable con alguien que le pueda dar direcciones.
3. Necesita un banco que tenga cajero automático. 4. Compren un medicamento que ayude con los dolores de cabeza. 5. Tiene que buscar una tienda que venda mapas en lenguas extranjeras.

5 1. iría 2. daríamos 3. podría 4. moriría 5. llamaría

6 Answers will vary. Sample answers: 1. Isabela y Carlos han navegado en Internet. Creo que enviarán correo electrónico a sus amigos.
2. El doctor Ramos ha hablado con Manuel sobre su bienestar. Creo que Manuel llevará una vida más sana. 3. Fernando ha recogido basura en el parque. Creo que reciclará el plástico y el vidrio.

7 1. por 2. Por 3. para 4. para 5. Para
6. por 7. Por 8. para 9. Por 10. por

8 Answers will vary.

9 Answers will vary. Possible answers: 1. El objetivo de la carta de Gustavo es darle algunos consejos a su hermano menor. 2. Es necesario sacar la basura para que los perros no la abran y se enfermen. 3. Enviaré un cheque dos o tres días antes del día dos. 4. Debo llevar los perros a pasear por lo menos dos veces al día. 5. Si llamo a Gustavo durante la tarde de aquí es probable que él esté durmiendo.

10 Answers will vary.

Answers

Lección 1

Fotonovela Video Test Items

1. 1. Álex es de México. 2. Don Francisco es del Ecuador. 3. Inés es del Ecuador. 4. Javier es de Puerto Rico. 5. Maite es de España.

Panorama Textbook Section Test Items

1. 1. Cierto. 2. Falso. La Pequeña Habana es un barrio de Miami. 3. Falso. El desfile puertorriqueño se celebra en Nueva York. 4. Cierto. 5. Las enchiladas y las quesadillas son platos de México. 6. Cierto.

Panorama cultural Video Test Items

1. Answers will vary.

Lección 2

Fotonovela Video Test Items

1. Answers will vary.

Panorama Textbook Section Test Items

1. 1. a 2. b 3. c 4. b 5. a 6. c

Panorama cultural Video Test Items

1. 1. celebran 2. viajan 3. delante de 4. mañana 5. llevan 6. turistas

Lección 3

Fotonovela Video Test Items

1. Answers will vary.

Panorama Textbook Section Test Items

1. 1. Cierto. 2. Falso. Muchas personas van a las islas Galápagos por sus plantas y animales. 3. Falso. Charles Darwin estudió en las islas Galápagos. 4. Cierto. 5. Falso. Oswaldo Guayasamín es un pintor ecuatoriano famoso.

6. Cierto. 7. Falso. En la Sierra los turistas practican deportes. 8. Cierto.

Panorama cultural Video Test Items

1. 1. viven 2. tiene 3. tienen 4. cerca 5. turistas

Lección 4

Fotonovela Video Test Items

1. Answers will vary.

Panorama Textbook Section Test Items

1. Falso. Los aztecas dominaron en México del siglo XIV al XVI. 2. Falso. Frida Kahlo era la esposa de Diego Rivera. 3. Cierto. 4. Cierto. 5. Falso. La base de la comida mexicana es la tortilla. 6. Cierto. 7. Falso. La Ciudad de México/México D.F. es el centro económico y cultural de México. 8. Cierto.

Panorama cultural Video Test Items

1. 1. b 2. a 3. b 4. c 5. b

Lección 5

Fotonovela Video Test Items

1. Answers will vary.

Panorama Textbook Section Test Items

1. 1. e 2. h 3. d 4. c 5. a 6. g 7. f 8. b

Panorama cultural Video Test Items

1. Answers will vary.

Lección 6

Fotonovela Video Test Items

1. Answers will vary.

Answers

Panorama Textbook Section Test Items

1 1. Celia Cruz 2. español 3. los taínos
4. Alicia Alonso 5. El tabaco 6. *Grammy*

Panorama cultural Video Test Items

1 1. c 2. c 3. b 4. b 5. a 6. a

Lección 7

Fotonovela Video Test Items

1 1. Sí, le gustan. Piensa que son interesantes.
2. Sí, Álex se despierta a las seis (se despierta
temprano). 3. No, Javier no puede levantarse
temprano. 4. Tiene problemas porque por la
noche nunca quiere dormir (dibuja y escucha
música). 5. Álex se va a levantar a las siete y va
a correr por treinta minutos.

Panorama Textbook Section Test Items

1 1. e 2. g 3. d 4. h 5. b 6. a

Panorama cultural Video Test Items

1 1. pasear en bicicleta 2. *sandboard* 3. ir de
excursión 4. caminar con llamas 5. el Camino
Inca 6. la pesca

Lección 8

Fotonovela Video Test Items

1 Answers will vary.

Panorama Textbook Section Test Items

1 1. Falso. En Guatemala hablan español y
lenguas mayas. 2. Cierto. 3. Cierto. 4. Cierto.
5. Falso. La capital de Guatemala es la Ciudad
de Guatemala. 6. Cierto. 7. Cierto. 8. Cierto.

Panorama cultural Video Test Items

1 1. Falso. Esta ciudad fue la capital de
Guatemala. 2. Cierto. 3. Cierto. 4. Falso.
Chichicastenango es una ciudad más pequeña
que Antigua. 5. Falso. Todos los jueves y
domingos hay un mercado al aire libre en las
calles y plazas de la ciudad. 6. Falso. Ningún
producto tiene un precio fijo y los clientes tienen
que regatear al hacer sus compras.

Lección 9

Fotonovela Video Test Items

1 Answers will vary.

Panorama Textbook Section Test Items

1 1. d 2. c 3. b 4. e 5. a

Panorama cultural Video Test Items

1 Answers will vary.

Lección 10

Fotonovela Video Test Items

1 Answers will vary.

Panorama Textbook Section Test Items

1 1. Cierto. 2. Falso. Los ecoturistas (turistas) sí
que pueden ir a los parques naturales.
3. Cierto. 4. Cierto. 5. Cierto. 6. Falso. El
español, el misquito y el inglés son los idiomas
de Nicaragua.

Panorama cultural Video Test Items

1 1. a 2. c 3. a 4. b 5. c 6. b

Lección 11

Fotonovela Video Test Items

1 Answers will vary.

Panorama Textbook Section Test Items

1 1. Cierto. 2. Falso. El cuarenta por ciento de
la población total de Argentina vive en Buenos
Aires. 3. Cierto. 4. Falso. En Uruguay, la
carne de res es una parte esencial de la dieta
diaria. 5. Falso. El deporte más popular en
Uruguay es el fútbol. 6. Cierto.

Panorama cultural Video Test Items

1 Answers will vary.

Lección 12

Fotonovela Video Test Items

1. Answers will vary.

Panorama Textbook Section Test Items

1. 1. el inglés 2. Canal de Panamá 3. la mola
4. Centroamérica 5. *surfing* 6. Honduras

Panorama cultural Video Test Items

1. ¡Hola prima!
Estoy de vacaciones en Panamá, un país
centroamericano muy bonito. Ahora estamos en
el archipiélago de Las Perlas. **En este lugar
siempre hace mucho calor.** Nuestro hotel está
en la isla Contadora, la isla más **grande** del
archipiélago.
La próxima semana vamos a ir a El Salvador
donde voy a probar las **pupusas** que son el
plato tradicional salvadoreño. Las pupusas se
hacen con maíz, **agua**, aceite y sal. Nos dijeron
que va a ser muy **fácil** encontrar un lugar
donde vendan las pupusas. Luego te cuento
cómo nos fue.

Lección 13

Fotonovela Video Test Items

1. Answers will vary.

Panorama Textbook Section Test Items

1. 1. Cartagena 2. el peso colombiano
3. Gabriel García Márquez 4. las bananas
5. Copán 6. Tegucigalpa

Panorama cultural Video Test Items

1. 1. d 2. e 3. f 4. c 5. a 6. b

Lección 14

Fotonovela Video Test Items

1. Answers will vary.

Panorama Textbook Section Test Items

1. 1. Cierto. 2. Falso. El petróleo representa
más del 70% de las exportaciones del país.
3. Cierto. 4. Cierto. 5. Falso. El béisbol es
un deporte muy practicado en la República
Dominicana. 6. Cierto.

Panorama cultural Video Test Items

1. Answers will vary.

Lección 15

Fotonovela Video Test Items

1. Answers will vary.

Panorama Textbook Section Test Items

1. 1. Cierto. 2. Falso. El lago Titicaca es el lago
navegable más alto del mundo. 3. Cierto.
4. Cierto. 5. Falso. El río Paraná tiene unos
3.200 km navegables. 6. Cierto.

Panorama cultural Video Test Items

1. Answers will vary. Possible answers: 1. El salar
de Uyuni es el lago de sal más grande del
mundo. 2. Se cree que la sal, sin exceso,
ayuda a las personas que sufren de
enfermedades de los huesos. 3. En los hoteles
ofrecen a sus huéspedes tratamientos para
aliviar el estrés. 4. El mate es una bebida
típica de Paraguay, Argentina y Uruguay.
5. La yerba mate es una planta que crece en
las selvas subtropicales de América del Sur.
6. El mate es usado por personas que quieren
adelgazar.

Lecciones 1–7

Fotonovela Video Test Items

1. Answers will vary.

Panorama Textbook Section Test Items

1. 1. f 2. a 3. d 4. c 5. g 6. b 7. h 8. e

Panorama cultural Video Test Items

1. 1. Cierto. 2. Cierto. 3. Cierto. 4. Falso. En
cuatro de las islas Galápagos viven personas.
5. Falso. El Castillo de San Felipe del Morro es
un sitio histórico nacional de Puerto Rico.

6. Falso. Regla es una ciudad cubana donde se practica la santería. 7. Falso. Caminar con llamas es un deporte tradicional de Perú.

de los lugares arqueológicos más importantes de Latinoamérica. 6. El Viejo San Juan es un barrio con arquitectura colonial de Puerto Rico.

Lecciones 8–15

Fotonovela Video Test Items

1 Answers will vary.

Panorama Textbook Section Test Items

1 1. cierto 2. falso 3. cierto 4. falso 5. cierto 6. falso 7. cierto 8. falso 9. cierto 10. cierto 11. falso 12. cierto 13. cierto 14. falso

Panorama cultural Video Test Items

1 1. c 2. b 3. a 4. b 5. b 6. c 7. b 8. c

Lecciones 1–5

Fotonovela Video Test Items

1 Answers will vary.

Panorama Textbook Section Test Items

1 1. e 2. d 3. b 4. c 5. a 6. f

Panorama cultural Video Test Items

1 Answers will vary. Possible answers: 1. Los dominicanos celebran en agosto el día de la independencia de su país. 2. El canal de televisión Telelatino, la revista *Picante* y el periódico *El correo canadiense* ofrecen servicios en español. 3. En las islas Galápagos los turistas observan a los animales, toman fotografías y escuchan a los guías. 4. El catorce de julio los chicos y chicas de la comunidad despiden a las figuras en la estación de autobuses de Pamplona. 5. Teotihuacán es uno

Lecciones 6–10

Fotonovela Video Test Items

1 Answers will vary.

Panorama Textbook Section Test Items

1 1. d 2. e 3. a 4. c 5. f 6. b

Panorama cultural Video Test Items

1 1. a 2. c 3. e 4. g 5. f 6. h 7. b 8. d

Lecciones 11–15

Fotonovela Video Test Items

1 Answers will vary.

Panorama Textbook Section Test Items

1 1. Cierto. 2. Falso. Se dice que Argentina es el país más "europeo" de Latinoamérica. 3. Falso. La zona colonial de Santo Domingo es famosa por la belleza de sus edificios. 4. Cierto. 5. Cierto. 6. Falso. El fútbol es muy popular en Uruguay. 7. Cierto. 8. Falso. El sitio arqueológico más importante de Honduras es Copán. 9. Falso. Panamá significa "lugar de muchos peces". 10. Cierto.

Panorama cultural Video Test Items

1 1. Porlamar 2. lago 3. bucear 4. La Boca 5. africanas 6. maíz 7. Parque Amaracayu 8. Rosalila 9. mate 10. estancias